스프링 부트
개발자 온보딩 가이드

스프링 부트 개발자 온보딩 가이드

초판 1쇄 발행 2025년 12월 12일

지은이 박상현 / **펴낸이** 임백준
펴낸곳 한빛미디어(주) / **주소** 서울시 서대문구 연희로2길 62 콘텐츠1부
전화 02-325-5544 / **팩스** 02-336-7124
등록 1999년 6월 24일 제2017-000058호 / **ISBN** 979-11-995298-3-0 93000

총괄 배윤미 / **책임편집** 박민아 / **기획 · 편집** 권소정
디자인 표지 윤혜원 내지 박정우 / **일러스트** 이진숙 / **전산편집** 김현미
영업마케팅 송경석, 김형진, 장경환, 조유미, 한종진, 이행은, 고광일, 성화정, 김한솔, 전차은 / **제작** 박성우, 김성우

한빛미디어는 한빛앤(주)의 IT 출판 브랜드입니다.

이 책에 대한 의견이나 오탈자 및 잘못된 내용은 출판사 홈페이지나 아래 이메일로 알려주십시오.
파본은 구매처에서 교환하실 수 있습니다. 책값은 뒤표지에 표시되어 있습니다.
홈페이지 www.hanbit.co.kr / **이메일** ask@hanbit.co.kr

Published by HanbitN, Inc. Printed in Korea
Copyright © 2025 박상현 & HanbitN, Inc.
이 책의 저작권은 **박상현**과 한빛앤(주)에 있습니다.
저작권법에 의해 보호를 받는 저작물이므로 무단 복제 및 무단 전재를 금합니다.

지금 하지 않으면 할 수 없는 일이 있습니다.
책으로 펴내고 싶은 아이디어나 원고를 메일(writer@hanbit.co.kr)로 보내주세요.
한빛앤(주)는 여러분의 소중한 경험과 지식을 기다리고 있습니다.

ONBOARDING GUIDE #02   현직 개발자가 알려 주는 개발자 실무 온보딩 노하우

스프링 부트 개발자 온보딩 가이드

스프링 부트로 시작하는 첫 실무 프로젝트

박상현 지음

한빛미디어

지은이의 말

저는 지난 20년 가까운 시간 동안 반도체 공정용 MES, 통신장비, 대공 방어 무기체계 개발 등 C/C++ 기반 소프트웨어 개발로 커리어를 쌓아 왔습니다. 그만큼 익숙한 도메인과 기술 스택 안에서 오랫동안 일해 왔기에, 11년 동안 이어 온 방산 분야를 뒤로하고 글로벌 SaaS 스타트업에 합류하기로 결정했을 때, 설렘만큼이나 걱정도 컸습니다. 새로운 환경에서 사용하는 개발 스택은 모두 낯선 것이었기 때문입니다.

그런데 막상 새로운 역할에 적응해 가는 과정에서 가장 큰 도움이 되어 준 것은 동료들이 정성스럽게 만들어 둔 온보딩 가이드였습니다. 그 문서에는 개발 환경 구축 방법부터 백엔드와 프론트엔드 프레임워크의 역할과 특징, 팀 내부에서 사용하는 주요 컨벤션, 실제 업무를 따라 해 볼 수 있는 실습 가이드까지 체계적으로 정리되어 있었습니다. 덕분에 업무에 빠르게 적응할 수 있었고, 관련 기본서를 찾아 읽은 것은 오히려 그 이후였습니다. 이 경험이 바로 제가 이 책을 집필하게 된 계기가 되었습니다. 빠르게 역할을 전환해야 하는 개발자, 익숙하지 않은 테크 스택을 단기간에 익혀야 하는 실무자, 새로운 조직에서 실무 투입 전 기본기를 다지고 싶은 사람들을 돕는 콘텐츠가 필요하다고 느낀 것입니다.

스프링 부트는 백엔드 개발 생산성을 크게 높여 주는 프레임워크지만, 처음 접하는 사람에게는 오히려 진입 장벽으로 느껴질 수도 있습니다. 프레임워크의 복잡함 때문이 아니라 학습에 부담이 더 크게 느껴진다면, 그것은 기술의 문제가 아니라 교육 자료의 문제라고 생각했습니다.

그런 이유로 실무 관점에서 스프링 부트를 빠르게 이해하고 직접 프로젝트를 구축해 볼 수 있는 온보딩 문서를 만들고자 한빛미디어와 함께 이 책을 기획했습니다. 그 논의의 결과물이 바로 『스프링 부트 개발자 온보딩 가이드』입니다.

이 책은 깊이 있는 이론을 나열하기보다 핵심 개념을 간결하게 설명하고, 규모 있는 실습 예제를 통해 실제 현장에서 바로 사용할 수 있는 학습 속도와 실질적인 이해를 돕는 데 초점을 맞추었습니다.

이 책이 새로운 환경에 빠르게 기여하고 싶은 개발자, 프론트엔드·모바일·데스크톱 등 다른 종류의 애플리케이션을 개발해 온 분들, 또는 Flask나 Node.js 같은 다른 백엔드 프레임워크 경험이 있는 실무자들이 스프링 부트 기반 백엔드 개발에 자연스럽게 안착하도록 돕는 첫걸음이 되기를 바랍니다.

빠르게 변하는 세상 속에서 끊임없이 배우고 적응하는 모든 엔지니어를 응원합니다.

2025년 겨울, 지은이 박상현

이 책의 구성

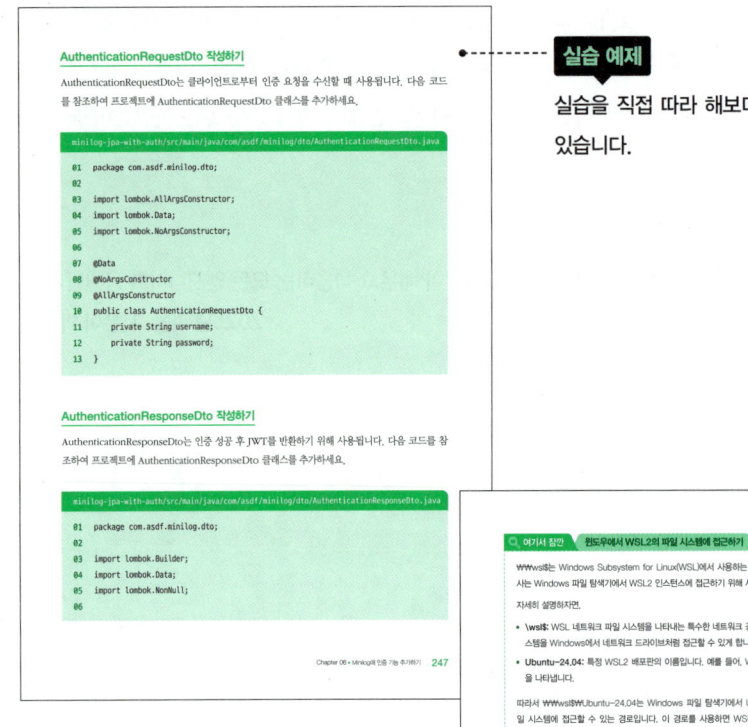

실습 예제
실습을 직접 따라 해보며 실무 감각을 익힐 수 있습니다.

여기서 잠깐
보충 설명, 참고 사항, 관련 용어 등을 본문과 분리하여 설명합니다.

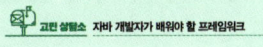
학습을 진행하면서 알아두면 좋은 내용이나 혼동하기 쉬운 내용을 설명합니다.

요점 정리
마무리의 요점 정리를 통해 핵심 내용을 리마인드 할 수 있습니다.

고민 상담소
주니어 개발자의 실무 고민을 해결해 드립니다. 인터넷에도 나오지 않는 현장의 조언을 베테랑 선배 개발자에게 들어 보세요.

목차

지은이의 말   004
이 책의 구성   006

Part 1 스프링 부트 온보딩 가이드북 안내

Chapter 1
온보딩 가이드의 목적과 활용법

1.1 가이드의 목적   026

  온보딩 가이드의 대상과 범위   026
    • 중점적으로 다루는 내용   026
    • 다루지 않는 내용   027
  알고 있으면 좋은 지식   027
  필요한 개발 환경   027

1.2 개발 환경 온보딩   028

  WSL2를 사용하는 이유   028
  WSL2 설치하기   029
  도커 데스크탑 설치하기   031

IntelliJ IDEA 설치하기	035
JDK 21 설치하기	040
Gradle 설치하기	041
• SDKMAN! 설치	041
• SDKMAN!을 이용하여 Gradle 설치	042
• 윈도우 디펜더에 IntelliJ 예외 처리 추가하기	043

Chapter 2
스프링 부트란 무엇인가요?

2.1 스프링 부트 소개 — 046

스프링 부트의 쓰임새	046
스프링 부트의 내부 구조	046
• 내장 웹서버	047
• 스프링 부트 스타터	047
• 자동 구성	048
• 스프링 부트 액츄에이터	049
스프링 부트 이해에 필요한 주요 개념	049
• IoC	049
• 스프링 빈	051
• DI	052
• AOP	052
고민상담소 ▶ 자바 개발자가 배워야 할 프레임워크	054

Part 2 스프링 부트 기능 실습

Chapter 3
인메모리 기반의 To-Do 리스트 REST API 서버 만들기

3.1 프로젝트 초기화   058
    WSL2 터미널 실행   058
    프로젝트 스캐폴드 생성 및 다운로드   059
    IntelliJ IDEA 프로젝트 초기화   061
    애플리케이션 패키지 및 소스 코드 파일 생성하기   064
    build.gradle 수정   067

3.2 인메모리 To-Do 리스트 API 서버 구현   072
    To-Do 리스트 구성 요소   072
      • To-Do 모델 정의   072
      • Tu-Do 리스트 리포지토리 빈 구현   073
      • Todo 리스트 관리 서비스 빈 구현   075
      • Todo 리스트 REST 컨트롤러 빈 구현   077
      • API 문서화를 위한 Swagger 설정   084
      • 빌드   086
    유닛 테스트   086

TestControllerTests: TodoController 유닛 테스트	087
• TestServiceTests: TodoService 유닛 테스트	091
• Test 실행	094
실행 및 Swagger-UI를 이용한 API 테스트	094
• 작업(To-Do) 생성 테스트 – POST	096
• 전체 작업 조회 – GET	097
• ID를 이용하여 작업 수정 – PUT	097
• ID를 이용하여 작업 조회 – GET	099
• ID를 이용하여 작업 조회 – DELETE	100
고민상담소 ▶ 테스트 코드의 필요성	101

Chapter 4
JPA 기반의 To-Do 리스트 REST API 서버 개발

4.1 JPA 이해하기 — 104

JPA의 개념과 역할	104
• JPA의 등장과 발전	105
JPA와 Hibernate의 관계	106
JPA의 주요 애노테이션	106
스프링 데이터 JPA	107
• Repository 기반 데이터 접근	107
• JPQL과 네이티브 쿼리 지원	108
• 자동 Repository 생성	108
• 트랜잭션 관리 통합	108

DTO 패턴 이해하기   108
- DTO 사용의 이점   109
- DTO 패턴의 단점   110

4.2 프로젝트 초기화   111

프로젝트 복사   111

도커를 이용한 MySQL 설치 및 설정   111
- MySQL 도커 컨테이너 실행   112
- MySQL 컨테이너 상태 확인   113
- MySQL 접속 확인   114

테이블 스키마   115

settings.gradle의 프로젝트 명 변경   117

build.gradle에 JPA 및 MySQL JDBC 드라이버 의존성 추가   117

application.properties 수정   118

4.3 JPA 기반의 To-Do 리스트 API 서버 구현   121

메인 클래스 수정하기   121

엔티티, DTO, 매퍼 작성   122
- entity, dto, util 패키지 생성   122
- 기존의 Todo 모델 클래스를 Entity로 변경하기   124
- Todo.java 클래스 수정   124
- DTO 클래스 작성하기   126
- 엔티티와 DTO간의 매퍼 작성하기   128

리포지토리 수정   129

서비스 레이어 수정   131

REST 컨트롤러 수정	133
API 문서화를 위한 Swagger 설정	136
TodoControllerTests 수정	137
TodoServiceTests 수정	141
• @Testcontainers (줄 17–31)	144
• @ExtendWith(SpringExtension.class) (줄 22)	145
• @Container (줄 26)	145
• 동적 속성 주입(DynamicPropertySource) (줄 33–38)	146
Test 실행	146
실행 및 Swagger-UI를 이용한 API 테스트	147
고민상담소 ▶ 스프링 부트의 데이터베이스 연동	150

Chapter 5
고급 JPA 기반의 마이크로블로그 REST API 서버 개발

5.1 프로젝트 초기화	**152**
프로젝트 스캐폴드 생성 및 다운로드	152
IntelliJ IDEA 프로젝트 초기화	155
패키지 및 소스 코드 파일 생성	156
도커를 이용한 MySQL 설치 및 설정	161
• Minilog용 MySQL 도커 컨테이너 실행	161
build.gradle 수정	163
application.properties 수정	166

5.2 Minilog API 서버 구현 168

스프링 전역 에러 처리기 작성하기 168
- ArticleNotFoundException 168
- UserNotFoundException 169
- GlobalExceptionHandler 170

엔티티, DTO, 매퍼 구현 173
- User 엔티티 173
- Article 엔티티 174
- Follow 엔티티 174

entity, dto, util 패키지 생성하기 175
- User 엔티티 작성하기 175
- Article 엔티티 작성하기 179
- Follow 엔티티 작성하기 180

DTO 클래스 작성하기 183
- UserRequestDto 작성하기 183
- UserResponseDto 작성하기 184
- ArticleRequestDto 작성하기 184
- ArticleResponseDto 작성하기 185
- FollowRequestDto 작성하기 185
- FollowResponseDto 작성하기 186
- 엔티디외 DTO간이 매퍼 작성하기 187

리포지토리 레이어 구현하기 188
- UserRepository 작성하기 189
- ArticleRepository 작성하기 190
- FollowRepository 작성하기 191

서비스 레이어 구현하기 192
- UserService 빈 작성하기 192

- ArticleService 빈 작성하기   195
- FollowService 빈 작성하기   200

컨트롤러 레이어 구현하기   203
- UserController 작성하기   203
- ArticleController 작성하기   206
- FollowController 작성하기   209
- FeedController 작성하기   212

API 문서화를 위한 Swagger 설정   213
- 빌드   214
- 실행 및 Swagger-UI를 이용한 API 테스트   215

고민상담소 ▶ JPA 코드 구조   217

Chapter 6
Minilog에 인증 기능 추가하기

6.1 JWT 인증 이해하기   220

주요 인증 기법   220
- 세션 기반 인증   220
- 토큰 기반 인증   220
- OAuth 2.0   221

왜 JWT인가?   221

JWT의 구조와 메커니즘   222
- 헤더   223
- 페이로드   223
- 시그니처   223

JWT 인증 순서	224
스프링 시큐리티를 이용한 JWT 인증 기능 통합	224
• 스프링 시큐리티의 핵심 기능	225
• 스프링 시큐리티 주요 구성 요소	225
• JWT 인증 과정	228

6.2 프로젝트 초기화 — 230

프로젝트 복사	230
build.gradle에 스프링 시큐리티 의존성 추가	230
application.properties 수정	234

6.3 Minilog에 인증 기능 더하기 — 237

JWT 생성 및 검증 구현하기	237
GrantedAuthority를 상속하는 MinilogGrantedAuthority 정의하기	237
UserDetails 및 UserDetailsService를 각각 상속하여 MinilogUserDetails와 MinilogUserDetailsService 정의하기	240
JWT 인증 처리 구현하기	242
• JwtUtil	242
• JwtRequestFilter	246
• JwtAuthenticationEntryPoint	249
• AuthenticationController	251
• PasswordEncoder, AuthenticationManager, SecurityFilterChain 빈 설정하기	254
• NotAuthorizedException 예외 클래스 추가하기	259
엔티티, DTO 수정하기	259
• User 엔티티 수정하기	259

- DTO 클래스 추가 및 수정하기 265
- ArticleRequestDto 수정하기 265
- FollowRequestDto 수정하기 266
- AuthenticationRequestDto 작성하기 267
- AuthenticationResponseDto 작성하기 267
- 리포지토리 레이어 수정하기 268

서비스 레이어 수정하기 268
- UserService 수정하기 268
- ArticleService 수정하기 271

컨트롤러 레이어 수정하기 273
- UserController 빈 수정하기 273
- ArticleController 빈 수정하기 275
- FollowController 빈 수정하기 278
- FeedController 빈 수정하기 280

빌드 280

6.4 실행 및 Swagger-UI를 이용한 API 테스트 282

minlog-jpa-with-auth 실행 282

신규 사용자 추가 284

Minilog 로그인 및 Swagger UI 인증 286

기타 기능 테스트 288

고민상담소 스프링 시큐리티의 소셜 로그인 289

Chapter 7
GraphQL 기반 마이크로블로그 API 서버 개발

7.1 GraphQL 이해하기   292

- GraphQL이란?   292
- GraphQL의 핵심 개념   292
- GraphQL의 주요 구성 요소   293
- GraphQL 동작 구조   296
- GraphQL 스키마   297
  - 쿼리   298
  - 뮤테이션   298
- 에러 처리   299

7.2 프로젝트 초기화   300

- 프로젝트 복사   300
- build.gradle에 graphql 의존성 추가   300
- application.properties 수정   301

7.3 Minilog에 GraphQL 지원 추가하기   303

- Minilog GraphQL 스키마 정의하기   303
  - 스칼라 정의   304
  - Query 정의 (데이터 조회)   304
  - Mutation 정의 (데이터 조작)   305
  - Input Type 정의 (Mutation 입력)   307

- 응답 타입 정의 308
- GraphQLConfig에서 GraphQL 스칼라 타입 매핑하기 309

전역 GraphQL 예외 처리 310

SecurityConfig 수정 314

응답 타입 315
- ArticleResponse 작성하기 316
- FollowResponse 작성하기 316
- UserResponse 작성하기 317

입력 타입 318
- CreateArticleInput 작성하기 318
- CreateUserInput 작성하기 319
- UpdateArticleInput 작성하기 319
- UpdateUserInput 작성하기 320
- 엔티티와 DTO 간의 매퍼 작성하기 321

GraphQL 컨트롤러 추가하기 322
- GraphQLQueryController 컨트롤러 323
- GraphQLMutationController 작성하기 325

빌드 329

7.4 실행 및 GraphiQL/Swagger-UI를 이용한 API 테스트 330

minlog-graphql 실행 330

신규 사용자 추가 331

Minilog 로그인 및 Swagger UI 인증 333

GraphQL 테스트 334
- GraphiQL 인증 헤더 입력하기 335

• Mutation 테스트	336
• Query 테스트	340
추가 테스트	344
고민상담소 ▶ GrapQL 도입 시점	345

Chapter 8
도커를 이용한 애플리케이션 패키징 및 배포

8.1 Docker의 기본 개념과 설치 — 348
Docker란 무엇인가? — 348
Docker의 주요 구성 요소 — 349

8.2 Dockerfile 작성 및 이미지 실행 테스트 — 351
application.properties의 분리 — 351
- build.gradle 파일 수정 — 352
- application.properties에서 환경별 설정 분리 — 352
- 개발 환경 설정 파일(application-dev.properties) 추가 — 353
- 운영 환경 설정 파일 추가 — 353

Dockerfile 작성 — 354
개발(로컬) 환경에서 컨테이너 실행 및 테스트 — 356

8.3 AWS에 Minilog-GraphQL 배포하기 — 358
AWS 액세스 키 및 비밀 액세스 키 생성 방법 — 358
WSL2에 AWS CLI 설치하기 — 359

Amazon RDS, ECR, ECS 이해하기	360
• Amazon RDS	360
• Amazon ECR	360
• Amazon ECS	360
Amazon RDS MySQL 인스턴스 설정	361
기본 보안 그룹 인바운드 속성 편집	365
application-prod.properties 수정	367
Amazon ECR에 Docker 이미지 등록	367
Amazon ECS 클러스터에 Minilog-GraphQL 앱 배포하기	371

8.4 Swagger-UI/GraphiQL를 이용한 API 테스트 — 381

Swagger-UI를 이용한 API 테스트	381
GraphiQL를 이용한 GraphQL테스트	382
고민상담소 ▶ AWS, Azure, GCP	384

Part 01
스프링 부트 온보딩 가이드북 안내

스프링 부트 기반 백엔드 개발을 시작하기 위해서는 환경 설정과 핵심 개념부터 차근히 이해해야 합니다. Part 1에서는 Windows 11, WSL2, Docker, Java 21, Gradle을 활용해 개발 환경을 구축하는 방법을 안내하고, IntelliJ IDEA를 활용한 개발 생산성 향상 팁과 필수 설정도 다룹니다. 온보딩을 위한 준비가 끝났다면, 이제 본격적인 개발 여정을 함께 시작해 볼까요?

Chapter 01   온보딩 가이드의 목적과 활용법
Chapter 02   스프링 부트란 무엇인가요?

Chapter 01
온보딩 가이드의 목적과 활용법

이번 장에서 배울 내용

이번 장에서는 스프링 부트로 백엔드 서비스를 개발할 때 필요한 기본 개발 환경을 설명합니다. WSL2와 IntelliJ IDEA를 포함해 JDK와 Gardle을 설정하는 과정을 단계별로 살펴보고, 프로젝트를 시작하기 전 꼭 알아야 할 환경 구성 방법을 안내합니다.

1.1 가이드의 목적

이 가이드는 스프링 부트를 처음 접하거나 익숙하지 않은 엔지니어들이 한빛 랩의 개발 환경에서 마이크로서비스를 효과적으로 개발할 수 있도록 돕는 것을 목적으로 합니다. 스프링 부트의 기본 개념을 이해하고, 실무 프로젝트에서 필요한 핵심 기능을 빠르게 습득하도록 안내합니다.

온보딩 가이드의 대상과 범위

본서는 백엔드 개발 경험이 적거나 스프링 부트를 처음 접하는 개발자, 그리고 한빛 랩에서 마이크로서비스 개발을 시작하는 엔지니어를 위한 가이드입니다. 스프링 부트를 활용한 마이크로서비스 개발 과정을 소개하며, 기본적인 프로젝트 설정부터 주요 기능 구현, 배포까지의 전반적인 워크플로를 단계별로 안내합니다.

또한 실습 예제를 통해 핵심 개념을 보다 구체적으로 이해할 수 있도록 돕는 데 목적이 있습니다. 단, 이 가이드는 스프링 부트의 모든 기능을 다루기보다, 현업에서 필요한 핵심 기능과 실습 위주의 내용을 중점적으로 제공합니다.

중점적으로 다루는 내용

이 가이드에서는 스프링 부트의 기본 구성과 설정 방법, Swagger를 활용한 API 문서화, REST API 및 GraphQL API 개발 방법을 다룹니다.

또한 데이터베이스 연동과 JPA 설정, 보안 설정과 사용자 인증, 프로젝트 배포 및 운영 관리에 필요한 주요 절차도 함께 안내합니다.

다루지 않는 내용

반면 이 가이드는 스프링 부트의 심화된 이론이나 내부 구조에 대한 상세한 설명은 다루지 않습니다.

비즈니스 로직 설계에 관한 구체적인 방법론이나 특정 도메인에 특화된 설정 방법도 포함하지 않습니다.

알고 있으면 좋은 지식

이 가이드는 백엔드 개발 경험이 적거나 스프링 부트를 처음 사용하는 엔지니어가 마이크로서비스를 개발할 수 있도록 돕는 데 목적이 있습니다.

실습을 진행하는 데 특별히 필요한 사전 지식은 없지만, 다음과 같은 내용을 알고 있다면 학습에 도움이 됩니다.

- 기본적인 자바 문법
- HTTP와 REST API, GraphQL의 이해
    - HTTP 프로토콜의 기본적인 동작 원리
    - REST API 설계 원칙
    - GraphQL에 대한 기본 지식
- Gradle 사용법
- 데이터베이스와 SQL에 대한 지식
    - SQL(DDL과 DML)
    - 데이터베이스 설계
    - RDBMS 기반의 애플리케이션 개발

필요한 개발 환경

이 가이드의 실습을 따라 하기 위해 필요한 개발 환경은 다음과 같습니다. 한빛 랩에서는 Windows 11과 WSL2(Ubuntu 24.04)를 기본 개발 환경으로 사용합니다.

- **운영체제:** Windows 11 + WSL2(Ubuntu 24.04)
- **JDK:** OpenJava 21
- **빌드 시스템:** Gradle
- **IDE:** IntelliJ IDEA Community

이 개발 환경이 익숙하지 않더라도 걱정하지 않아도 됩니다. 다음 절에서 이 환경을 온보딩하는 방법을 자세히 설명하겠습니다.

1.2 개발 환경 온보딩

스프링 부트 애플리케이션을 개발하기 위해서는 기본적인 개발 환경을 먼저 갖추어야 합니다. 이 절에서는 IntelliJ IDEA, WSL2, JDK 21, Gradle를 설치하고 구성하는 방법을 다룹니다. 이 도구들은 스프링 부트 프로젝트를 개발하고 빌드하는 데 사용됩니다.

WSL2를 사용하는 이유

한빛 랩에서는 개발 환경과 운영 환경의 차이를 줄이고 테스트와 운영 환경은 리눅스를 기반으로 하며, 백엔드 서비스 애플리케이션은 도커를 사용해 배포합니다. 이런 환경에서 개발을 원활하게 진행하기 위해 한빛 랩에서는 WSL(Windows Subsystem for Linux)2를 사용합니다. WSL2는 Windows 환경에서 리눅스 커널을 직접 실행하여 리눅스 배포판을 사용할 수 있도록 해 주는 경량 가상화 기술입니다. WSL2를 활용하면 Windows에서도 리눅스 전용 개발 도구와 스크립트를 원활하게 사용할 수 있으며, 리눅스용 서버 애플리케이션의 개발과 테스트도 보다 효율적으로 수행할 수 있습니다.

> 🔍 **여기서 잠깐** | **왜 팀이 쓰는 개발 환경을 나도 사용해야 하나요?**
>
> 스프링 부트 백엔드 개발 환경을 온보딩 하는 데 있어서는 이 책에서 언급하는 하드웨어와 운영체제, IDE, JDK와 빌드 도구 외에도 다양한 옵션이 있습니다. 그러나 내 환경을 팀이 사용하는 개발 환경에 맞추면 문제가 생겼을 때 다른 동료로부터 도움을 받기가 수월하며, 나중에는 여러분도 다른 동료들에게 도움을 줄 수 있게 됩니다.

WSL2 설치하기

01 WSL2를 설치하고 Ubuntu 24.04 배포판을 설정하는 과정을 안내하겠습니다. 먼저 WSL2에 어떠한 배포판을 설치할 수 있는지 확인해 보겠습니다. 윈도우 검색창에 '명령 프롬프트'를 검색 후 관리자 권한으로 실행합니다.

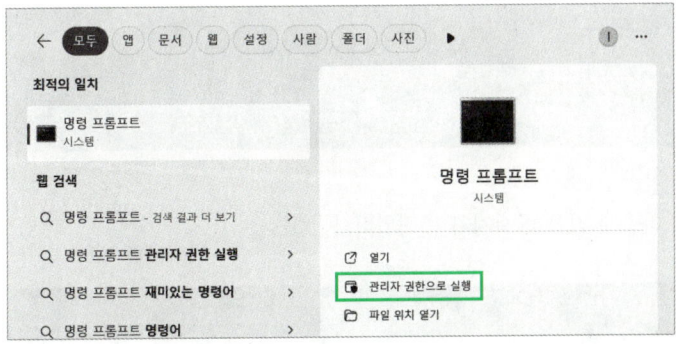

02 명령 프롬프트 창에 다음 명령어를 입력하면 WSL2에 설치할 수 있는 리눅스 배포판 목록이 나타납니다.

```
wsl --list --online
```

03 본 가이드는 Ubuntu-24.04 환경에서 모든 실습을 진행합니다. Ubuntu 24.04는 2024년 8월부터 장기 지원이 제공되는 우분투 배포판으로, 다음 명령어를 입력하여 설치할 수 있습니다.

```
wsl --install -d Ubuntu-24.04
```

```
Ubuntu-18.04                    Ubuntu 18.04 LTS
Ubuntu-20.04                    Ubuntu 20.04 LTS
Ubuntu-22.04                    Ubuntu 22.04 LTS
OracleLinux_7_9                 Oracle Linux 7.9
OracleLinux_8_10                Oracle Linux 8.10
OracleLinux_9_5                 Oracle Linux 9.5
C:\Users\user>wsl --install -d Ubuntu-24.04
```

04 설치가 성공적으로 끝나면 다음과 같은 메시지가 출력됩니다.

```
C:\Users\user>wsl --install -d Ubuntu-24.04
다운로드 중: Ubuntu 24.04 LTS
설치 중: Ubuntu 24.04 LTS
배포가 설치되었습니다. 'wsl.exe -d Ubuntu-24.04'을 통해 시작할 수 있습니다.
C:\Users\user>
```

05 윈도우를 다시 시작한 후, 시작 메뉴에서 'Ubuntu 24.04 LTS' 항목을 찾아 실행합니다. 다음과 같이 WSL2 터미널이 열리면 성공적으로 설치가 완료된 것입니다.

```
Ubuntu 24.04 LTS이(가) 이미 설치되어 있습니다.
Ubuntu 24.04 LTS을(를) 시작하는 중...
Installing, this may take a few minutes...
Please create a default UNIX user account. The username does not need to match your Windows username.
For more information visit: https://aka.ms/wslusers
Enter new UNIX username: eog
New password:
Retype new password:
passwd: password updated successfully
Installation successful!
To run a command as administrator (user "root"), use "sudo <command>".
See "man sudo_root" for details.

Welcome to Ubuntu 24.04 LTS (GNU/Linux 5.15.153.1-microsoft-standard-WSL2 x86_64)

 * Documentation:  https://help.ubuntu.com
 * Management:     https://landscape.canonical.com
 * Support:        https://ubuntu.com/pro

System information as of Sun Aug 11 08:53:38 KST 2024

  System load:  0.0                Processes:             43
  Usage of /:   0.1% of 1006.85GB  Users logged in:       0
  Memory usage: 2%                 IPv4 address for eth0: 172.30.171.78
  Swap usage:   0%

This message is shown once a day. To disable it please create the
/home/eog/.hushlogin file.
eog@sean-8845hs:~$
```

도커 데스크탑 설치하기

도커docker는 컨테이너 기반의 가상화 플랫폼입니다. 쉽게 말해 프로그램을 자신만의 격리된 환경에서 실행할 수 있도록 해주는 도구라고 할 수 있으며, 프로그램의 이동성을 크게 향상시켜 배포를 용이하게 합니다. WSL2와 도커 데스크탑을 함께 사용하면 윈도우에서도 수월하게 도커를 사용할 수 있습니다.

01 먼저 도커 데스크탑 사이트(https://www.docker.com/products/docker-desktop)에서 윈도우 버전 도커 데스크탑 설치 파일을 다운로드 하세요. 설치 파일의 다운로드가 완료되면 해당 설치 파일(Docker Desktop Installer.exe)을 실행합니다.

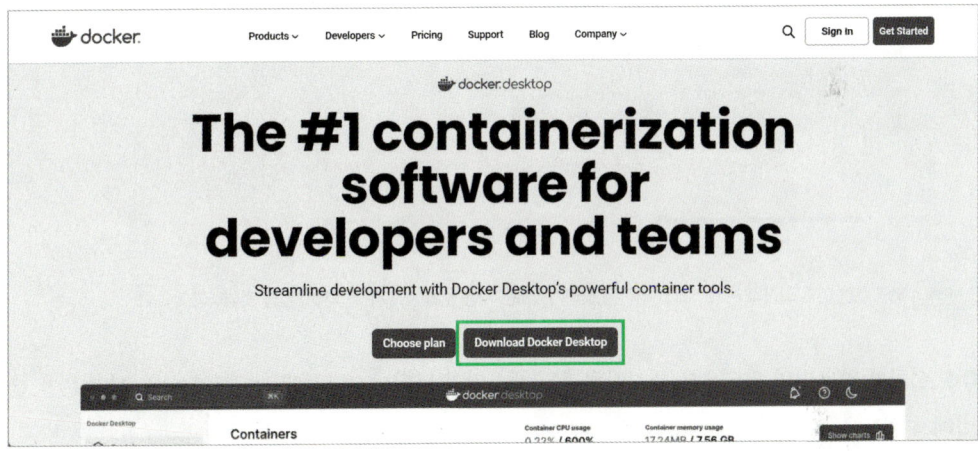

02 설치 파일을 실행하면 옵션을 묻는 화면이 나타납니다. 'Use WSL2 instead of Hpyer-V (recommended)'를 체크하고 [OK] 버튼을 클릭하세요.

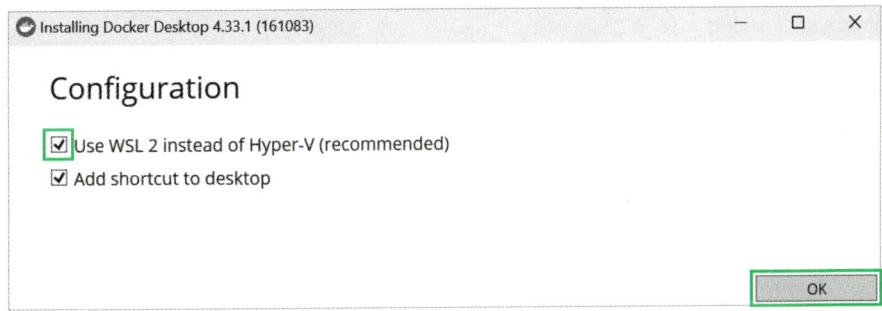

03 다음과 같이 설치가 시작되면 모든 것이 자동으로 설치됩니다.

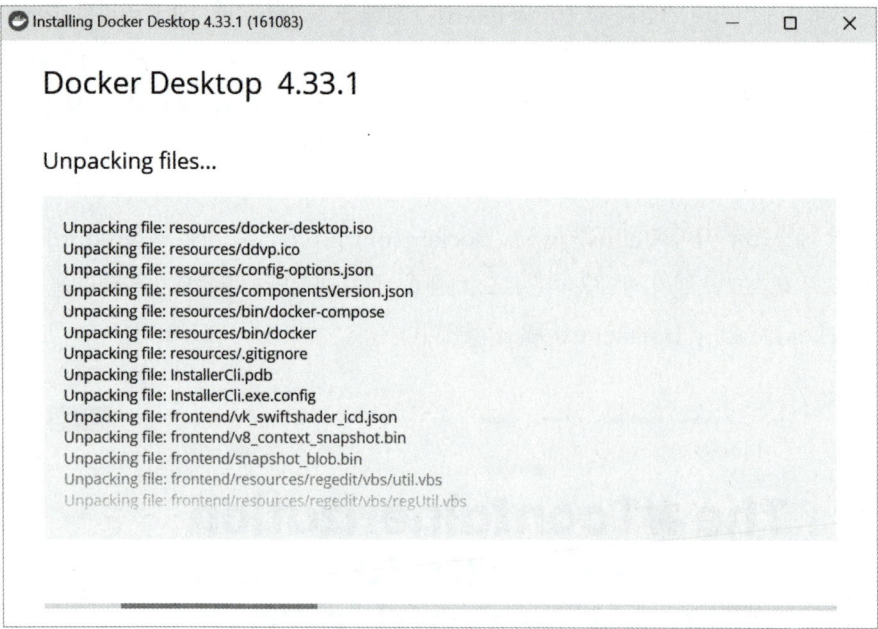

> **NOTE** 책의 출간 이후 최신 도커 데스크탑 버전은 올라가겠지만 사용 방법은 크게 달라지지 않을 것입니다.

04 설치가 완료되면 윈도우를 재시작하라는 메시지가 나타납니다. [Close and restart] 버튼을 클릭해서 윈도우를 재시작하세요.

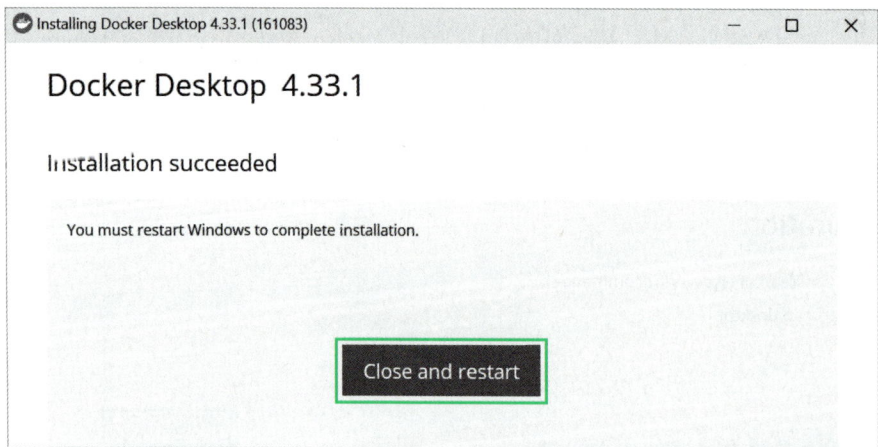

05 윈도우가 재부팅되면 도커 데스크탑이 약관을 표시합니다. [Accept] 버튼을 클릭하여 약관에 동의합니다.

06 이제 윈도우에 로그인할 때마다 도커 데스크탑이 실행되도록 설정하고, WSL2 상에 설치한 Ubuntu 24.04 과의 연동을 활성화 해보겠습니다.

도커 데스크탑이 실행되면 화면 상단의 톱니바퀴 아이콘 버튼을 클릭하세요. 이때 열린 [Settings] 페이지의 왼쪽 메뉴에서 [General] 항목을 선택한 후에 'Start Docker Desktop when you sign in to your computer'를 체크하세요.

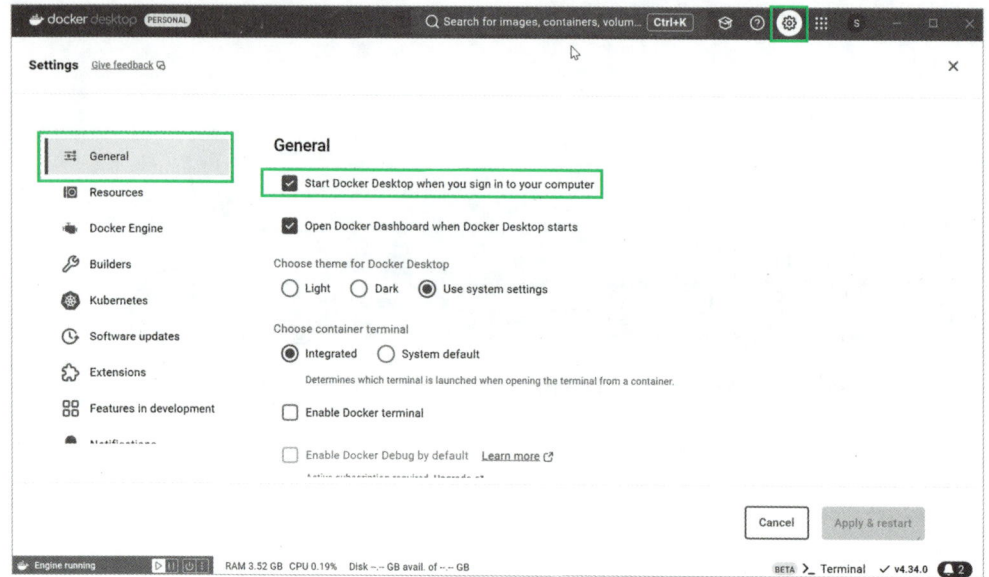

07 WSL2 상에 설치된 Ubuntu-24.04와의 연동을 활성화 하겠습니다. 왼쪽 메뉴에서 [Resources] → [WSL Integration]을 선택하고, 이때 나타난 설정 화면에서 [Ubuntu-24.04]를 활성화 한 뒤 [Apply & restart] 버튼을 클릭하세요. 도커 데스크탑이 설정을 저장한 후 재시작 됩니다.

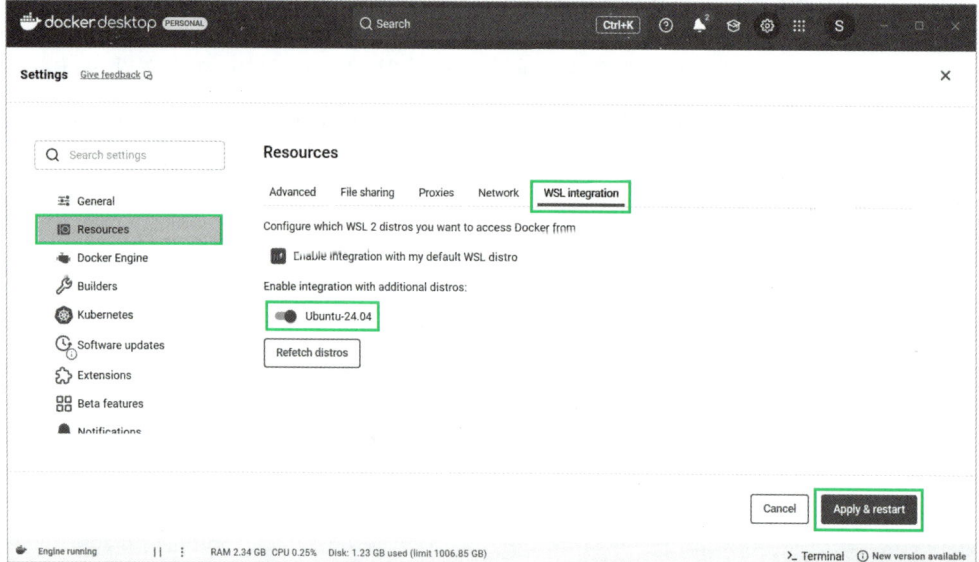

08 WSL2 터미널을 실행하고 다음 명령어를 입력해서 도커 커맨드가 실행되는지 확인하세요.

```
docker --version
```

09 다음과 같이 도커 버전 정보가 출력되면 성공적으로 도커 데스크탑이 설치된 것입니다.

```
eog@hanbit:~$ docker --version
Docker version 27.1.1, build 6312585
eog@hanbit:~$
```

IntelliJ IDEA 설치하기

IntelliJ IDEA는 Java 개발을 위해 가장 널리 사용되는 **통합 개발 환경**IDE 중 하나입니다. IntelliJ IDEA는 **코드 작성**, **디버깅**, **테스트** 등을 효율적으로 수행할 수 있는 다양한 기능을 제공합니다.

01 IntelliJ IDEA 다운로드 페이지[1]로 이동하여 'IntelliJ IDEA Community Edition'을 다운로드합니다. 아래와 같은 페이지가 열리면, 'IntelliJ IDEA Ultimate' 다운로드 칸 아래에 있는 'IntelliJ IDEA Community Edition' 칸에서 '.exe(Windows)'를 선택하여 다운로드를 시작합니다.

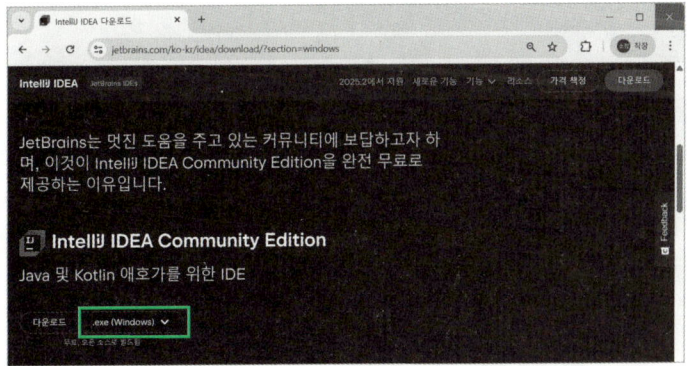

> **NOTE** 여러분이 소속되어 있는 회사 또는 교육기관에서 제공하는 라이선스가 있거나, 개인적으로 라이선스를 구매하신 분들은 Ultimate Edition을 설치해도 무방하며 설치 방법과 이후 사용 방법은 동일합니다.

---
1 2025년 11월 기준 https://www.jetbrains.com/ko-kr/idea/download

02 다운로드한 설치 프로그램을 실행하고, 다음과 같은 안내 화면이 나오면 [다음] 버튼을 클릭합니다.

03 설치 경로는 기본적으로 "C:\Program Files" 폴더 아래로 지정됩니다. 설치 폴더를 확인 후 [다음] 버튼을 클릭하세요.

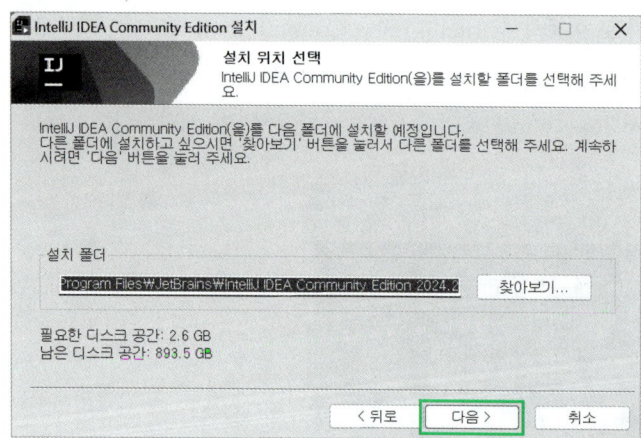

04 다음과 같이 설치 옵션을 선택한 후 [다음] 버튼을 클릭하세요. 사실 이 단계에서 옵션을 선택하지 않아도 본 가이드를 따라가는 데에는 지장이 없습니다.

05 시작 메뉴의 폴더 이름을 선택한 후 [설치] 버튼을 클릭하세요.

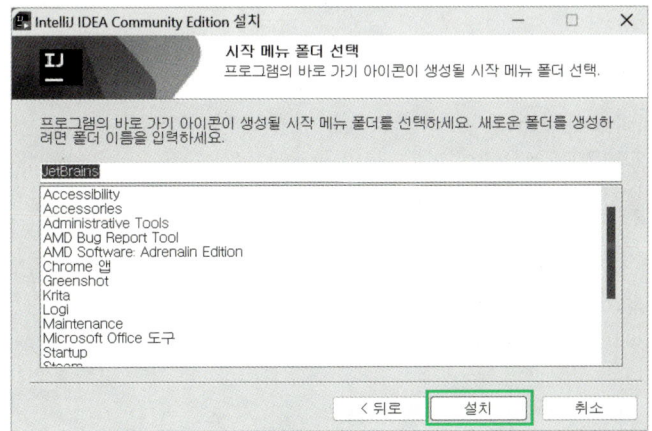

06 이제 파일 복사가 시작됩니다. 파일 복사가 끝나면 설치 완료 화면이 나타납니다.

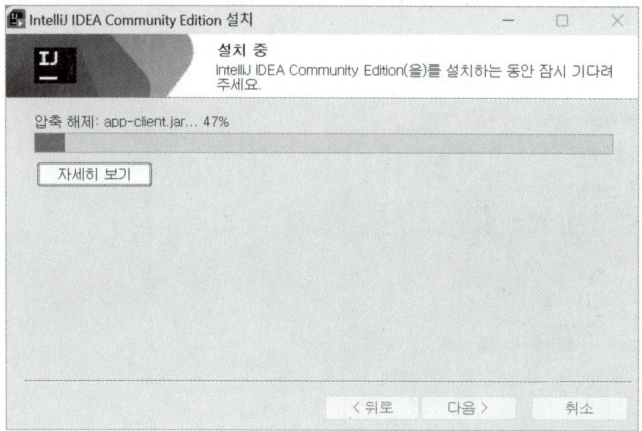

07 다음과 같이 설치 화면이 나타났다면 [IntelliJ IDEA 실행하기] 항목을 선택한 후 [마침] 버튼을 클릭하세요.

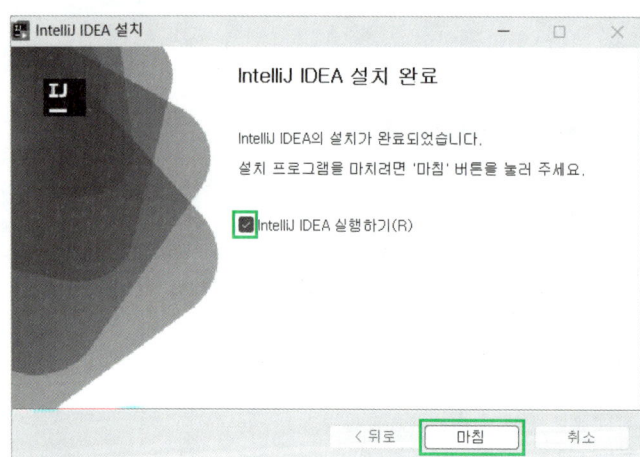

08 IntelliJ IDEA 커뮤니티 에디션을 처음 실행하면 다음과 같이 사용자 약관 동의 화면이 나타납니다. 사용자 약관 동의 화면에서 하단의 동의 항목을 선택하고 [계속] 버튼을 클릭하세요.

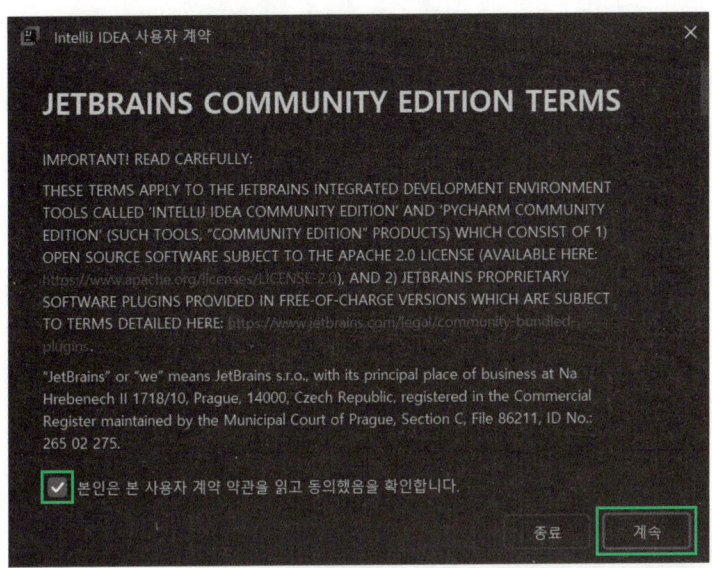

> **NOTE** IntelliJ IDEA 커뮤니티 에디션이 자동으로 실행되지 않는다면 시작 메뉴에서 "IntelliJ IDEA Community Edition"을 찾아 실행하면 됩니다.

09 축하합니다! 다음과 같은 첫 화면이 나타난다면 IntelliJ IDEA 설치가 완료된 것입니다.

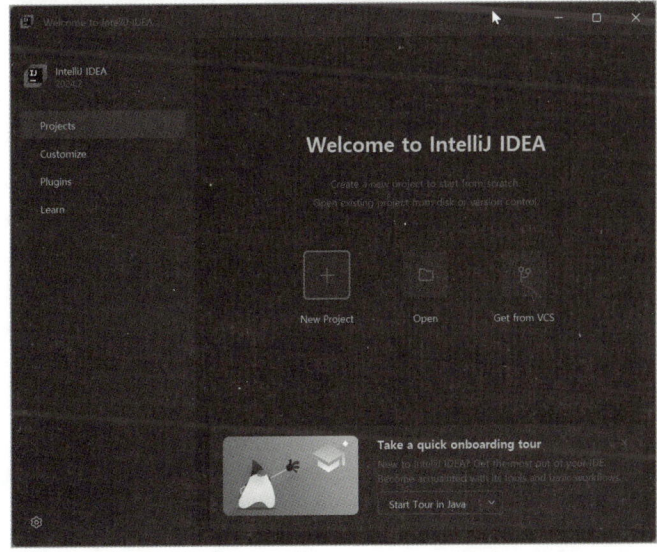

JDK 21 설치하기

JDK^Java Development Kit^는 Java 애플리케이션 개발에 필수적인 도구 모음입니다. 이번에는 스프링 부트 3.3.1 버전과 호환되는 JDK 21을 설치하는 방법을 다룹니다. JDK는 컴파일러, 런타임 환경 등을 제공하여 Java 코드의 개발, 컴파일, 실행을 가능하게 합니다.

01 JDK 21설치를 위해 WSL2 터미널을 열고 다음 명령을 실행하세요.

```
sudo apt install openjdk-21-jdk-headless
```

02 설치가 성공적으로 이뤄지면 다음과 같은 메시지가 출력됩니다. '[sudo] password for 사용자명' 메시지가 나타나면 암호를 입력하세요. 그리고 'Do you want to continue? [Y/n]' 메시지가 나타나면 'Y'를 입력하고 엔터 키를 누르세요.

```
eog@hanbit:~$ sudo apt install openjdk-21-jdk-headless
[sudo] password for eog:
Reading package lists... Done
Building dependency tree... Done
Reading state information... Done
The following additional packages will be installed:
  alsa-topology-conf alsa-ucm-conf ca-certificates-java java-common libasound2-data libasound2t64 libnspr4
  libnss3 libpcsclite1 openjdk-21-jre-headless
Suggested packages:
  default-jre alsa-utils libasound2-plugins pcscd openjdk-21-demo openjdk-21-source libnss-mdns
  fonts-dejavu-extra fonts-ipafont-gothic fonts-ipafont-mincho fonts-wqy-microhei | fonts-wqy-zenhei
  fonts-indic
The following NEW packages will be installed:
  alsa-topology-conf alsa-ucm-conf ca-certificates-java java-common libasound2-data libasound2t64 libnspr4
  libnss3 libpcsclite1 openjdk-21-jdk-headless openjdk-21-jre-headless
0 upgraded, 11 newly installed, 0 to remove and 90 not upgraded.
Need to get 131 MB of archives.
After this operation, 306 MB of additional disk space will be used.
Do you want to continue? [Y/n] y
Get:1 http://archive.ubuntu.com/ubuntu noble/main amd64 alsa-topology-conf all 1.2.5.1-2 [15.5 kB]
Get:2 http://archive.ubuntu.com/ubuntu noble/main amd64 libasound2-data all 1.2.11-1build2 [21.0 kB]
Get:3 http://archive.ubuntu.com/ubuntu noble/main amd64 libasound2t64 amd64 1.2.11-1build2 [399 kB]
Get:4 http://archive.ubuntu.com/ubuntu noble/main amd64 alsa-ucm-conf all 1.2.10-1ubuntu5 [63.1 kB]
Get:5 http://archive.ubuntu.com/ubuntu noble/main amd64 ca-certificates-java all 20240118 [11.6 kB]
Get:6 http://archive.ubuntu.com/ubuntu noble/main amd64 java-common all 0.75+exp1 [6798 B]
Get:7 http://archive.ubuntu.com/ubuntu noble/main amd64 libnspr4 amd64 2:4.35-1.1build1 [117 kB]
```

03 JDK 21 설치가 정상적으로 이뤄졌는지 확인해 보겠습니다. 다음 명령을 WSL2 터미널에서 실행하세요.

```
javac --version
```

04 다음과 같이 'javac 21.x'가 출력된다면 성공적으로 설치가 마무리된 것입니다.

Gradle 설치하기

Gradle은 스프링 부트 프로젝트를 빌드하고 의존성을 관리하는 데 널리 사용되는 빌드 도구입니다. Gradle을 사용하면 프로젝트를 간편하게 빌드하고 배포할 수 있으며, 다양한 플러그인을 활용하여 빌드 과정을 자동화할 수 있습니다.

Gradle은 Ubuntu 패키지 매니저로도 설치가 가능하지만 최신 버전은 지원하지 않습니다. 우리는 Gradle 8 이상을 사용하므로 SDKMAN을 이용할 예정이며, 이를 위해서 먼저 SDKMAN을 설치하겠습니다.

SDKMAN! 설치

SDKMAN!은 다양한 개발 도구와 SDK를 쉽게 관리할 수 있게 해주는 CLI 도구입니다. 주로 Java 개발 환경에서 사용되며, 여러 버전의 JDK, Gradle, Maven, Spring Boot 등과 같은 도구들을 설치하고 관리하는 데 매우 유용합니다. 본 가이드에서는 Gradle을 설치할 때만 사용하겠습니다.

자, 그럼 SDKMAN!을 설치해 보시죠.

01 먼저 WSL2 터미널을 열어서 패키지 관리자를 업데이트하고 필수 패키지를 설치합니다. 아래 명령어를 차례로 실행해 보세요.

```
sudo apt-get update
sudo apt-get install curl zip unzip -y
```

02 패키지 관리자 업데이트가 끝나면 다음과 같이 SDKMAN! 설치 스크립트를 실행합니다.

```
curl -s "https://get.sdkman.io" | bash
```

03 SDKMAN! 설치가 완료되면, 현재 터미널에서도 SDKMAN!을 사용할 수 있도록 설정합니다. 새로운 터미널을 여는 경우에는 이 명령어를 수행할 필요가 없습니다. 다음과 같이 source 명령어를 실행하세요.

```
source "$HOME/.sdkman/bin/sdkman-init.sh"
```

04 SDKMAN!이 제대로 설치되었는지 확인하기 위해 다음 명령을 터미널에 입력하세요.

```
sdk version
```

05 성공적으로 설치되었다면, SDKMAN! 버전이 출력됩니다.

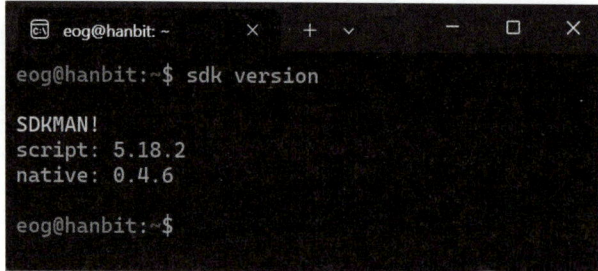

SDKMAN!을 이용하여 Gradle 설치

01 이제 SDKMAN!을 통해 Gradle을 설치하겠습니다. WSL2 터미널에서 다음 명령을 실행하세요.

```
sdk install gradle
```

02 다음은 성공적으로 Gradle이 설치된 예시입니다.

```
eog@hanbit:~$ sdk install gradle
Downloading: gradle 8.9

In progress...

############################################ 100.0%###=#                                    #-#
#
Installing: gradle 8.9
Done installing!

Setting gradle 8.9 as default.
eog@hanbit:~$
eog@hanbit:~$
```

윈도우 디펜더에 IntelliJ 예외 처리 추가하기

Windows Defender는 시스템의 보안을 유지하는 중요한 역할을 하지만, IntelliJ와 같은 개발 도구의 파일 변경 사항을 실시간으로 검사하여 개발 속도를 저하시킬 수 있습니다. 이 절에서는 Windows Defender에 IntelliJ 관련 프로세스를 예외 처리하여 원활한 개발 환경을 유지하는 방법을 설명합니다.

1. [바이러스 및 위협 방지] → [바이러스 및 위협 방지 설정] → [제외] 섹션으로 이동하여 [제외 추가 또는 제거] 버튼을 클릭합니다.

2. [+ 제외 사항 추가] 버튼을 클릭한 후 [프로세스]를 선택하여 다음 두 개의 IntelliJ 프로세스를 추가하세요.
   - fsnotifier.exe
   - idea64.exe

설정한 결과는 다음과 같습니다.

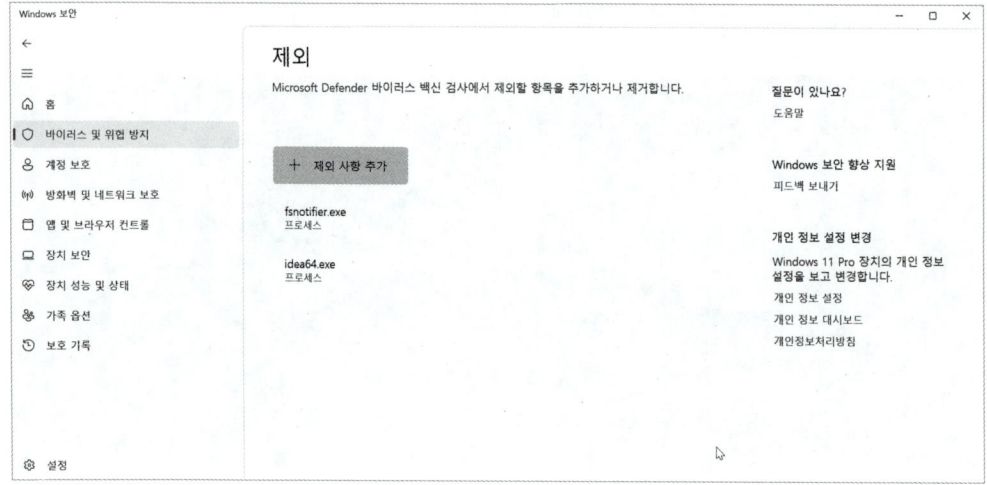

📝 요점 정리

- 스프링 부트를 활용한 백엔드 개발을 시작하기 위해 필요한 개발 환경을 설정합니다.

- Windows 11과 WSL2(Ubuntu 24.04)를 기반으로 JDK 21, Gradle, IntelliJ IDEA를 설치하고 도커 데스크탑을 구성합니다. 이 과정을 통해 스프링 부트 프로젝트를 진행하는 데 필요한 모든 도구를 갖춥니다.

- 팀의 통일된 개발 환경은 팀 내의 협업을 용이하게 하고, 문제 발생 시 신속한 해결을 돕습니다.

Chapter 02
스프링 부트란 무엇인가요?

이번 장에서 배울 내용

이 장에서는 스프링 부트의 개요와 주요 개념, 구성 요소, 키워드, 설정 방법, 그리고 IntelliJ IDEA를 사용하여 스프링 부트 애플리케이션을 개발하는 방법을 다룹니다. 이 장을 통해 스프링 부트의 기본적인 이해와 초기 설정, 개발 환경 구축 방법을 배울 수 있습니다.

2.1 스프링 부트 소개

스프링 부트는 자바 기반 프레임워크인 스프링의 서브 프로젝트로, 웹 애플리케이션, REST API 서버, 마이크로서비스, 배치 처리, CLI 애플리케이션 등 다양한 스프링 애플리케이션을 더 쉽고 빠르게 개발할 수 있도록 돕는 도구이자 라이브러리 모음입니다. 스프링 부트는 스프링의 복잡한 설정과 구성을 간소화하여, 개발자가 최소한의 설정만으로도 애플리케이션을 신속하게 시작할 수 있도록 설계되었습니다.

스프링 부트의 쓰임새

스프링 부트는 다음과 같은 프로젝트에 유용하게 쓰입니다.

- **REST API 또는 GraphQL API 서버 개발:** 프론트엔드 애플리케이션이나 다른 백엔드 서비스와의 통신을 위한 API 서버를 구축하는 데 자주 사용됩니다.
- **마이크로서비스 아키텍처:** 독립적으로 배포 가능한 경량 서비스들을 개발할 때, 스프링 부트는 그 구조와 기능으로 인해 마이크로서비스 아키텍처의 핵심 기술로 많이 활용됩니다.
- **배치 처리:** 대규모 데이터 처리나 정기적인 작업을 처리하는 배치 애플리케이션을 손쉽게 구성할 수 있습니다.

만약 여러분이 회사나 팀에서 스프링 부트를 사용하여 프로젝트를 개발하라는 지시를 받았다면, 그 목적은 주로 프론트엔드 애플리케이션이나 다른 백엔드 서비스에서 사용할 REST API 또는 GraphQL API 서버를 개발하거나, 마이크로서비스 아키텍처를 구현하는 것일 가능성이 큽니다.

스프링 부트의 내부 구조

스프링 부트는 스프링 위에 만들어진 라이브러리이자 도구이며, 스프링 부트를 구성하는 주요 요소는 다음과 같습니다.

- 내장 웹서버

- 스프링 부트 스타터
- 자동 구성(Auto Configuration)
- 스프링 부트 액츄에이터(Actuator)

내장 웹서버

내장 웹서버는 스프링 부트 애플리케이션이 별도의 외부 웹서버를 필요로 하지 않게 하며, 독립적인 실행을 가능하게 합니다. 스프링 부트의 내장 웹서버는 서블릿 엔진을 포함하고 있어, 자바서블릿(웹 클라이언트의 요청을 처리하고 동적 콘텐츠를 생성하는 Java 기반의 소프트웨어 컴포넌트)을 실행하고 HTTP 요청을 처리할 수 있습니다. 스프링 부트는 기본적으로 Tomcat을 사용하지만, Jetty나 Undertow와 같은 다른 내장 웹서버도 선택적으로 사용할 수 있습니다.

별도의 웹서버를 필요로 하지 않음으로써 간편해진 개발과 배포 과정의 이익은 덤입니다.

스프링 부트 스타터

스프링 부트 스타터는 특정 기능을 구현하는 데 필요한 여러 라이브러리를 미리 구성된 패키지로 제공하는 도구입니다. 스타터 패키지를 Maven의 pom.xml 파일이나 Gradle의 build.gradle 파일에 추가하면, 빌드 도구가 해당 스타터에 정의된 모든 의존성을 자동으로 중앙 저장소(Maven Central Repository 등)에서 다운로드하여 프로젝트에 통합합니다. 이 덕분에 개발자는 복잡한 설정을 직접 관리할 필요 없이, 스프링 부트에서 제공하는 기본 설정을 간편하게 적용할 수 있습니다.

예를 들어, spring-boot-starter-web 스타터는 Spring 웹 애플리케이션을 구축하는 데 필요한 모든 라이브러리를 포함하고 있습니다. 이 스타터를 사용하면 개발자는 별도로 라이브러리를 추가하는 수고 없이 손쉽게 웹 애플리케이션 개발을 시작할 수 있습니다. 또한, 스프링 부트 스타터는 필요한 기능만 선택적으로 포함할 수 있도록 설계되어 있습니다. 한편 spring-boot-starter-data-jpa를 사용하면 JPA를 이용한 데이터베이스 연동 기능이 추가되지만, 불필요한 의존성은 포함되지 않습니다. 덕분에 개발자는 필요한 기능만을 포함시켜 프로젝트의 복잡성을 최소화할 수 있습니다.

웹 애플리케이션이나 데이터베이스 연동에 사용되는 스타터 외에도, 자주 사용되는 스타터로는 Spring Security 통합을 위한 spring-boot-starter-security, 테스트 지원을 위한 spring-boot-starter-test 등이 있습니다.

자동 구성

자동 구성 Auto-Configuration은 스프링 부트 애플리케이션이 실행될 때, 개발자가 명시적으로 설정하지 않아도 애플리케이션에 필요한 **빈**bean과 설정을 자동으로 구성해주는 기능입니다. 자동 구성 기능 덕분에 개발자는 최소한의 설정만으로 애플리케이션을 신속하게 개발할 수 있으며, 필요에 따라 자동 구성을 오버라이드하거나 사용자 정의 설정을 추가할 수 있습니다. 자동 구성의 대표적인 예로는 데이터소스 설정과 JPA 설정이 있습니다.

① 데이터소스

데이터소스DataSource는 애플리케이션에서 데이터베이스 연결을 관리하는 중요한 구성 요소입니다. 스프링 부트는 애플리케이션 설정 파일에 데이터베이스 연결 정보가 포함되어 있는 경우, 이를 기반으로 데이터소스 빈을 자동 생성하여 연결을 관리합니다.

그러나 더 복잡한 요구 사항이 있을 때는 개발자가 추가 설정을 통해 기본 자동 구성을 오버라이드 할 수 있습니다.

자동 구성을 오버라이드 해야 할까?

오버라이드
복잡한 요구사항 또는
사용자 정의 설정을 위해

기본 사용
빠르고 쉬운 개발을 위해

② JPA 설정

스프링 부트는 애플리케이션의 빌드 파일(예: Maven의 pom.xml 또는 Gradle의 build.gradle)에 JPA 관련 라이브러리(예: spring-boot-starter-data-jpa)가 포함되고, 설정 파일(application.properties 또는 application.yml)에 데이터베이스 설정이 있으면 JPA 구성을 자동으로 처리합니다. 이 자동 구성 과정에서 스프링 부트는 EntityManagerFactory와 TransactionManager 같은 빈을 생성하며, JPA 엔티티 클래스와 데이터베이스 테이블 간의 매핑을 자동으로 수행합니다.

자동 구성은 대부분의 기본적인 JPA 설정을 처리하지만, 특정 애플리케이션 요구사항에 따라 개발자는 필요에 따라 JPA 설정을 직접 정의하거나, 스프링 부트의 기본 설정을 오버라이드할 수 있습니다. 예를 들어, 애플리케이션이 시작될 때 스프링 부트는 설정 파일에 명시된 데이터베이스 정보와 JPA 설정을 기반으로 데이터베이스와 JPA 간의 연결을 자동으로 설정하지만, 이러한 자동 구성은 필요에 따라 개발자가 재정의할 수 있습니다.

스프링 부트 액츄에이터

스프링 부트 **액츄에이터**Actuator는 애플리케이션의 상태를 모니터링하고 관리하기 위한 다양한 엔드포인트를 제공하는 기능입니다. 메트릭, 상태 확인, 환경 정보, 로그 등을 쉽게 조회할 수 있어 운영 환경에서 애플리케이션을 더욱 효율적으로 관리할 수 있습니다.

다른 스프링 부트 구성 요소와 마찬가지로 의존성을 추가하는 것만으로 간단히 프로젝트에 포함할 수 있으며, 필요에 따라 엔드포인트의 활성화/비활성화, 보안 설정, 노출 범위 조정 등 세밀한 제어도 가능합니다.

(본 가이드에서는 액츄에이터 관련 실습은 제공하지 않습니다.)

스프링 부트 이해에 필요한 주요 개념

스프링 부트는 개발자의 편의를 위해 다양한 기능을 제공하지만, 이 기능들을 효과적으로 활용하려면 스프링의 핵심 개념을 이해하는 것이 중요합니다. 이번 절에서는 스프링 부트 애플리케이션 개발에서 자주 사용되는 주요 개념들인 **IoC**제어의 역전, **스프링 빈**Bean, **DI**의존성 주입, **AOP**관점 지향 프로그래밍를 살펴보고, 각 개념을 어떻게 적용할 수 있는지에 대해 설명하겠습니다. 이러한 개념을 이해하는 데 도움이 되는 간단한 코드 예시도 곁들여 제공합니다.

IoC

전통적인 프로그래밍 방식에서는 개발자가 객체를 직접 생성하고, 그 객체 간의 의존성을 명시적으로 설정합니다. 예를 들어, 아래의 코드에서 A 클래스는 B 클래스의 인스턴스를 직접 생성합니다.

```
class B {
    // B 클래스의 구현
}

class A {
    private B b;
```

```
    public A() {
        this.b = new B();   // 직접 B 객체를 생성
    }
}
```

그러나 **IoC**^{Inversion of Control}는 객체의 생성 및 생명 주기 관리를 개발자가 아닌 프레임워크가 담당하는 개념입니다. 스프링 부트에서는 스프링 IoC 컨테이너가 애플리케이션의 모든 빈을 생성하고 관리합니다. 애플리케이션의 구성 요소 간의 의존성을 외부에서 주입 받음으로써, 객체 간의 결합도를 낮추고 코드의 유연성과 테스트 용이성을 높일 수 있습니다.

다음은 스프링 부트에서 @Autowired 애노테이션을 사용하여 의존성을 주입 받는 예시입니다.

```
import org.springframework.beans.factory.annotation.Autowired;
import org.springframework.stereotype.Component;

@Component
class B {
    public String getMessage() {
        return "Hello from B!";
    }
}

@Component
class A {
    private final B b;

    @Autowired
    public A(B b) {
        this.b = b;   // B 객체가 자동으로 주입됨
    }

    public void printMessage() {
        System.out.println(b.getMessage());
    }
}
```

이 과정에서 객체의 생성과 의존성 주입을 스프링 컨테이너가 대신 처리해 줌으로써, 개발자는 객체 간의 의존 관계를 직접 관리할 필요가 없어집니다. 이와 같은 관리 방식은 코드의 유연성과 테스트 용이성을 크게 향상시킵니다.

스프링 빈

스프링 빈 Bean은 스프링 IoC 컨테이너가 관리하는 객체를 말합니다. 스프링 부트 애플리케이션에서 사용하는 대부분의 객체들이 빈으로 등록되며, 이들 객체는 스프링 컨테이너에 의해 자동으로 생성되고, 관리됩니다.

예를 들어, 아래와 같이 @Component 애너테이션을 사용하여 MyService 클래스를 스프링 빈으로 등록할 수 있습니다.

```java
import org.springframework.stereotype.Component;

// 스프링 빈으로 등록될 클래스
@Component
public class MyService {
    public String getServiceMessage() {
        return "Hello from MyService!";
    }
}
```

EJBEnterprise JavaBean와는 비슷한 개념이지만, 더 가볍고, 유연하며, 설정이 간단하다는 점에서 차이가 있습니다. EJB는 **Java EE 컨테이너(애플리케이션 서버)**에 의해 관리되며, 이 컨테이너가 EJB의 생명 주기, 트랜잭션 처리, 보안 설정 등을 담당합니다. 반면, 스프링 빈은 스프링 IoC 컨테이너가 관리하며, 스프링 애플리케이션에서 사용되는 다양한 객체를 빈으로 관리하여 유연성과 경량성을 제공합니다. 우리가 앞으로 구현할 컨트롤러, 서비스, 리포지토리 등이 스프링 빈에 해당하며, 본 가이드에서는 간단하게 빈이라고 부르겠습니다.

즉, 스프링 부트 애플리케이션은 스프링 빈으로 구성된 애플리케이션이라고 할 수 있습니다.

DI

DI^{Dependency Injection}는 IoC 구현 방식 중 한 가지로써, 객체가 필요로 하는 의존성을 개발자 대신 스프링 컨테이너가 주입해 주는 방식을 말합니다. DI 덕분에 개발자는 필요한 의존성을 직접 코드에서 생성하지 않아도 스프링이 적절한 빈을 자동으로 주입해 주므로 객체 간의 결합도를 낮출 수 있게 됩니다.

다음 예시는 MyController 클래스에 MyService 빈이 자동으로 주입되는 방식을 보여줍니다.

```java
import org.springframework.beans.factory.annotation.Autowired;
import org.springframework.stereotype.Component;

@Component
public class MyController {

    private final MyService myService;

    // 의존성 주입: 스프링이 MyService 빈을 자동으로 주입함
    @Autowired
    public MyController(MyService myService) {
        this.myService = myService;
    }

    public void handleRequest() {
        System.out.println(myService.getServiceMessage());
    }
}
```

스프링 프레임워크는 이 예시에서 @Autowired 애너테이션을 통해 MyController 생성자가 MyService 빈을 주입받기를 요구한다는 것을 파악하고, 런타임에 IoC 컨테이너에 보관하고 있던 해당 빈을 주입합니다. 개발자가 MyService 객체를 직접 생성하지 않아도 MyController는 주입된 빈을 사용할 수 있는 것이죠.

AOP

AOP^{Aspect Oriented Programming}는 공통 관심사를 모듈화하여 비즈니스 로직과 분리하는 프로그래밍 방

식을 말합니다. 예를 들어, 로깅, 보안, 트랜잭션 관리 같은 기능을 각 모듈에 흩어져서 구현하는 대신, AOP를 사용해 이러한 공통된 관심사를 한 곳에 모아 관리하여 코드의 중복을 줄이고, 코드의 재사용성을 높일 수 있습니다.

다음 예시는 MyService의 메서드 호출 전에 로그를 출력하는 AOP를 보여줍니다.

```java
import org.aspectj.lang.annotation.Aspect;
import org.aspectj.lang.annotation.Before;
import org.springframework.stereotype.Component;

@Aspect
@Component
public class LoggingAspect {

    // 특정 메서드 실행 전에 로그를 출력하는 AOP 설정
    @Before("execution(* MyService.getServiceMessage(..))")
    public void logBefore() {
        System.out.println("LoggingAspect: Before executing getServiceMessage");
    }
}
```

이 예제에서 LoggingAspect 클래스는 **MyService의 getServiceMessage 메서드가 실행되기 전**에 로그 메시지를 출력합니다. 중요한 점은 **로그 로직을 MyService 안에 직접 구현하지 않았다는 것**입니다. @Aspect와 @Before 애너테이션을 사용해 AOP를 적용했기 때문에, **비즈니스 로직과 로그 기능이 깔끔하게 분리**됩니다.

📝 요점 정리

- 스프링 부트의 핵심 개념인 내장 웹서버, 스타터, 자동 구성, 액츄에이터의 역할과 중요성을 이해했습니다.
- 스프링의 제어의 역전[IoC]과 의존성 주입[DI] 개념을 통해 객체 생성 및 관리가 프레임워크에 의해 이루어집니다.
- 스프링 IoC 컨테이너에 의해 관리되는 객체들을 빈[Bean]이라고 하며, 이를 통해 애플리케이션의 유연성과 테스트 용이성이 향상됩니다.
- 관점 지향 프로그래밍[AOP]을 사용하여 공통된 관심사를 모듈화하고, 비즈니스 로직과 분리하여 코드의 재사용성과 유지보수성을 높일 수 있습니다.

고민 상담소 **자바 개발자가 배워야 할 프레임워크**

자바 개발자는 스프링과 스프링 부트 외에 백엔드 프레임워크를 공부할 필요가 없나요?

자바 백엔드 개발자라면 스프링과 스프링 부트만으로도 대부분의 웹 애플리케이션을 개발할 수 있습니다. 실제로 국내외 많은 기업이 스프링 생태계를 주력으로 삼고 있죠. 이 온보딩 가이드북 역시 그 현실을 반영했습니다.

하지만 "스프링 외의 다른 백엔드 프레임워크는 정말 공부할 필요가 없나?"하는 질문에는 조금 더 입체적인 시각이 필요합니다.

자바 개발자에게는 스프링 부트 외에도 Micronaut, Quarkus, Vert.x 등 JVM 기반의 다양한 경량 프레임워크 선택지가 있습니다. 이들은 각각 빠른 부팅 속도, 클라우드 최적화, 리액티브 프로그래밍 등 저마다의 강점을 가지고 있습니다. 이런 프레임워크들을 가볍게 경험해보는 것만으로도 개발자의 시야가 넓어집니다.

한편, Express.js(Node.js), Django/FastAPI(Python), ASP.NET Core(C#), Ruby on Rails 등 다른 언어 기반의 프레임워크를 공부하는 것도 좋습니다. 타 생태계의 백엔드 프레임워크를 체험해 보면, "왜 스프링은 이렇게 동작하는지", "이 구조가 정말 필요한가?" 같은 본질적인 질문을 하게 됩니다. 실제로, 스프링 부트의 복잡함에 놀란 분들이 FastAPI처럼 단순한 프레임워크 코드를 직접 구현해 보면 오히려 스프링 부트 설계의 필요성을 이해하게 되는 경우가 많습니다.

다만, 현재 백엔드 시장에서 자바와 스프링 부트의 지배력은 매우 큽니다. 대부분의 채용, 실무 환경에서 스프링 부트를 제대로 이해하고 활용할 줄 안다면 충분히 좋은 기회를 얻을 수 있습니다.

정리하자면, "지금 당장은 스프링 부트에 집중하는 것이 효율적"이고, 기본기를 다진 후 여유가 생기면 타 프레임워크도 가볍게 경험해 보는 것을 추천합니다.

Part 02
스프링 부트 기능 실습

파트 1을 통해 기본적인 개발 환경 설정이 완료되었습니다. 파트 2에서는 실제 애플리케이션을 개발하면서 스프링 부트의 주요 개념과 기능을 실습을 통해 익히는 시간을 가져보겠습니다.

Chapter 03	인메모리 기반의 To-Do 리스트 REST API 서버 만들기
Chapter 04	JPA 기반의 To-Do 리스트 REST API 서버 개발
Chapter 05	고급 JPA 기반의 마이크로블로그 REST API 서버 개발
Chapter 06	Minilog에 인증 기능 추가하기
Chapter 07	GraphQL 기반 마이크로블로그 API 서버 개발
Chapter 08	도커를 이용한 애플리케이션 패키징 및 배포

Chapter 03
인메모리 기반의 To-Do 리스트 REST API 서버 만들기

과제 소개

- **소요 시간:** 45분
- **목표:** REST API를 제공하는 To-Do List 스프링 부트 앱을 구현합니다.
- **기능 요구사항:** 데이터베이스 연동 없이 인메모리 자료구조를 이용하여 CRUD(Create, Read, Update, Delete) 기능을 구현합니다.
- **구현 요구사항:**
  - 엔드포인트: 모든 API 엔드포인트는 "/api/todos/v1"로 시작합니다.
  - 테스트: 각 CRUD 기능에 대한 유닛 테스트를 작성합니다.
  - 문서화 및 테스트: Swagger 3를 사용하여 API 문서화를 수행하고 테스트를 가능하게 합니다.

3.1 프로젝트 초기화

첫 번째 단계에서는 스프링 이니셜라이저를 이용해서 프로젝트 스캐폴드를 만들고, 이 스캐폴드를 기반으로 IntelliJ IDEA에서 프로그래밍을 할 수 있도록 프로젝트를 준비합니다.

WSL2 터미널 실행

01 먼저 WSL2 터미널을 실행하겠습니다. 윈도우의 시작 메뉴에서 Ubuntu 24.04 LTS를 실행합니다.

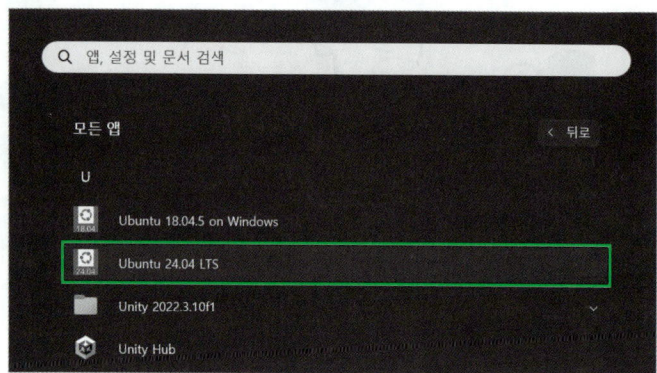

02 WSL2 터미널에서 다음 명령어를 차례로 실행하여 사용자 홈 디렉토리에 'eog-springboot3' 디렉토리를 생성합니다. 'eog-springboot3'는 'Engineer Onboarding Guide – SpringBoot 3'를 줄여 만든 이름입니다. 앞으로 'eog-springboot3'는 우리의 작업 디렉토리가 될 것입니다.

```
mkdir eog-springboot3
cd ~/eog-springboot3/
```

프로젝트 스캐폴드 생성 및 다운로드

프로젝트 스캐폴드 생성을 위해 스프링 이니셜라이저에 다음과 같은 옵션을 제공하겠습니다. 스프링 이니셜라이저에 제공할 수 없는 프로젝트 옵션은 나중에 build.gradle 파일을 직접 수정하여 명시하겠습니다.

표 3-1

옵션	값	설명
dependencies	web	REST API 서버를 개발하는 데 핵심적인 의존성인 'org.springframework.boot'을 추가합니다. 이 의존성은 서블릿 컨테이너인 톰캣(Tomcat)을 내장하고 있으며, 스프링 MVC 기반의 앱, REST API 서버 개발에 필요한 클래스 라이브러리를 제공합니다.
javaVersion	21	프로젝트에서 사용할 Java의 버전을 설정합니다. Java 21 버전을 사용하여 코드를 컴파일하고 실행할 수 있도록 환경을 구성합니다. 최신 Java 기능과 개선된 성능을 활용할 수 있습니다.
type	gradle-project	빌드 도구로 Gradle을 사용하는 프로젝트로 설정합니다. Gradle은 빌드 자동화 도구로, 의존성 관리와 빌드 작업을 효율적으로 처리할 수 있습니다. 이 옵션을 선택하면 Gradle 프로젝트 구조와 설정 파일이 생성됩니다.
bootVersion	3.3.1	사용할 Spring Boot의 버전을 설정합니다. Spring Boot 3.3.1 버전을 사용하여 프로젝트를 구성하며, 이 버전에 포함된 최신 기능과 버그 수정 사항을 활용할 수 있습니다.
groupId	com.asdf	프로젝트의 그룹 ID를 설정합니다. 그룹 ID는 일반적으로 조직이나 회사의 도메인 이름을 역순으로 작성하며, 프로젝트의 패키지 네임스페이스를 구성하는 데 사용됩니다. 예를 들어, 'com.asdf'는 'asdf.com' 도메인을 가진 조직의 프로젝트임을 나타냅니다.
name	todo	프로젝트의 이름을 설정합니다. 'todo'는 프로젝트의 이름으로, 프로젝트를 식별하는 데 사용됩니다. 이 이름은 생성된 프로젝트의 메인 디렉터리와 연관됩니다.
artifactId	todo-in-memory	프로젝트의 아티팩트 ID를 설정합니다. 아티팩트 ID는 프로젝트의 고유 식별자로, 일반적으로 프로젝트의 이름과 유사하게 설정됩니다. 'todo-in-memory'는 생성된 JAR 파일 등의 이름으로 사용됩니다.
packageName	com.asdf.todo	기본 패키지 이름을 설정합니다. 'com.asdf.todo'는 생성된 소스 파일들이 포함될 기본 패키지를 지정합니다. 패키지 이름은 코드의 네임스페이스를 정의하며, 충돌을 방지하는 데 중요한 역할을 합니다.

01 WSL2 터미널을 실행하여 여러분의 작업 디렉토리(~/eog-springboot3)로 이동한 뒤, 다음 명령어를 입력합니다. 마지막 옵션은 한정자가 -o 라는 점에 유의하세요.

```
curl https://start.spring.io/starter.zip \
    -d dependencies=web \
    -d javaVersion=21 \
    -d type=gradle-project \
    -d bootVersion=3.3.1 \
    -d groupId=com.asdf \
    -d name=todo \
    -d artifactId=todo-in-memory \
    -d packageName=com.asdf.todo \
    -o todo-in-memory.zip
```

> **NOTE** -d 한정자는 curl 명령어가 스프링 이니셜라이저(https://start.spring.io/starter.zip[1])에 POST를 통해 보낼 본문의 내용을 구축합니다.

02 다음은 위 명령어를 WSL2 터미널에서 실행한 예시입니다.

```
eog@hanbit:~/eog-springboot3$ curl https://start.spring.io/starter.zip \
    -d dependencies=web \
    -d javaVersion=21 \
    -d type=gradle-project \
    -d bootVersion=3.3.1 \
    -d groupId=com.asdf \
    -d name=todo \
    -d artifactId=todo-in-memory \
    -d packageName=com.asdf.todo \
    -o todo-in-memory.zip
  % Total    % Received % Xferd  Average Speed   Time    Time     Time  Current
                                 Dload  Upload   Total   Spent    Left  Speed
100 51816  100 51668  100   148  45083    129  0:00:01  0:00:01 --:--:-- 45254
```

03 todo-in-memory.zip 파일이 작업 디렉토리에 생성되었는지 확인합니다.

```
ls -al todo-in-memory.zip
```

---

1 스프링 이니셜라이저의 웹사이트를 통해 생성된 스프링 부트 프로젝트의 템플릿을 ZIP 파일로 다운로드하는 링크입니다.

04 다음은 위 명령어를 WSL2 터미널에서 실행한 예시입니다.

```
eog@hanbit:~/eog-springboot3$ ls -al todo-in-memory.zip
-rw-r--r-- 1 eog eog 50643 Aug 11 09:27 todo-in-memory.zip
eog@hanbit:~/eog-springboot3$
```

05 파일이 정상적으로 생성되었다면 todo-in-memory.zip 압축을 해제합니다(unzip이 설치되어 있지 않다면, 'sudo apt install unzip' 명령어를 입력해 설치하세요).

```
unzip todo-in-memory.zip -d todo-in-memory
```

06 이제 ~/eog-springboot3 디렉토리 안에 todo-in-memory 프로젝트가 생성되었는지 확인합니다.

```
eog@hanbit:~/eog-springboot3$ ls -al
total 64
drwxr-xr-x 3 eog eog  4096 Aug 11 09:29 .
drwxr-x--- 4 eog eog  4096 Aug 11 09:25 ..
drwxr-xr-x 4 eog eog  4096 Aug 11 09:29 todo-in-memory
-rw-r--r-- 1 eog eog 50643 Aug 11 09:27 todo-in-memory.zip
eog@hanbit:~/eog-springboot3$
```

IntelliJ IDEA 프로젝트 초기화

스프링 이니셜라이저를 통해 생성한 프로젝트를 IntelliJ IDEA에서 작업하기 용이하도록 초기화하겠습니다.

01 시작 메뉴에서 IntelliJ IDEA를 실행하세요. 다음 그림과 같이 〈IntelliJ IDEA 웰컴 스크린〉이 나타나는 경우에는 [프로젝트] → [열기] 버튼을 클릭하고, 기존에 열어두었던 프로젝트가 나타나면 [파일] → [열기] 메뉴를 클릭합니다.

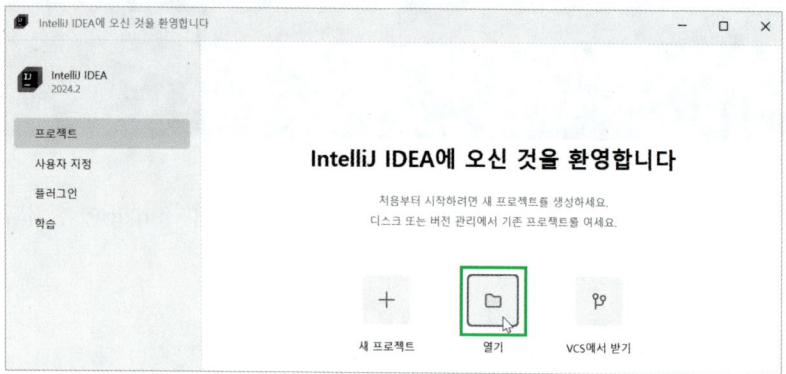

02 〈파일 또는 프로젝트 열기〉 다이얼로그에 파일 시스템 트리가 나타나면, 프로젝트 스캐폴드가 위치하고 있는 디렉토리를 그림과 같이 선택하고 [확인] 버튼을 클릭합니다.

여러분의 리눅스 사용자 이름이 'eog'라면, 프로젝트 스캐폴드는 다음 위치에 위치합니다.

- WSL2 인스턴스 경로: \\wsl$\Ubuntu-24.04
- 리눅스의 프로젝트 경로: /home/**eog**/eog-springboot3/todo-in-memory
- 프로젝트 경로: ₩₩wsl$₩Ubuntu-24.04₩home₩**eog**₩eog-springboot3₩todo-in-memory

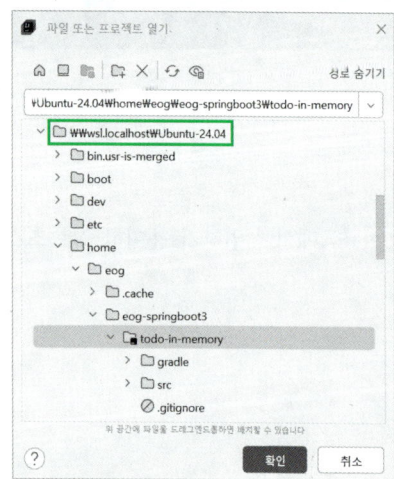

여기서 잠깐 | 윈도우에서 WSL2의 파일 시스템에 접근하기

\\wsl$는 Windows Subsystem for Linux(WSL)에서 사용하는 네트워크 경로 접두사입니다. 이 접두사는 Windows 파일 탐색기에서 WSL2 인스턴스에 접근하기 위해 사용됩니다.

자세히 설명하자면,

- **\wsl$:** WSL 네트워크 파일 시스템을 나타내는 특수한 네트워크 경로입니다. WSL2 인스턴스의 파일 시스템을 Windows에서 네트워크 드라이브처럼 접근할 수 있게 합니다.
- **Ubuntu-24.04:** 특정 WSL2 배포판의 이름입니다. 예를 들어, WSL에 설치된 Ubuntu 24.04 배포판을 나타냅니다.

따라서 \\wsl$\Ubuntu-24.04는 Windows 파일 탐색기에서 Ubuntu 24.04 WSL2 인스턴스의 파일 시스템에 접근할 수 있는 경로입니다. 이 경로를 사용하면 WSL2 인스턴스 내의 파일과 디렉터리를 Windows 파일 탐색기에서 직접 열람하고 수정할 수 있습니다.

WSL 네트워크 파일 시스템 경로는 WSL2와 Windows 간의 원활한 파일 시스템 통합을 가능하게 하여, 두 환경 간의 파일 작업을 더 쉽게 할 수 있게 해줍니다. 예를 들어, Windows 파일 탐색기에서 WSL2의 파일을 열거나 Windows의 텍스트 편집기로 WSL2의 파일을 편집하는 등의 작업이 가능해집니다.

여기서 잠깐 | 원활한 코드 작업을 위해 Microsoft Defender에 예외 처리 추가하기

Microsoft Defender은 WSL 인스턴스의 파일 시스템도 감시합니다. 문제는 우리가 작성하는 소스코드도 영향을 받는다는 것입니다. 해당 프로젝트를 실시간으로 감시하게 되면 IntelliJ의 성능이 하락할 수 있습니다. 소스 코드가 변경되거나 새로운 파일이 생성될 때마다 다시 검사하기 때문이죠. 이러한 부분에 대해 IntelliJ IDEA가 다음과 같은 메시지를 표시할 수 있습니다.

> **Microsoft Defender 구성**
> IDE가 실시간 보호가 활성화된 Microsoft Defender를 탐지했습니다. 이로 인해 IDE 성능이 크게 저하될 수 있습니다. Defender의 폴더 제외 목록에 다음 경로를 추가하는 것이 좋습니다.
>
> C:\Users\seanl\AppData\Local\JetBrains\IdealC2024.2
> \\wsl.localhost\Ubuntu-24.04\home\eog\eog-springboot3\todo-in-memory
>
> '자동'을(를) 선택하여 해당 경로를 제외하는 스크립트를 실행합니다(참고: Windows가 관리자 권한을 요청합니다). '수동'을(를) 선택하여 Defender 구성 지침을 참조합니다.
>
> [자동] 더보기 ▼

이 경우 [자동] 버튼을 클릭하여 프로젝트 파일에 대해 예외 처리를 해두면 좋습니다. 이렇게 하면 Defender가 해당 경로를 실시간으로 감시하지 않게 되어, IntelliJ IDEA의 성능 저하 문제를 해결할 수 있습니다. 만약 직접 설정을 하고 싶다면 Defender 설정에서 예외 목록을 직접 추가할 수도 있습니다.

1. [바이러스 및 위협 방지] → [바이러스 및 위협 방지 설정] → [제외] 섹션으로 이동하여 [제외 추가 또는 제거] 버튼을 클릭합니다.

2. [+ 제외 사항 추가] 버튼을 클릭한 후 [폴더]를 선택하여 WSL의 프로젝트의 경로와 IntelliJ 의 사용자 데이터 경로를 추가하세요.

    A. ₩₩wsl.localhost₩Ubuntu-24.04₩home₩{리눅스사용자}₩eog-springboot3₩todo-in-memory

    B. C:₩Users₩{윈도우사용자}₩AppData₩Roaming₩JetBrains₩IdealC2024.2

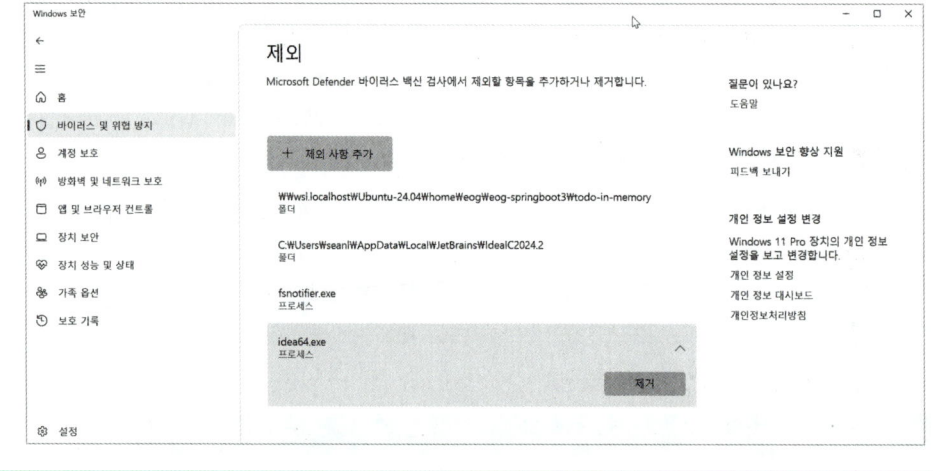

애플리케이션 패키지 및 소스 코드 파일 생성하기

01 이번에는 애플리케이션 패키지와 테스트 패키지를 추가해 보겠습니다. 다음 표를 참고하여 애플리케이션 패키지 여섯 개와 테스트 패키지 두 개를 추가하세요. IntelliJ IDEA를 사용하는 경우, 아래 순서에 따라 패키지를 추가할 수 있습니다.

① 패키지가 위치할 경로(예: /src/main/java/)를 선택하고 오른쪽 마우스 버튼 클릭

② 컨텍스트 메뉴에서 [새로 만들기] → [패키지] 항목 선택

③ 새 패키지 다이얼로그에 패키지 명(예: com.asdf.todo.config)을 입력하고 엔터키 입력

표 3-2 생성할 패키지 목록

경로	패키지
/src/main/java/	com.asdf.todo.config
	com.asdf.todo.controller
	com.asdf.todo.model
	com.asdf.todo.repository
	com.asdf.todo.service
/src/test/java	com.asdf.todo.controller
	com.asdf.todo.service

02 패키지 생성을 마무리하면 프로젝트 창에 추가한 패키지가 다음과 같은 모습으로 나타납니다.

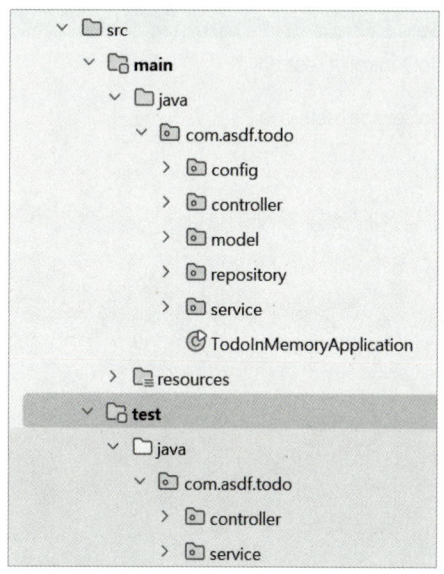

03 이번엔 패키지 아래에 소스 코드 파일을 추가하겠습니다. TodoInMemoryApplication.java 은 스프링 이니셜라이저가 생성했으니 수정할 필요는 없습니다. 그 외의 파일들은 IntelliJ IDEA를 이용해서 다음 순서를 따라 추가할 수 있습니다.

① 프로젝트 창에서 파일이 위치할 패키지를 선택한 후 오른쪽 마우스 버튼 클릭

② 컨텍스트 메뉴에서 [새로 만들기] → [Java 클래스] 항목 선택

③ 〈새 Java 클래스〉 창에서 .java를 제외한 클래스명(예: TodoController)을 입력하고 엔터키 입력

표 3-3 애플리케이션 코드 파일 목록

패키지	파일명
com.asdf.todo	TodoInMemoryApplication.java
com.asdf.todo.config	ApiDocumentationConfig.java
com.asdf.todo.controller	TodoController.java
com.asdf.todo.model	Todo.java
com.asdf.todo.repository	TodoInMemoryRepository.java
com.asdf.todo.service	TodoService.java

표 3-4 테스트 코드 파일 목록

패키지	파일명
com.asdf.todo.controller	TodoControllerTests.java
com.asdf.todo.service	TodoServiceTests.java

04 위의 파일을 추가하면 프로젝트 디렉토리는 다음과 같은 구조를 갖게 됩니다.

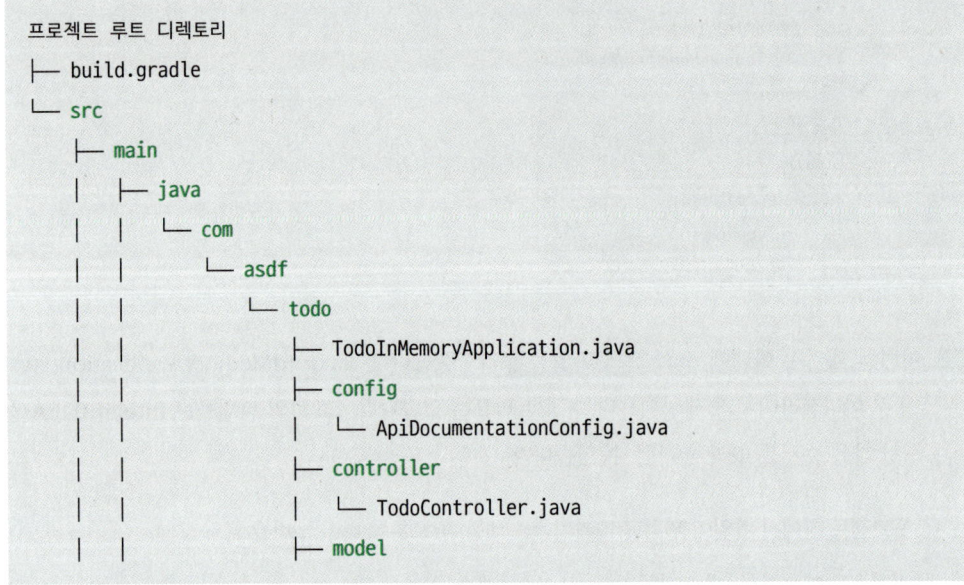

```
|   |                   |   └── Todo.java
|   |                   ├── repository
|   |                   |   └── TodoInMemoryRepository.java
|   |                   └── service
|   |                       └── TodoService.java
└── test
    └── java
        └── com
            └── asdf
                └── todo
                    ├── controller
                    |   └── TodoControllerTests.java
                    └── service
                        └── TodoServiceTests.java
```

build.gradle 수정

build.gradle은 Gradle 빌드 시스템에서 사용하는 스크립트 파일입니다. 이 파일을 수정하여 Spring Boot 3 앱의 빌드, 테스트, 실행, 코드 포매팅 등을 설정할 수 있습니다. Gradle은 Kotlin 과 Groovy를 모두 지원하지만, 우리는 Groovy를 사용합니다.

다음 경로에 있는 build.gradle을 열어 편집을 시작하겠습니다.

```
todo-in-memory/build.gradle
```

플러그인 설정

먼저 Gradle이 사용할 플러그인을 지정합니다. 필요한 기능에 따라 플러그인을 적용하면 Gradle 스크립트를 간소화할 수 있습니다. 이미 Spring Initializer가 Spring Boot 프로젝트에 필요한 플러그인을 추가해두었으므로, 여기서는 코드 포매팅을 위해 'com.diffplug.spotless' 플러그인만 다음과 같이 추가합니다.

```
01  // 프로젝트 빌드 과정에서 그래들이 사용할 플러그인을 설정합니다.
02  plugins {
03      // 컴파일, 테스트, 패키징, 실행 등 Java 프로젝트 빌드에 필요한 태스크 제공
04      id 'java'
05
06      // 스프링 부트의 의존성 관리 및 패키징, 자동설정, 실행 관련 태스크 제공
07      id 'org.springframework.boot' version '3.3.1'1
08
09      // 스프링 의존성 관리 기능 제공
10      id 'io.spring.dependency-management' version '1.1.5'
11
12      // 다양한 언어를 위한 코드 포매터와 관련 태스크 제공(예: spotlessApply)
13      id 'com.diffplug.spotless' version '6.25.0'
14  }
```

프로젝트 속성 설정

프로젝트의 그룹 ID와 버전을 다음과 같이 지정합니다.

```
16  // 프로젝트의 그룹 ID와 버전을 설정합니다.
17  group = 'com.asdf'
18  version = '0.0.1-dev'
```

Java 설정

다음과 같이 Java 21 컴파일러를 사용하도록 지정되어 있는지 확인합니다.

```
20  // Java 컴파일러와 관련된 설정을 추가합니다.
21  java {
22      // Java 21 버전을 사용하도록 설정합니다.
23      toolchain {
24          languageVersion = JavaLanguageVersion.of(21)
```

```
25     }
26 }
```

의존성 저장소 설정

Gradle이 필요한 의존성을 메이븐 센트럴에서 조회하고 다운로드하여 프로젝트 빌드에 사용하도록 되어있는지 확인합니다.

```
28 // 프로젝트의 의존성을 해결하기 위한 Maven 센트럴 저장소를 추가합니다.
29 repositories {
30     mavenCentral()
31 }
```

의존성 설정

스프링 이니셜라이저가 지정한 의존성 외에도 Swagger UI와 롬복 의존성을 다음과 같이 추가로 지정합니다.

```
33 // 프로젝트의 구현, 테스트, 런타임 의존성을 설정합니다.
34 // 여기에서 필요한 의존성을 추가하면, 그래들이 자동으로
35 // 의존성을 mavenCentral을 통해 다운로드합니다.
36 dependencies {
37     // Spring Boot Web 스타터 의존성을 추가합니다.
38     // 웹 애플리케이션 개발에 필요한 기본적인 의존성을 제공합니다.
39     implementation 'org.springframework.boot:spring-boot-starter-web'
40
41     // Swagger UI를 사용하기 위한 의존성을 추가합니다.
42     implementation 'org.springdoc:springdoc-openapi-starter-webmvc-ui:2.6.0'
43
44     // Lombok 라이브러리를 컴파일 시에만 사용하도록 설정합니다.
45     // Getter, Setter 등을 자동으로 생성해줍니다.
46     compileOnly 'org.projectlombok:lombok'
```

```
47
48      // Lombok이 제공하는 기능을 사용하기 위한 애노테이션 프로세서를 추가합니다.
49      annotationProcessor 'org.projectlombok:lombok'
50
51      // JUnit 5를 이용한 테스트를 위한 의존성을 추가합니다.
52      testImplementation 'org.springframework.boot:spring-boot-starter-test'
53
54      // JUnit 5 테스트를 실행하기 위한 런타임 의존성을 추가합니다.
55      testRuntimeOnly 'org.junit.platform:junit-platform-launcher'
56  }
```

테스트 설정

다음 코드는 'test'라는 이름의 태스크를 찾아서 JUnit 5를 사용하도록 지정합니다.

```
58      // 테스트 태스크를 구성합니다.
59      tasks.named('test') {
60          useJUnitPlatform()
61
62          // 테스트 실행 시 상세한 결과 출력 활성화
63          testLogging {
64              // 테스트 이벤트 중 어떤 것을 로그로 출력할지 설정
65              events "passed", "skipped", "failed"
66              // 테스트 케이스 별 결과를 항상 출력하도록 설정
67              outputs.upToDateWhen { false }
68              // Java Agent 경고 메시지 억제
69              jvmArgs '-XX:+EnableDynamicAgentLoading'
70          }
71  }
```

Spotless 플러그인 설정

Spotless 플러그인 관련 설정을 추가합니다. 아래 코드를 추가하여 Google Java Format 1.22.0 버전을 적용하되, 문자열이 긴 경우에는 + 연산자를 이용하여 읽기 좋게 변경하도록 (reflowLongStrings) 합니다.

```
73  // Spotless 플러그인을 사용하여 코드 양식을 자동으로 맞춰줍니다.
74  spotless {
75      // Java 파일에 대한 포맷팅 설정을 추가합니다.
76      java {
77          // Google Java Format 적용
78          googleJavaFormat('1.22.0').aosp().reflowLongStrings()
79      }
80  }
```

빌드 태스크 설정

빌드가 실행되기 전에 spotlessApply를 실행하여 코드가 통일된 양식(앞서 설정한 Google Java Format 1.22.0)으로 자동 포매팅되도록 합니다.

```
82  // build 할 때 spotlessApply를 실행하여 자동으로 코드의 양식을 맞춥니다.
83  build.dependsOn 'spotlessApply'
```

3.2 인메모리 To-Do 리스트 API 서버 구현

프로젝트 초기화를 성공적으로 마쳤다면, To-Do 리스트 API 서버 코드를 구현해 보겠습니다.

To-Do 리스트 구성 요소

To-Do 리스트 API 서버는 다음과 같은 구성 요소로 이뤄집니다.

- To-Do 모델
- To-Do 리스트 리포지토리 빈(인메모리)
- To-Do 리스트 관리 서비스 빈
- To-Do 리스트 REST 컨트롤러 빈
- To-Do 리스트 API 문서화를 위한 OpenAPI 빈

위 구성 요소들이 어떻게 구성되는지를 큰 그림에서 살펴보면 다음과 같습니다. REST Client와 소통하는 웹 레이어에는 To-Do 리스트 REST 컨트롤러 빈(TodoController.java), 서비스 레이어에는 To-Do 리스트 관리 서비스 빈(TodoService.java), 리포지토리 레이어에는 To-Do 리스트 리포지토리 빈(TodoInMemoryRepository.java), 그리고 서비스 레이어와 리포지토리 레이어 사이에 사용될 모델에는 To-Do 모델(Todo.java)이 자리잡습니다.

To-Do 모델 정의

다음과 같이 '할 일$^{To\ do}$'을 나타내는 모델 클래스, Todo.javs를 정의합니다. 이 클래스는 Lombok 라이브러리를 사용하여 생성자, Getter, Setter 등을 자동으로 생성합니다.

Lombok에서 제공하는 애노테이션의 용도는 다음과 같습니다.

- **@Data:** 클래스에 대한 Getter, Setter, toString, equals, hashCode 메서드 자동 생성
- **@NoArgsConstructor:** 매개변수가 없는 기본 생성자 자동 생성
- **@AllArgsConstructor:** 모든 필드를 매개변수로 받는 생성자 자동 생성
- **@NotNull:** 수식하는 필드에 null을 할당하려는 시도가 대해 NullPointerException 발생

todo-in-memory/src/main/java/com/asdf/todo/model/Todo.java

```
01  package com.asdf.todo.model;
02
03  import lombok.AllArgsConstructor;
04  import lombok.Data;
05  import lombok.NoArgsConstructor;
06  import lombok.NonNull;
07
08  @Data
09  @NoArgsConstructor
10  @AllArgsConstructor
11  public class Todo {
12      private Long id;
13      @NonNull
14      private String title;
15      private String description;
16      private boolean completed;
17  }
```

To-Do 리스트 리포지토리 빈 구현

데이터에 접근하는 계층을 추상화하여 데이터 저장소와의 상호작용을 처리하는 리포지토리인 TodoInMemoryRepository을 구현하겠습니다. TodoInMemoryRepository는 다음과 같은 기능을 Map 자료구조를 통해 제공합니다.

- Todo 항목을 저장, 조회, 수정, 삭제하는 CRUD(Create, Read, Update, Delete)
- AtomicLong을 사용하여 Todo 항목의 고유 ID를 자동으로 생성

TodoInMemoryRepository 클래스를 리포지토리 빈으로 만드는 것은 @Repository 애너테이션입니다. 이 애너테이션은 스프링이 자동으로 해당 클래스를 리포지토리 빈으로 관리하도록 하며 다른 빈(예: 서비스 빈)이 이 리포지토리 빈을 사용할 수 있도록 만듭니다.

todo-in-memory/src/main/java/com/asdf/todo/repository/TodoInMemoryRepository.java

```
01  package com.asdf.todo.repository;
02
03  import com.asdf.todo.model.Todo;
04  import java.util.ArrayList;
05  import java.util.HashMap;
06  import java.util.List;
07  import java.util.Map;
08  import java.util.concurrent.atomic.AtomicLong;
09  import org.springframework.stereotype.Repository;
10
11  @Repository
12  public class TodoInMemoryRepository {
13      private final Map<Long, Todo> todoMap = new HashMap<>();
14      private final AtomicLong counter = new AtomicLong();
15
16      public List<Todo> findAll() {
17          return new ArrayList<>(todoMap.values());
18      }
19
20      public Todo findById(Long id) {
21          return todoMap.get(id);
22      }
23
24      public Todo save(Todo todo) {
25          if (todo.getId() == null) {
26              todo.setId(counter.incrementAndGet());
```

```
27          }
28          todoMap.put(todo.getId(), todo);
29          return todo;
30      }
31
32      public void deleteById(Long id) {
33          todoMap.remove(id);
34      }
35  }
```

Todo 리스트 관리 서비스 빈 구현

서비스 빈은 컨트롤러와 리포지토리 사이에서 비즈니스 로직을 처리하는 계층입니다. 이번에는 Todo 리스트를 관리하는 서비스 빈인 TodoService를 구현합니다. TodoService의 역할은 앞서 작성한 **리포지토리**TodoInMemoryRepository와 상호작용하여 데이터 조회 및 저장을 처리하는 것입니다.

TodoService를 구현하기 위해 사용할 주요 애노테이션은 @Service와 @AutoWired입니다. @Service는 해당 애노테이션이 수식하는 클래스가 서비스 역할을 하는 스프링 빈임을 나타내며, @Autowired 애노테이션은 스프링이 자동으로 **의존성 주입**Dependency Injection을 수행하게 합니다. TodoService의 경우는 생성자에 TodoInMemoryRepository 빈을 주입하도록 지정하고 있어요.

@AutoWired를 이용한 의존성 주입은 다음과 같이 생성자 외에도 필드나 메서드에도 적용할 수 있습니다.

- **생성자 주입**: 생성자를 통해 의존성을 주입하는 방식입니다. 생성자에 @Autowired 애노테이션을 붙여 사용합니다. 생성자 주입은 불변성과 테스트 용이성을 높여주는 장점이 있습니다.
- **필드 주입**: 필드에 직접 @Autowired 애노테이션을 붙여 사용하는 방식입니다. 간결하지만 테스트 시 **모킹**mocking이 어렵다는 단점이 있습니다.
- **세터 주입**: 세터 메서드에 @Autowired 애노테이션을 붙여 사용하는 방식입니다. 필요한 경우 의존성을 변경할 수 있는 유연성을 제공합니다.

> **여기서 잠깐** **TodoService의 생성자는 누가 호출하는 걸까?**
>
> TodoService의 생성자는 스프링 프레임워크가 호출해줍니다. 스프링은 애플리케이션 컨텍스트를 초기화할 때, @Service 애너테이션이 붙은 클래스를 빈으로 등록하고, 해당 클래스의 생성자를 통해 의존성을 주입합니다. 스프링이 의존성을 주입하는 과정은 다음과 같습니다.
>
> 1. 컴포넌트 스캔: @SpringBootApplication 애너테이션이 붙은 클래스(TodoInMemoryApplication)가 위치한 패키지와 그 하위 패키지를 스캔합니다.
> 2. 빈 등록: @Service, @Repository, @Component 등의 애너테이션이 붙은 클래스를 빈으로 등록합니다.
> 3. 의존성 주입: 빈으로 등록된 클래스의 생성자를 통해 필요한 의존성을 주입합니다. TodoService의 경우, 생성자에 TodoInMemoryRepository를 주입합니다.
>
> 이 과정을 통해 TodoService의 생성자가 호출되고, TodoInMemoryRepository가 주입됩니다.

다음은 TodoService 코드입니다.

todo-in-memory/src/main/java/com/asdf/todo/service/TodoService.java

```java
package com.asdf.todo.service;

import com.asdf.todo.model.Todo;
import com.asdf.todo.repository.TodoInMemoryRepository;
import org.springframework.beans.factory.annotation.Autowired;
import org.springframework.stereotype.Service;
import java.util.List;

@Service
public class TodoService {
    private final TodoInMemoryRepository todoRepository;

    @Autowired
    public TodoService(TodoInMemoryRepository todoRepository) {
        this.todoRepository = todoRepository;
    }
```

```
17
18      public List<Todo> findAll() {
19          return todoRepository.findAll();
20      }
21
22      public Todo findById(Long id) {
23          return todoRepository.findById(id);
24      }
25
26      public Todo save(Todo todo) {
27          return todoRepository.save(todo);
28      }
29
30      public Todo update(Long id, Todo todo) {
31          todo.setId(id);
32          return todoRepository.save(todo);
33      }
34
35      public void delete(Long id) {
36          todoRepository.deleteById(id);
37      }
38  }
```

Todo 리스트 REST 컨트롤러 빈 구현

REST 컨트롤러 빈은 1) 엔드포인트 주소를 노출하고, 2) 클라이언트의 요청과 입력을 받아서, 3) 서비스 레이어의 메서드를 호출한 뒤, 4) 그 결과를 클라이언트에게 반환하는 역할을 합니다. 이번 절에서는 다음과 같은 역할을 수행하는 REST 컨트롤러 빈인 TodoController 클래스를 구현합니다.

- 모든 엔드포인트는 /api/todos/v1로 시작
- 전체 Todo 항목 조회
- id로 Todo 항목 조회

- Todo 항목 생성
- id를 기준으로 Todo 항목 수정
- id를 기준으로 Todo 항목 삭제

코드를 구현하기 전에 TodoController 구현에 사용되는 주요 스프링 애노테이션을 살펴보겠습니다.

표 3-5

스프링 애노테이션	설명
@RestController	스프링에서 REST 스타일의 웹 API를 개발할 때 사용하는 애노테이션입니다. 이 애노테이션을 사용하면 해당 클래스가 REST API 요청을 처리하는 컨트롤러로 스프링이 인식합니다.
	@Controller와 @ResponseBody 애노테이션을 결합한 형태로, 메서드의 반환값을 JSON이나 XML 형태로 클라이언트에게 반환합니다. 즉, 프로그래머가 직접 반환값을 JSON으로 변경할 필요가 없습니다.
@RequestMapping	REST 컨트롤러 클래스 수준의 공통된 URL 경로를 지정합니다. 가령, TodoController의 모든 엔드포인트는 /api/todos/v1로 시작합니다.
@GetMapping	HTTP 메서드(GET, POST, PUT, DELETE)에 따라 요청을 처리할 메서드를 지정합니다. 각각의 애노테이션은 특정 HTTP 메서드와 매핑됩니다.
@PostMapping	
@PutMapping	
@DeleteMapping	
@PathVariable	URL 경로의 변수를 매핑하는 데 사용됩니다. 예를 들어, /api/todos/v1/{id}에서 {id} 부분을 메서드 매개변수로 받아올 수 있습니다.
@RequestBody	HTTP 요청 본문을 메서드 매개변수에 매핑하는 데 사용됩니다. 주로 POST나 PUT 요청에서 클라이언트가 보낸 JSON 데이터를 자바 객체로 변환할 때 사용합니다.
@Autowired	스프링의 의존성 주입 기능을 사용하여 TodoService 빈을 주입합니다. 이 애노테이션을 통해 서비스 빈과 컨트롤러 빈 간의 의존성을 관리할 수 있습니다.

TodoController의 기능에는 전혀 영향을 주지 않지만, Swagger를 이용한 API 문서화에 사용되는 애노테이션은 다음과 같습니다.

표 3-6

스프링 애노테이션	설명
@Operation	API 문서화를 위해 사용됩니다. 각 메서드에 대해 요약(summary)과 설명(description)을 작성하여 Swagger UI에서 문서화된 내용을 볼 수 있습니다.
@ApiResponses @ApiResponse	API의 응답 코드를 문서화하는 데 사용됩니다. 각 응답 코드에 대한 설명을 작성하여 Swagger UI에서 확인할 수 있습니다.

이제 TodoController 코드를 살펴보겠습니다. 코드가 비교적 긴 편이기 때문에 몇 부분으로 나눠 살펴 보겠습니다. TodoController.java의 파일 경로는 다음과 같습니다.

```
todo-in-memory/src/main/java/com/asdf/todo/controller/TodoController.java
```

패키지 선언 및 의존성 반입

패키지 이름을 com.asdf.todo.controller로 지정하고, Todo 모델, TodoService 빈, Swagger 와 스프링 프레임워크의 애노테이션을 반입합니다.

```
01  package com.asdf.todo.controller;
02
03  import com.asdf.todo.model.Todo;
04  import com.asdf.todo.service.TodoService;
05  import io.swagger.v3.oas.annotations.Operation;
06  import io.swagger.v3.oas.annotations.responses.ApiResponse;
07  import io.swagger.v3.oas.annotations.responses.ApiResponses;
08  import java.util.List;
09  import org.springframework.beans.factory.annotation.Autowired;
10  import org.springframework.http.ResponseEntity;
11  import org.springframework.web.bind.annotation.DeleteMapping;
12  import org.springframework.web.bind.annotation.GetMapping;
13  import org.springframework.web.bind.annotation.PathVariable;
14  import org.springframework.web.bind.annotation.PostMapping;
15  import org.springframework.web.bind.annotation.PutMapping;
```

```
16    import org.springframework.web.bind.annotation.RequestBody;
17    import org.springframework.web.bind.annotation.RequestMapping;
18    import org.springframework.web.bind.annotation.RestController;
```

TodoController 클래스 헤더 선언

@RestController를 통해 이 클래스가 REST 컨트롤러 빈임을 선언하고, @RequestMapping을 통해 '/api/todos/v1'을 모든 HTTP 메소드의 공통된 URL로 지정합니다.

```
21    @RestController
22    @RequestMapping("/api/todos/v1")
23    public class TodoController {
```

TodoService 빈 의존성 주입

TodoService 빈을 컨트롤러 클래스에 주입합니다. 이를 통해 컨트롤러는 서비스 레이어의 메서드를 호출할 수 있게 됩니다.

```
25        @Autowired
26        private TodoService todoService;
```

getAllTodos(): 모든 Todo 항목 조회 API

getAllTodos() 메서드는 **@GetMapping** 애노테이션을 사용해 **HTTP GET** 요청을 처리하며, 클래스 수준에서 설정한 **@RequestMapping** 경로를 공통 URL 엔드포인트로 활용합니다.

메서드 내부에서는 주입된 서비스 레이어인 todoService의 findAll() 메서드를 호출하여 모든 Todo 항목을 조회하고 결과를 반환합니다.

조회 결과가 비어 있으면 ResponseEntity.noContent().build()를 통해 **HTTP 204 (No Content)** 응답을 반환하고, 그렇지 않은 경우에는 ResponseEntity.ok()로 **HTTP 200 (OK)** 응답과 함께 데이터를 반환합니다.

```
28      @GetMapping
29      @Operation(summary = "전체 작업 조회", description = "전체 작업 조회")
30      @ApiResponses({
31          @ApiResponse(responseCode = "200", description = "성공"),
32          @ApiResponse(responseCode = "204", description = "내용 없음")
33      })
34      public ResponseEntity<List<Todo>> getAllTodos() {
35          List<Todo> todos = todoService.findAll();
36          if (todos == null || todos.isEmpty()) {
37              return ResponseEntity.noContent().build();
38          }
39          return ResponseEntity.ok(todos);
40      }
```

getTodoById(): 특정 ID의 Todo 항목 조회

getTodoById() 메서드는 getAllTodos()와 마찬가지로 **@GetMapping** 애노테이션을 사용하지만, 경로 변수(Path Variable)를 통해 **/{id}** 값을 전달받는 점이 다릅니다.

이 메서드의 엔드포인트는 /api/todos/v1/{id}이며, 경로에 포함된 **{id}** 값은 **@PathVariable** 애노테이션을 통해 메서드의 매개변수 id에 매핑됩니다.

클라이언트가 해당 엔드포인트를 **HTTP GET** 요청으로 호출하면, getTodoById()는 서비스 레이어의 **findById()** 메서드를 호출해 전달받은 id에 해당하는 Todo 항목을 조회합니다.

조회 결과가 존재하지 않으면 ResponseEntity.notFound().build()를 통해 **HTTP 404 (Not Found)** 응답을 반환하고, 데이터가 존재할 경우에는 ResponseEntity.ok(…)로 **HTTP 200 (OK)** 응답과 함께 Todo 항목을 반환합니다.

```
42      @GetMapping("/{id}")
43      @Operation(summary = "작업 조회", description = "ID로 작업 조회")
44      @ApiResponses({
45          @ApiResponse(responseCode = "200", description = "성공"),
46          @ApiResponse(responseCode = "404", description = "작업 없음")
```

```
47      })
48      public ResponseEntity<Todo> getTodoById(@PathVariable Long id) {
49          Todo todo = todoService.findById(id);
50          if (todo == null) {
51              return ResponseEntity.notFound().build();
52          }
53          return ResponseEntity.ok(todo);
54      }
```

createTodo(): Todo 항목 생성

createTodo() 메서드는 **@PostMapping** 애노테이션으로 정의되어 있으며, 클라이언트가 **/api/todos/v1** 엔드포인트에 HTTP POST 요청을 보내면 해당 요청이 createTodo() 메서드로 라우팅됩니다.

메서드는 요청 본문에서 전달받은 **todo 객체**를 서비스 레이어의 **save()** 메서드에 넘겨 새로운 Todo 항목을 생성합니다.

생성이 성공하면 ResponseEntity.status(201)을 사용해 **HTTP 201 (Created)** 상태 코드를 명시적으로 설정하고, 생성된 Todo 항목을 응답 본문에 포함해 반환합니다.

```
56      @PostMapping
57      @Operation(summary = "작업 생성", description = "새로운 작업 생성")
58      @ApiResponses({
59          @ApiResponse(responseCode = "201", description = "생성됨")
60      })
61      public ResponseEntity<Todo> createTodo(@RequestBody Todo todo) {
62          return ResponseEntity.status(201).body(todoService.save(todo));
63      }
```

updateTodo(): 기존 Todo 항목 수정

updateTodo() 메서드는 @PutMapping 애노테이션으로 정의되어 있으며, 클라이언트가 /api/

todos/v1/{id} 엔드포인트에 HTTP PUT 요청을 보내면 해당 요청이 updateTodo() 메서드로 라우팅됩니다.

경로의 {id} 값은 @PathVariable을 통해 메서드의 id 매개변수로 전달되고, 요청 본문에 포함된 todo 객체는 **@RequestBody**를 통해 두 번째 매개변수로 매핑됩니다.

메서드는 먼저 서비스 레이어의 findById() 메서드를 호출하여 전달받은 id에 해당하는 기존 Todo 항목을 조회합니다.

- 해당 Todo 항목이 존재하지 않으면, ResponseEntity.notFound().build()를 사용해 HTTP 404 (Not Found) 응답을 반환합니다.
- 항목이 존재하면, 서비스 레이어의 update() 메서드를 호출하여 Todo 항목을 수정한 뒤, 수정된 항목을 응답 본문에 포함해 HTTP 200 (OK) 응답을 반환합니다.

```
65      @PutMapping("/{id}")
66      @Operation(summary = "작업 수정", description = "ID로 작업 수정")
67      @ApiResponses({
68          @ApiResponse(responseCode = "200", description = "성공"),
69          @ApiResponse(responseCode = "404", description = "작업 없음")
70      })
71      public ResponseEntity<Todo> updateTodo(@PathVariable Long id,
72                                             @RequestBody Todo todo) {
73          Todo existingTodo = todoService.findById(id);
74          if (existingTodo == null) {
75              return ResponseEntity.notFound().build();
76          }
77          return ResponseEntity.ok(todoService.update(id, todo));
78      }
```

deleteTodo(): 특정 ID의 Todo 항목 삭제

deleteTodo() 메서드는 @DeleteMapping 애노테이션으로 정의되어 있으며, 클라이언트가 /api/todos/v1/{id} 엔드포인트에 HTTP DELETE 요청을 보내면 해당 요청이 deleteTodo() 메서드로 라우팅됩니다.

경로의 {id} 값은 @PathVariable을 통해 메서드의 id 매개변수로 전달됩니다.

메서드는 먼저 서비스 레이어의 findById() 메서드를 호출하여 전달받은 id에 해당하는 Todo 항목을 조회합니다.

- Todo 항목이 존재하지 않으면, ResponseEntity.notFound().build()를 사용해 HTTP 404 (Not Found) 응답을 반환합니다.
- 항목이 존재하면, 서비스 레이어의 delete() 메서드를 호출해 Todo 항목을 삭제하고, ResponseEntity.noContent().build()를 사용해 HTTP 204 (No Content) 응답을 반환합니다.

참고로 HTTP 204 (No Content) 응답 코드는 요청이 성공적으로 처리되었지만 반환할 데이터가 없음을 의미하며, 대체로 DELETE 요청에서 일반적으로 사용됩니다.

```
80      @DeleteMapping("/{id}")
81      @Operation(summary = "작업 삭제", description = "ID로 작업 삭제")
82      @ApiResponses({
83          @ApiResponse(responseCode = "204", description = "내용 없음"),
84          @ApiResponse(responseCode = "404", description = "작업 없음")
85      })
86      public ResponseEntity<Void> deleteTodo(@PathVariable Long id) {
87          Todo todo = todoService.findById(id);
88          if (todo == null) {
89              return ResponseEntity.notFound().build();
90          }
91          todoService.delete(id);
92          return ResponseEntity.noContent().build();
93      }
94  } // TodoController 클래스 선언 끝
```

API 문서화를 위한 Swagger 설정

Swagger는 REST API의 문서화를 자동으로 생성해주는 도구로, 개발자가 별도로 문서를 작성하지 않아도 API의 사용법을 쉽게 이해하고 테스트할 수 있는 문서를 제공합니다. Swagger는 이러한 문서를 생성하기 위해 OpenAPI 사양을 사용합니다.

스프링 부트 애플리케이션에서는 @RestController 애노테이션이 붙은 클래스를 스캔하여 스프링 컨텍스트에 등록된 컨트롤러 빈(Bean)을 대상으로 문서를 생성합니다. 즉, 실제 애플리케이션에서 사용되는 컨트롤러만 문서화 대상이 됩니다.

또한 Swagger는 컨트롤러 클래스 내부의 @GetMapping, @PostMapping, @PutMapping, @DeleteMapping 등의 애노테이션을 통해 API 엔드포인트를 식별하고, @Operation, @ApiResponses, @ApiResponse 애노테이션에 기술된 설명을 바탕으로 요청/응답 스펙과 상태 코드 등의 세부 정보를 문서에 반영합니다.

애플리케이션을 실행한 뒤 Swagger UI에 접속하면 생성된 API 문서를 브라우저에서 바로 확인하고 테스트할 수 있습니다. 일반적으로 /swagger-ui.html 경로에서 접근할 수 있으며, 개발자는 각 API의 엔드포인트, 요청 및 응답 형식, 상태 코드 등을 한눈에 파악할 수 있습니다.

아래는 API 문서화를 위한 Swagger 설정 클래스인 ApiDocumentationConfig.java의 예시입니다.

```
todo-in-memory/src/main/java/com/asdf/todo/config/ApiDocumentationConfig.java
```

```java
01  package com.asdf.todo.config;
02
03  import io.swagger.v3.oas.models.OpenAPI;
04  import io.swagger.v3.oas.models.info.Info;
05  import org.springframework.context.annotation.Bean;
06  import org.springframework.context.annotation.Configuration;
07
08  @Configuration
09  public class ApiDocumentationConfig {
10
11      @Bean
12      public OpenAPI apiDocumentation() {
13          return new OpenAPI()
14                  .info(
15                      new Info()
16                          .title("TODO List API")
17                          .version("1.0")
```

```
18                    .description("Spring Boot3를 이용한 TODO List API 문서"));
19        }
20    }
```

빌드

WSL2 터미널에서 현재 프로젝트의 루트 디렉토리로 이동한 뒤 다음 명령을 수행합니다. 이 명령은 Gradle이 프로젝트를 빌드하도록 하지만 '-x test' 옵션으로 인해 유닛 테스트는 수행하지 않습니다.

```
gradle build -x test
```

컴파일 에러 없이 빌드가 성공적으로 이뤄진다면 다음과 같이 'BUILD SUCCESSFUL'이라는 메시지가 출력됩니다.

```
sean@Sean-XPS:~/eog-springboot3/todo-in-memory$ gradle build -x test
BUILD SUCCESSFUL in 3s
9 actionable tasks: 9 executed
sean@Sean-XPS:~/eog-springboot3/todo-in-memory$
```

유닛 테스트

이번에는 코드가 우리의 의도대로 작성되었는지를 검증하는 유닛 테스트를 작성해 보겠습니다. 단, 지면을 절약하기 위해 TodoController와 TodoService에 대해서만 테스트를 작성합니다. 이 섹션의 목적은 스프링 부트를 위한 유닛 테스트 작성 방법을 설명하는 것에 있으니까요.

TestControllerTests: TodoController 유닛 테스트

TodoController와 같은 웹 컨트롤러 빈은 유닛 테스트를 작성하기가 까다롭습니다. 웹 컨트롤러 빈은 HTTP 입력을 받아 동작하는데, 스프링 부트에서 HTTP 요청을 받아들일 수 있게 하려면 톰캣 웹서버를 구동해야 하기 때문입니다. 다행히도, 웹서버와 웹 컨트롤러가 의존하고 있는 다른 레이어를 실제로 실행하지 않고도 그들의 동작을 모킹할 수 있는 방법이 있습니다. 바로 @WebMvcTests 애노테이션과 MockMvc입니다.

- **@WebMvcTest:** 스프링 애플리케이션 컨텍스트의 일부분인 컨트롤러와 관련된 빈만 로드하며 HTTP 요청과 응답을 시뮬레이션하고 서비스, 리포지토리, 컴포넌트 등은 로드하지 않게 합니다. 이로 인해 테스트가 더 빠르게 수행되고, 다른 레이어와의 의존성을 배제하여 보다 응집된 테스트를 작성할 수 있게 됩니다.
- **MockMvc:** 스프링 MVC 애플리케이션의 요청과 응답을 테스트하기 위한 유틸리티 클래스입니다. perform() 메소드는 HTTP 요청을 실행하며, andExpect() 메소드는 상태 코드와 JSON 응답의 특정 필드 확인을 통해 HTTP 응답을 검증합니다.

다음은 예제 코드에 사용된 애노테이션에 대한 설명입니다.

- **@ExtendWith(SpringExtension.class):** Spring TestContext Framework와 JUnit 5를 통합하여 스프링 컨텍스트를 사용할 수 있게 합니다.
- **@WebMvcTest(TodoController.class):** 컨트롤러 레이어, 즉 여기에서는 TodoController만 로드합니다.
- **@MockBean:** 모의Mock 객체를 스프링 컨텍스트에 주입합니다. TodoController 테스트에서는 TodoService를 모킹할 때 사용합니다.

이제 다음 예제 코드를 작성하세요.

todo-in-memory/src/test/java/com/asdf/todo/repository/TodoInMemoryRepository.java

```
001 package com.asdf.todo.controller;
002
003 import static org.mockito.ArgumentMatchers.any;
004 import static org.mockito.ArgumentMatchers.anyLong;
005 import static org.mockito.BDDMockito.given;
```

```
006    import static org.springframework.test.web.servlet.request.MockMvcRequestBuilders.*;
007    import static org.springframework.test.web.servlet.result.MockMvcResultMatchers.*;
008
009    import com.asdf.todo.model.Todo;
010    import com.asdf.todo.service.TodoService;
011    import java.util.Collections;
012    import org.junit.jupiter.api.Test;
013    import org.junit.jupiter.api.extension.ExtendWith;
014    import org.springframework.beans.factory.annotation.Autowired;
015    import org.springframework.boot.test.autoconfigure.web.servlet.WebMvcTest;
016    import org.springframework.boot.test.mock.mockito.MockBean;
017    import org.springframework.http.MediaType;
018    import org.springframework.test.context.junit.jupiter.SpringExtension;
019    import org.springframework.test.web.servlet.MockMvc;
020
021    @ExtendWith(SpringExtension.class)
022    @WebMvcTest(TodoController.class)
023    public class TodoControllerTests {
024
025        @Autowired private MockMvc mockMvc;
026
027        @MockBean private TodoService todoService;
028
029        @Test
030        public void testGetTodoById() throws Exception {
031            Todo todo = new Todo();
032            todo.setId(1L);
033            todo.setTitle("Test Todo");
034
035            given(todoService.findById(1L)).willReturn(todo);
036
037            mockMvc.perform(get("/api/todos/v1/1")
038                    .accept(MediaType.APPLICATION_JSON))
039                    .andExpect(status().isOk())
040                    .andExpect(jsonPath("$.id").value(1L))
041                    .andExpect(jsonPath("$.title").value("Test Todo"));
```

```
042     }
043
044     @Test
045     public void testGetAllTodos() throws Exception {
046         given(todoService.findAll()).willReturn(Collections.emptyList());
047
048         mockMvc.perform(get("/api/todos/v1")
049                 .accept(MediaType.APPLICATION_JSON))
050                 .andExpect(status().isNoContent());
051
052         given(todoService.findAll())
053                 .willReturn(
054                         Collections.singletonList(
055                                 new Todo(1L, "Test Todo", "Description", false)));
056
057         mockMvc.perform(get("/api/todos/v1")
058                 .accept(MediaType.APPLICATION_JSON))
059                 .andExpect(status().isOk())
060                 .andExpect(jsonPath("$[0].id").value(1L))
061                 .andExpect(jsonPath("$[0].title").value("Test Todo"));
062     }
063
064     @Test
065     public void testCreateTodo() throws Exception {
066         Todo todo = new Todo();
067         todo.setId(1L);
068         todo.setTitle("New Todo");
069
070         given(todoService.save(any(Todo.class))).willReturn(todo);
071
072         mockMvc.perform(
073                         post("/api/todos/v1")
074                                 .contentType(MediaType.APPLICATION_JSON)
075                                 .content("{\"title\": \"New Todo\"}"))
076                 .andExpect(status().isCreated())
077                 .andExpect(jsonPath("$.id").value(1L));
```

```
078                    .andExpect(jsonPath("$.title").value("New Todo"));
079        }
080
081    @Test
082    public void testUpdateTodo() throws Exception {
083        Todo existingTodo = new Todo();
084        existingTodo.setId(1L);
085        existingTodo.setTitle("Existing Todo");
086
087        Todo updatedTodo = new Todo();
088        updatedTodo.setId(1L);
089        updatedTodo.setTitle("Updated Todo");
090
091        given(todoService.findById(1L)).willReturn(existingTodo);
092        given(todoService.update(anyLong(), any(Todo.class)))
                   .willReturn(updatedTodo);
093
094        mockMvc.perform(
095                    put("/api/todos/v1/1")
096                        .contentType(MediaType.APPLICATION_JSON)
097                        .content("{\"title\": \"Updated Todo\"}"))
098            .andExpect(status().isOk())
099            .andExpect(jsonPath("$.id").value(1L))
100            .andExpect(jsonPath("$.title").value("Updated Todo"));
101    }
102
103    @Test
104    public void testDeleteTodo() throws Exception {
105        Todo todo = new Todo();
106        todo.setId(1L);
107        todo.setTitle("Test Todo");
108
109        given(todoService.findById(1L)).willReturn(todo);
110
111        mockMvc.perform(delete("/api/todos/v1/1").accept(MediaType.APPLICATION_
                                                    JSON))
```

```
112                    .andExpect(status().isNoContent());
113        }
114 }
```

TestServiceTests: TodoService 유닛 테스트

이 테스트 클래스는 TodoService의 다양한 메서드를 검증합니다. @SpringBootTest 애노테이션은 실제 애플리케이션을 실행할 때처럼 스프링 애플리케이션 컨텍스트 전체를 로드합니다. 서비스, 리포지토리, 설정 빈들이 함께 올라오기 때문에 여러 레이어가 함께 동작하는 통합 테스트를 실행할 수 있습니다. @BeforeEach 애노테이션이 붙은 메서드는 각 테스트 메서드가 실행되기 전에 실행되어 초기 설정을 합니다. 그리고 각 테스트를 한정하는 @Test 애노테이션은 해당 메서드가 테스트 메서드임을 나타냅니다. JUnit은 @Test 애노테이션으로 한정된 메소드를 찾아 테스트를 수행합니다.

> **여기서 잠깐** | **스프링 애플리케이션 컨텍스트**
>
> 스프링 부트 애플리케이션 컨텍스트는 스프링 프레임워크의 핵심 개념 중 하나로, 스프링 애플리케이션의 설정과 구성 정보를 담고 있는 컨테이너입니다. 스프링 애플리케이션 컨텍스트는 애플리케이션의 모든 스프링이 관리하는 빈을 관리하고, 빈들 간의 의존성을 해결하며, 애플리케이션의 생명 주기를 제어합니다.
>
> 스프링 부트 애플리케이션 컨텍스트의 주요 기능을 정리하면 다음과 같습니다.
>
> - **빈 관리:** 스프링 컨텍스트는 애플리케이션에서 사용되는 객체들(빈)을 생성하고 관리합니다. 빈은 스프링 컨테이너에 의해 생성되고, 컨테이너는 빈의 생명 주기를 관리합니다.
> - **의존성 주입:** 스프링 컨텍스트는 애플리케이션 빈들 간의 의존성을 자동으로 주입하여 빈들이 서로 협력할 수 있게 합니다. 애플리케이션의 느슨한 결합을 도와줍니다.
> - **환경 설정 및 속성 관리:** 스프링 컨텍스트는 애플리케이션의 환경 설정을 관리하고, 외부 설정 파일(properties 또는 YAML 파일)로부터 속성을 읽어올 수 있습니다.
> - **애플리케이션 이벤트 관리:** 스프링 컨텍스트는 이벤트 발행과 수신을 통해 애플리케이션 컴포넌트 간의 통신을 지원합니다.
> - **리소스 로딩:** 스프링 컨텍스트는 파일 시스템, 클래스패스, 웹 등 다양한 위치에서 리소스를 로드할 수 있습니다.

이제 TodoServiceTests 코드를 작성하겠습니다.

todo-in-memory/src/test/java/com/asdf/todo/service/TodoServiceTests.java

```java
package com.asdf.todo.service;

import static org.assertj.core.api.Assertions.assertThat;

import com.asdf.todo.model.Todo;
import com.asdf.todo.repository.TodoInMemoryRepository;
import java.util.List;
import org.junit.jupiter.api.BeforeEach;
import org.junit.jupiter.api.Test;
import org.springframework.beans.factory.annotation.Autowired;
import org.springframework.boot.test.context.SpringBootTest;

@SpringBootTest
public class TodoServiceTests {

    @Autowired private TodoService todoService;

    @BeforeEach
    void setUp() {
        todoService = new TodoService(new TodoInMemoryRepository());
        todoService.save(new Todo(null, "Test Todo 1", "Description 1", false));
        todoService.save(new Todo(null, "Test Todo 2", "Description 2", true));
    }

    @Test
    void testFindAll() {
        List<Todo> todos = todoService.findAll();
        assertThat(todos).hasSize(2);
    }

    @Test
    void testSaveTodo() {
```

```java
33          Todo todo = new Todo(null, "New Todo", "New Description", false);
34          todoService.save(todo);
35          assertThat(todoService.findAll()).hasSize(3);
36      }
37
38      @Test
39      void testFindById() {
40          Todo todo = todoService.findById(1L);
41          assertThat(todo).isNotNull();
42          assertThat(todo.getTitle()).isEqualTo("Test Todo 1");
43      }
44
45      @Test
46      void testUpdateTodo() {
47          Todo updatedTodo =
48                  new Todo(1L, "Updated Todo", "Updated Description", true);
49          todoService.update(1L, updatedTodo);
50          Todo todo = todoService.findById(1L);
51          assertThat(todo.getTitle()).isEqualTo("Updated Todo");
52          assertThat(todo.getDescription()).isEqualTo("Updated Description");
53          assertThat(todo.isCompleted()).isTrue();
54      }
55
56      @Test
57      void testDeleteTodo() {
58          todoService.delete(1L);
59          assertThat(todoService.findAll()).hasSize(1);
60          assertThat(todoService.findById(1L)).isNull();
61      }
62  }
```

Test 실행

WSL2 터미널을 열고 프로젝트 루트 디렉토리로 이동하여 다음 명령을 수행합니다.

```
gradle test
```

모든 유닛 테스트 케이스의 결과가 다음과 같이 PASSED로 나타나야 합니다.

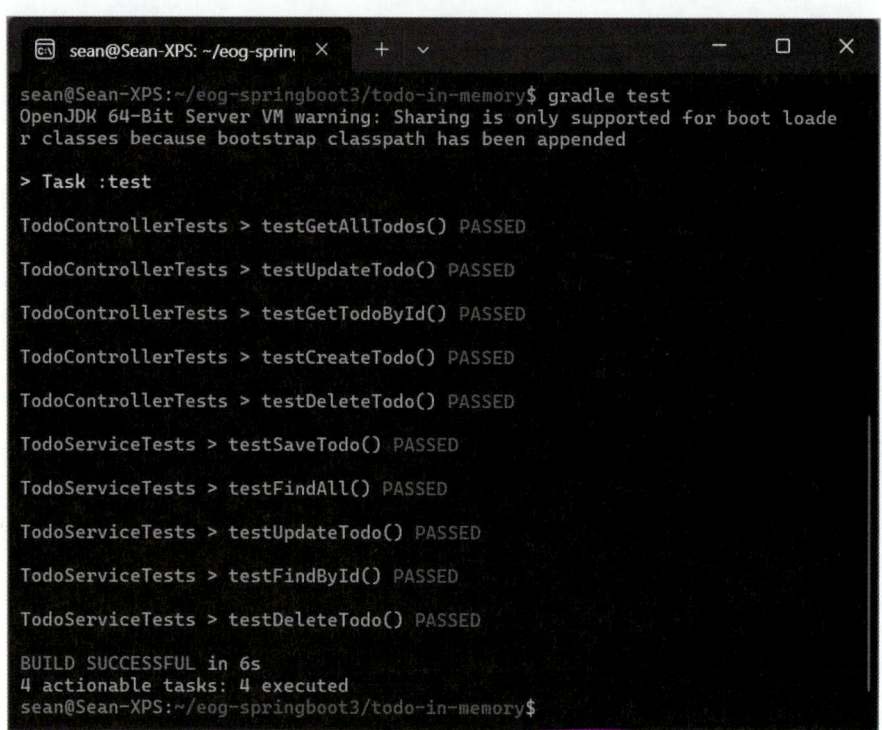

실행 및 Swagger-UI를 이용한 API 테스트

이제 To-Do List API 서버를 실행해서 직접 테스트해 보겠습니다.

01 WSL2 터미널을 열고 프로젝트 루트 디렉토리로 이동하여 다음 명령을 수행합니다.

```
gradle bootRun
```

02 우리는 프로젝트에 스프링 부트가 바인드할 포트를 지정하지 않았기 때문에 이 앱은 기본값은 8080 포트를 사용합니다. 따라서 웹 브라우저를 실행하고 다음 주소를 입력해서 우리가 작성한 인메모리 기반의 TODO List API 1.0에 대한 문서를 확인합니다. 실행 예시는 다음과 같습니다.

- http://localhost:8080/swagger-ui/index.html

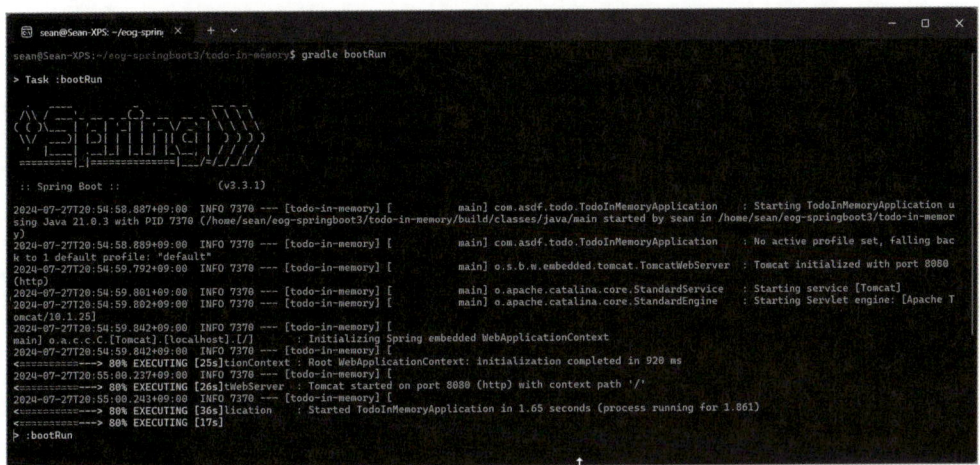

03 다음은 브라우저로 해당 URL을 조회한 예시입니다. To-Do 리스트 API 서버가 제공하는 GET(2개), POST, PUT, DELETE API의 목록을 볼 수 있습니다. 각 메소드가 정상적으로 동작하는지 Swagger-UI를 이용하여 테스트를 수행합니다.

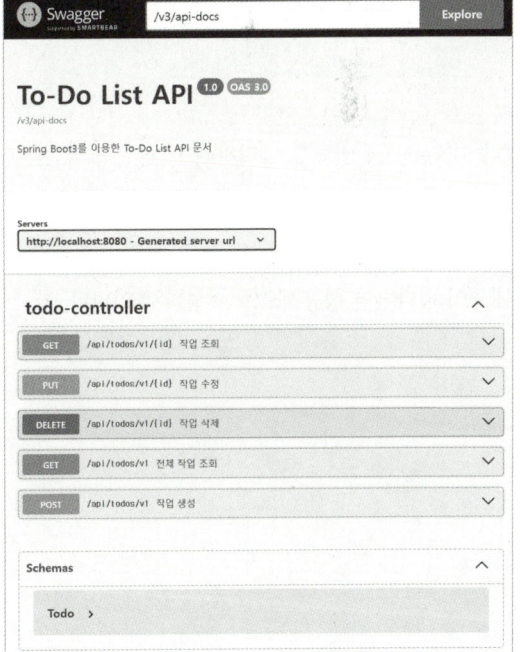

작업(To-Do) 생성 테스트 – POST

01 Swagger-UI의 첫 페이지에서 [POST – /api/todos/v1] → [Try it out] 버튼을 클릭합니다.

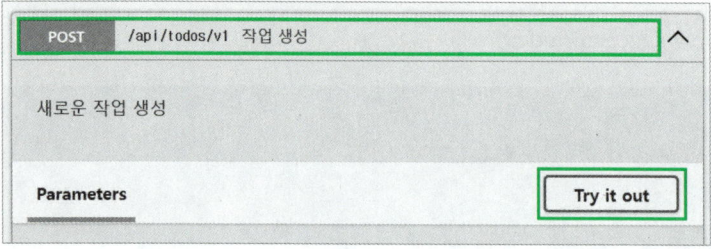

02 Request body 항목을 다음과 같이 작성합니다. 우리는 id가 null로 입력되는 경우에 id를 자동 생성하도록 구현했으므로 id는 null로 입력합니다.

```
{
  "id": null,
  "title": "첫 번째 작업",
  "description": "4장 예제 코드 작성",
  "completed": false
}
```

03 [Execute] 버튼을 클릭하여 POST 리퀘스트를 전송합니다. 다음과 같이 201 응답과 함께 반환 받은 Response Body에 우리가 입력한 작업 내용이 나타나면 성공적으로 생성된 것입니다.

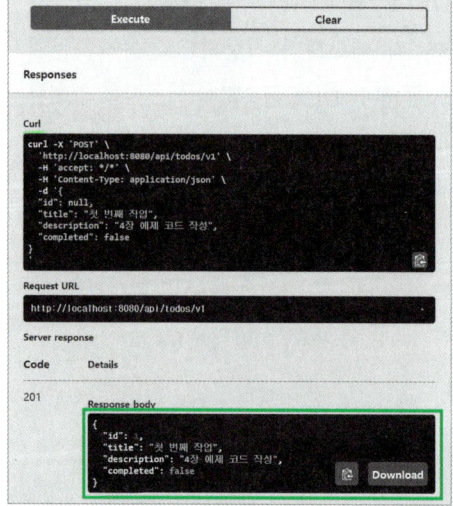

전체 작업 조회 – GET

Swagger-UI의 첫 페이지에서 [GET - /api/todos/v1] → [Try it out] 버튼을 클릭합니다. 이때 표시되는 [Execute] 버튼을 클릭하여 200 응답 코드와 함께 앞서 생성한 작업이 작업 목록 안에 포함되어 반환되는지 확인합니다.

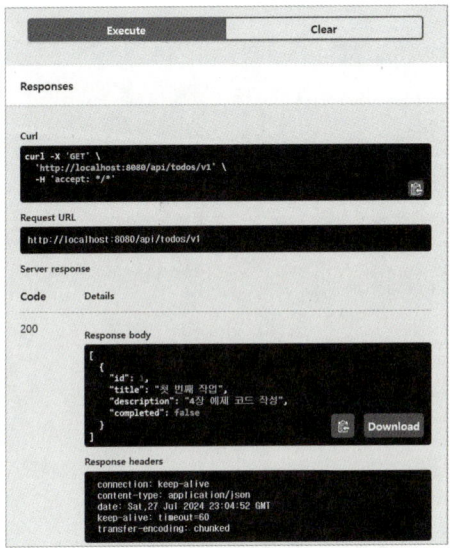

ID를 이용하여 작업 수정 – PUT

01 Swagger-UI의 첫 페이지에서 [PUT - /api/todos/v1/{id}] → [Try it out] 버튼을 클릭합니다.

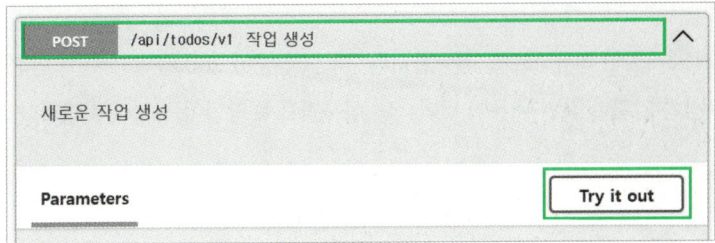

02 Path Variable인 id와 Request body 항목을 다음과 같이 작성합니다.

- id: 1
- Request body:

```
{
  "id": 1,
  "title": "4장 예제 코드 작성",
  "description": "MySQL 기반의 Repository 예제 작성",
  "completed": false
}
```

03 다음은 Swagger-UI에 위 매개변수를 입력한 예시입니다.

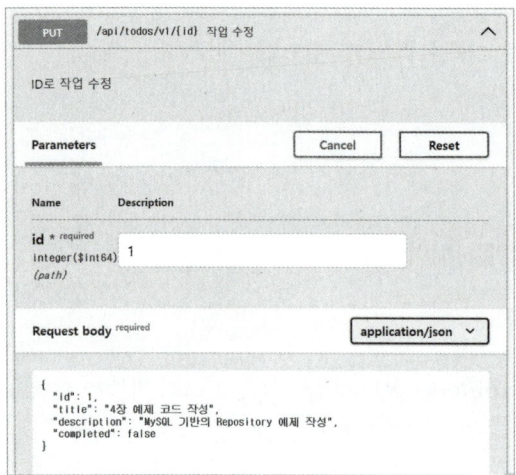

04 [Execute] 버튼을 클릭하여 PUT 리퀘스트를 전송합니다. 다음과 같이 200 응답과 함께 반환받은 Response Body에 우리가 입력한 작업 내용이 나타나면 성공적으로 작업이 생성된 것입니다.

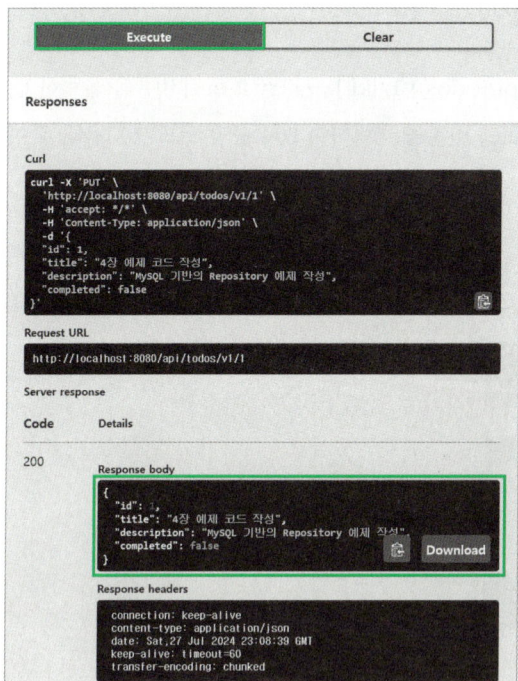

ID를 이용하여 작업 조회 – GET

동일하게 Swagger-UI의 첫 페이지에서 [GET - /api/todos/v1/{id}] → [Try it out] 버튼을 클릭하고, Path Variable인 id에 1을 입력합니다. 이어서 [Execute] 버튼을 클릭해 200 응답 코드와 함께 앞서 해당 작업이 다음과 같이 반환되는지 확인합니다.

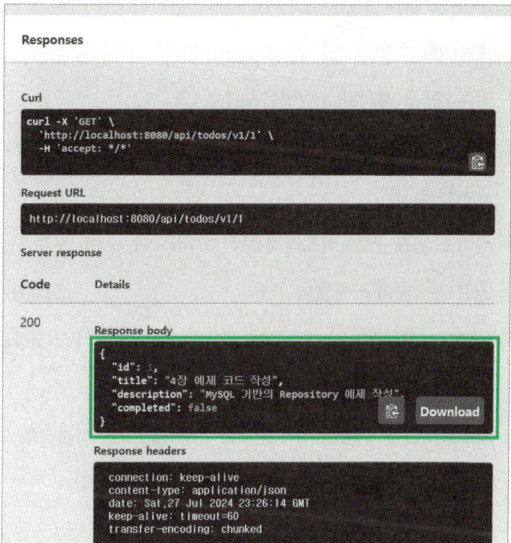

ID를 이용하여 작업 조회 - DELETE

Swagger-UI의 첫 페이지에서 [DELETE - /api/todos/v1/{id}] → [Try it out] 버튼을 클릭하고, Path Variable인 id에 1을 입력합니다. [Execute] 버튼을 클릭하여 204 응답 코드가 다음과 같이 반환되는지 확인합니다.

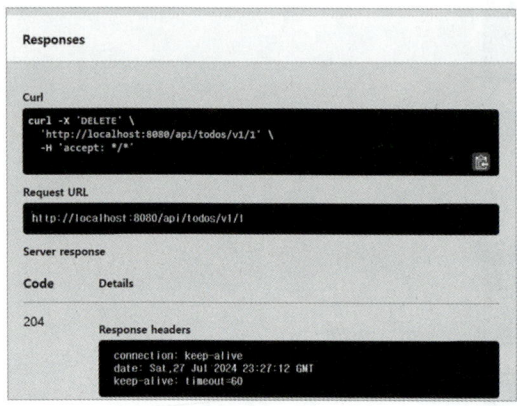

요점 정리

- **프로젝트 초기화:** 스프링 이니셜라이저와 그래들을 사용하여 스프링 부트 프로젝트를 생성하고, 필요한 의존성들을 설정하는 방법을 배웠습니다.

- **인메모리 데이터 구조 활용:** 데이터베이스 없이 인메모리 자료구조(Map)를 사용하여 CRUD 기능을 구현했습니다.

- **서비스 계층 구현:** 비즈니스 로직을 처리하는 서비스 계층을 구현하고, 이를 컨트롤러와 리포지토리 계층과 연결하는 방법을 배웠습니다.

- **REST API 엔드포인트 구현:** 다양한 HTTP 메서드(GET, POST, PUT, DELETE)를 활용하여 REST API 엔드포인트를 구현했습니다.

- **Swagger를 이용한 API 문서화:** Swagger를 사용하여 API 문서를 자동으로 생성하고 Swagger-UI를 이용하여 각 API를 테스트하는 방법을 배웠습니다.

- **유닛 테스트:** JUnit5와 @WebMvcTests, MvcMock을 사용하여 컨트롤러와 서비스 계층의 동작을 검증하는 방법을 학습했습니다.

고민 상담소   테스트 코드의 필요성

실제 코드를 작성하는 데에도 시간이 많이 걸리는데 왜 테스트 코드를 작성해야 하나요?

초반에는 기능 구현만으로도 벅차 테스트 코드를 추가로 작성하는 게 비효율적으로 느껴집니다. 하지만 실무에서 '코드를 한 번에 완벽하게' 만드는 경우는 거의 없습니다. 테스트 코드가 없으면 새로운 기능을 추가하거나 기존 기능을 수정할 때마다 앱의 다른 코드에 영향을 주지 않았는지 파악하기가 매우 어렵습니다.

방금 작성한 코드가 제대로 동작하는지 확인하려면 앱을 빌드하고 실행해서 API를 호출해야 합니다. 스프링 부트 앱은 빌드와 실행에 소요되는 시간이 짧지 않습니다. 프로젝트의 규모가 커지면 이 시간은 늘어나기만 하고 줄어들진 않습니다. 한 번에 내가 원하는 결과를 얻는 경우가 거의 없기 때문에, 빌드와 실행을 기다리는 데 소모되는 시간이 꽤 길어집니다. 테스트 코드는 이 시간을 아껴주죠. 즉, 코드 작성 시간이 조금 더 걸릴 뿐, 전체 개발·유지보수 시간은 훨씬 단축됩니다.

실무에서는 '지금까지 잘 동작하던 코드가 오늘 갑자기 문제를 일으키는' 일이 정말 자주 일어납니다. 테스트 코드가 있으면 문제가 어떤 코드에서 발생했는지, 기대하는 결과와 실제 결과가 어떻게 달라졌는지 등을 빠르게 파악할 수 있습니다.

지금은 작은 실습이지만, 서비스가 복잡해질수록 테스트 코드가 없으면 '수정=공포'가 됩니다. 테스트 코드가 없으면 "이거 수정해도 진짜 괜찮을까?"라는 불안이 사라지지 않지만, 테스트 코드가 있으면 "내가 뭘 바꿨고, 어디까지 안전한지" 확신할 수 있습니다.

처음부터 완벽한 테스트를 쓰려고 하지 않아도 괜찮습니다. 간단한 테스트(예: 입력 하나 넣어서 정상 동작하는지 보는 것)만이라도 따라 써보면, "아, 이게 왜 필요한지" 체감이 확 오게 됩니다. 무엇보다 실무에서는 팀과 협업하기 위해서는 필수로 요구되는 역량이고, 스프링 부트는 유닛테스트를 작성하기가 비교적 용이하므로 연습을 통해 익숙해져 보세요.

Chapter 04

JPA 기반의 To-Do 리스트 REST API 서버 개발

과제 소개

- **소요 시간**: 1시간 20분
- **목표**: 3장에서 구현한 To-Do List REST API 앱에 데이터 영속성 지원 기능을 추가합니다.
- **기능 요구사항**: JPA와 MySQL 데이터베이스를 이용하여 CRUD(Create, Read, Update, Delete) 기능을 구현합니다.
- **구현 요구사항**:
  - 엔드포인트: 모든 API 엔드포인트는 '/api/todos/v2'로 시작합니다. (참고로, 3장에서 구현한 API의 엔드포인트는 '/api/todos/v1'으로 시작했습니다)
  - 테스트: 각 CRUD 기능에 대한 유닛 테스트를 작성합니다.
  - 문서화 및 테스트: Swagger 3를 사용하여 스키마와 API에 대한 문서화를 수행하고 테스트를 가능하게 합니다.

4.1 JPA 이해하기

JPA는 자바 객체와 관계형 데이터베이스 간의 데이터를 효율적으로 매핑하고 관리하기 위한 표준 ORM 명세입니다. 객체 지향 언어인 Java에서 클래스와 데이터베이스 테이블 간의 매핑을 쉽게 처리할 수 있도록 돕는 기술이며, ORM^{Object-Relational Mapping} 방식의 핵심 요소 중 하나입니다.

JPA의 개념과 역할

스프링 부트 환경에서는 **JPA**^{Java Persistence API}가 데이터베이스와의 상호작용을 표준화하는 역할을 하며 널리 사용되고 있습니다. 스프링 부트 프로그래머는 JPA의 인터페이스를 통해 생산성 높은 코드를 작성할 수 있고, 실제 데이터베이스 연동은 JPA의 대표적인 구현체인 **하이버네이트**^{Hibernate}가 자동으로 처리합니다. 덕분에 개발자는 SQL이나 커넥션 관리 등 복잡한 세부사항보다는 비즈니스 로직에 집중할 수 있습니다.

> 🔍 **여기서 잠깐**   하이버네이트의 대안 구현체와 JPA의 대안
>
> 하이버네이트 외에도 EclipseLink, OpenJPA 등 다른 JPA 구현체도 존재합니다. 한편, MyBatis는 SQL 매퍼 프레임워크로 ORM은 아니며, SQL 쿼리를 개발자가 직접 작성하고 제어할 수 있는 구조입니다. 본 가이드에서는 JPA에 집중하며 MyBatis는 다루지 않습니다.

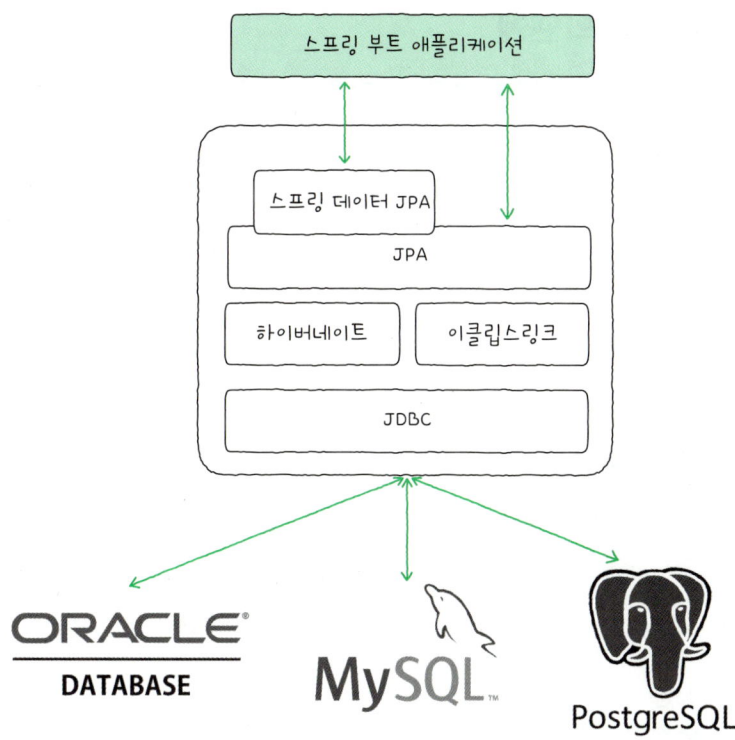

JPA의 등장과 발전

JPA는 2006년 **EJB**^{Enterprise Java Beans} 3.0의 일부로 처음 도입되었습니다. 당시의 EJB 2.x는 복잡한 설정과 낮은 생산성으로 인해 개발자들 사이에서 외면 받고 있었고, 이러한 문제를 극복하기 위한 시도로 더 간결하고 직관적인 ORM 기술인 JPA가 등장한 것입니다.

비록 JPA는 EJB의 일부로 시작되었지만, 현재는 EJB 없이도 독립적으로 동작하며, 특히 Spring과 같은 경량 프레임워크에서 널리 사용되고 있습니다. 결과적으로 JPA는 자바 생태계에서 ORM 기술의 표준으로 자리잡았고, 반면 EJB는 사용 빈도가 점차 줄어들었습니다.

JPA를 사용하면 SQL을 직접 작성하지 않고도 데이터베이스와 상호작용하는 애플리케이션을 개발할 수 있습니다. 또한 JDBC^{Java Database Connector} 드라이버만 제공된다면 오라클, MySQL, PostgreSQL 등 모든 데이터베이스와 연동할 수 있습니다. 뿐만 아니라 반복적인 보일러플레이트 코드(Save, Update, Delete, Select 등)를 기본적으로 제공해주기 때문에 개발 생산성이 대폭 향상됩니다.

JPA와 Hibernate의 관계

JPA는 자바 애플리케이션에서 ORM^{Object-Relational Mapping}을 구현하기 위한 표준 명세입니다. 즉, JPA 자체는 실행 가능한 라이브러리가 아니라, ORM 기능을 제공하기 위한 일종의 설계도라고 볼 수 있습니다. 이 설계도를 실제로 구현한 라이브러리가 있어야 JPA를 사용할 수 있습니다.

가장 널리 사용되는 JPA 구현체는 **Hibernate**입니다. Hibernate는 JPA 명세를 충실히 구현하면서도, 그 위에 배치 처리, 캐시 전략, 통계 조회 등 다양한 고급 기능을 추가로 제공합니다. 개발자는 JPA의 표준 API를 사용하면서도, 필요에 따라 Hibernate의 확장 기능을 활용할 수 있습니다.

JPA의 주요 애노테이션

JPA를 이용하여 데이터베이스 접근 코드를 작성할 때, 다음과 같은 애노테이션을 주로 사용하게 됩니다. 4장에서는 @Entity, @Id, @GeneratedValue, @Table, @Column 애노테이션 예제 코드를 선보이며, 나머지 애노테이션 사용 예시는 5장에서 만나볼 수 있습니다.

표 4-1 JPA 주요 애노테이션

애노테이션	설명
@Entity	해당 클래스가 JPA 엔티티임을 명시하며, 데이터베이스 테이블과 매핑됩니다.
@Id	엔티티의 **기본 키**^{Primary Key}를 지정합니다.
@GeneratedValue	기본 키 생성 전략을 지정합니다. strategy 속성을 통해 기본 키 생성 방법을 선택할 수 있습니다. 주요 전략은 다음과 같습니다: - GenerationType.AUTO: 기본 키 생성 전략을 JPA 구현체에 맡깁니다. - GenerationType.IDENTITY: 기본 키 생성을 데이터베이스에 맡깁니다 (예: MySQL의 AUTO_INCREMENT). - GenerationType.SEQUENCE: 시퀀스를 사용해 기본 키를 생성합니다 (주로 Oracle에서 사용). - GenerationType.TABLE: 별도의 키 생성 테이블을 통해 키를 생성합니다.
@Table	엔티티와 매핑될 데이터베이스 테이블을 지정합니다.
@Column	엔티티 필드와 데이터베이스 열을 매핑합니다. 필드와 데이터베이스의 열 이름을 매핑하거나 추가 설정(길이, null 허용 여부, 고유 제약 등)을 지정할 때 사용합니다.
@ManyToOne, @OneToMany	엔티티 간의 연관 관계를 설정합니다. @ManyToOne은 다대일 관계를, @OneToMany는 일대다 관계를 설정합니다. 부모와 자식 관계를 나타낼 수 있으며, @JoinColumn을 통해 외래 키를 지정할 수 있습니다.

@OneToOne, @ManyToMany	엔티티 간의 1:1 및 다대다 관계를 설정합니다. @OneToOne은 두 엔티티 간의 1:1 관계를, @ManyToMany는 다대다 관계를 설정합니다. @JoinTable을 사용해 중간 테이블을 명시적으로 지정할 수 있습니다.
@JoinTable	주로 다대다(@ManyToMany) 관계에서 중간 테이블을 명시적으로 지정할 때 사용됩니다. 또한, 1:대(@OneToMany) 또는 1:1(@OneToOne) 관계에서 외래 키 매핑을 커스텀할 때 사용할 수 있습니다. 두 테이블 간의 다대다 관계에서 중간 테이블을 명시적으로 지정하거나, 외래 키를 직접 설정할 수 있습니다.

스프링 데이터 JPA

스프링 데이터 JPA는 JPA를 더욱 쉽게 사용할 수 있도록 도와주는 스프링 데이터 프로젝트의 하위 모듈입니다. 이 모듈을 통해 개발자는 데이터베이스와 상호작용하는 코드를 최소화하면서도 CRUD 작업을 훨씬 효율적으로 처리할 수 있습니다.

스프링 데이터 JPA의 가장 큰 특징은, 쿼리를 직접 작성하지 않아도 인터페이스 메서드의 이름만으로 다양한 데이터베이스 작업을 수행할 수 있다는 점입니다. 이 외에 스프링 데이터 JPA의 주요 기능에 대해 살펴보겠습니다.

Repository 기반 데이터 접근

CrudRepository, JpaRepository와 같은 기본 인터페이스를 제공하여 데이터베이스 접근 로직을 구현합니다. 이들 인터페이스를 상속받아 정의된 Repository 인터페이스는 기본적인 CRUD 작업을 자동으로 지원하며, 메서드 이름을 기반으로 쿼리를 자동 생성할 수도 있습니다. 예를 들어, UserRepository 인터페이스에 다음과 같은 메서드를 선언하기만 하면, 스프링 데이터 JPA가 해당 메서드에 대한 구현체를 자동으로 생성해 제공합니다.

- **findById(Long id)**: 주어진 ID를 조건으로 사용자 정보를 조회합니다.
- **save(User user)**: 새 사용자를 추가하거나, 기존 사용자의 정보를 수정합니다.
- **deleteById(Long id)**: 주어진 ID에 해당하는 사용자를 삭제합니다.

JPQL과 네이티브 쿼리 지원

더 복잡한 쿼리가 필요할 경우, @Query 애노테이션을 사용하여 JPQL^{Java Persistence Query Language} 또는 네이티브 쿼리를 직접 작성할 수 있습니다. JPQL은 SQL과 유사하지만, 데이터베이스 테이블이 아닌 엔티티 객체를 기준으로 쿼리를 작성합니다.

자동 Repository 생성

Repository 인터페이스를 자동으로 스캔하고, 구현체를 생성합니다. 스프링 부트 환경에서는 별도의 설정 없이 자동 구성되며, 필요에 따라 @EnableJpaRepositories 애노테이션을 사용해 스캔 범위를 조정할 수도 있습니다. 덕분에 개발자는 인터페이스만 정의하면 되고, 구현체를 직접 작성할 필요가 없습니다.

트랜잭션 관리 통합

스프링 프레임워크의 트랜잭션 관리 기능과 긴밀하게 통합되어 있습니다. @Transactional 애노테이션을 통해 손쉽게 트랜잭션을 적용할 수 있으며, Repository 메서드 실행 시 트랜잭션이 자동으로 관리됩니다.

설명이 길었지만, 스프링 데이터 JPA를 이용하면 매우 수월하게 데이터베이스 기반의 애플리케이션 구현을 가능하게 합니다. 스프링 부트의 높은 생산성과 생산적인 개발 경험에 크게 기여하는 요소 중 하나죠.

DTO 패턴 이해하기

데이터 전송 객체^{Data Transfer Objects}는 마틴 파울러의 저서 「Enterprise Application Architecture」에서 개념적으로 정리한 패턴입니다. 처음 소개된 목적은 분산 시스템이나 원격 호출 환경에서 네트워크 오버헤드를 줄이기 위해 여러 데이터를 한 번에 전송하는 것이었습니다. EJB나 RPC 환경에서 여러 필드를 개별 호출이 아닌 하나의 객체로 묶어 전달하는 방식으로 사용되곤 했습니다.

오늘날의 웹 애플리케이션에서는 DTO가 단순히 네트워크 최적화를 넘어 다양한 레이어 간 데이터 전달에 활용됩니다. 같은 프로세스 내에서 컨트롤러와 서비스 간, 혹은 외부 API와의 통신, 메시지 큐를 통한 비동기 처리 등에서도 DTO는 널리 사용됩니다. 예를 들어, 외부 API로부터 받은 응답을 DTO로 매핑하거나, 메시지 큐를 통해 직렬화/역직렬화되는 객체를 DTO로 정의하는 경우가 많습니다. 스프링 부트 기반 애플리케이션에서는 서비스와 컨트롤러 간 데이터 교환에 DTO가 자주 활용됩니다.

DTO와 함께 자주 등장하는 개념 중 하나는 **엔티티**Entity입니다. 엔티티는 데이터베이스 테이블과 1:1로 매핑되는 도메인 객체로, 주로 데이터베이스와 직접 상호작용할 때 사용됩니다. JPA에서는 @Entity 애노테이션을 통해 해당 객체가 영속성 컨텍스트에서 관리되도록 설정합니다.

일반적인 CRUD 중심의 개발에서는 엔티티를 순수한 데이터 표현 객체로 사용하며, 비즈니스 로직은 다른 레이어에 위임하는 경우가 많습니다. 하지만 **도메인 주도 설계**DDD에서는 엔티티가 자신의 데이터를 처리하는 비즈니스 규칙을 내부에 포함하도록 설계합니다. 예를 들어, Order 엔티티가 주문 상태를 변경하거나 할인 규칙을 적용하는 등의 로직을 직접 포함하기도 합니다.

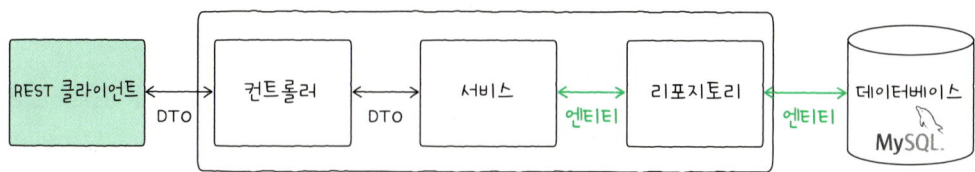

엔티티와 DTO는 역할이 다르기 때문에 명확하게 분리하여 사용하는 것이 중요합니다.

엔티티는 데이터베이스와 직접 연결되어 있어 구조 변경 시 데이터베이스 스키마에도 영향을 미칩니다. 반면, DTO는 외부와의 데이터 교환에 사용되며 구조가 더 유연합니다. 따라서 다음과 같이 역할을 분리함으로써 각 레이어의 책임이 명확해지고, 시스템의 유연성과 유지보수성을 향상시키는 것이 좋습니다.

- 엔티티 → DB를 위한 모델
- DTO → 외부 또는 클라이언트와의 데이터 교환을 위한 모델

DTO 사용의 이점

DTO는 엔티티의 모든 정보를 노출하지 않고 필요한 정보만 선택적으로 노출할 수 있어, 보안성과 데이터 캡슐화를 유지할 수 있습니다. 다음과 같이 UserEntity에 비밀번호 정보가 포함되어 있다면, UserDto는 민감한 정보를 제외하고 사용자 이름, 이메일 등만 클라이언트로 전송할 수 있습니다.

```
public class UserEntity {
    private Long id;
    private String username;
    private String password;
    private String email;
    // getters and setters
}

public class UserDto {
    private Long id;
    private String username;
    private String email;
    // getters and setters
}
```

DTO의 또 다른 이점은 레이어 간 결합도를 감소시킨다는 것입니다. DTO는 데이터 전송을 담당하는 객체로, 비즈니스 로직이 포함된 엔티티와 분리되어 있습니다. 이 때문에 비즈니스 로직을 변경하더라도 클라이언트로 전달되는 DTO는 변경하지 않으므로 불필요한 코드 변경을 최소화할 수 있습니다.

DTO 패턴의 단점

DTO를 사용하면 필연적으로 원본 객체와 DTO 간의 변환 작업이 필요합니다. 이를 도와주는 ModelMapper나 MapStruct 같은 라이브러리가 있긴 하지만 코드의 복잡도가 증가하는 것은 불가피합니다. 변환 로직이 많아지면 유지보수에 부담을 주기도 합니다.

이 같은 변환 작업은 추가적인 오버헤드를 수반하기 때문에 성능 저하 또한 고려해야 합니다. 특히 대규모 트랜잭션 시스템에서 이러한 오버헤드는 문제가 될 수 있으며, 성능 최적화가 중요한 경우 DTO 사용에 따르는 트레이드 오프를 적절히 고려해야 합니다.

4.2 프로젝트 초기화

3장에서는 스프링 이니셜라이저를 이용해서 프로젝트 스캐폴드를 만들었지만, 이번에는 3장의 프로젝트 파일을 수정하여 todo-mysql 프로젝트를 만듭니다. todo-mysql 프로젝트를 만들고 나면 도커를 이용하여 To-Do List 앱이 사용할 MySQL을 WSL2 환경에 설치합니다.

프로젝트 복사

다음 명령어를 이용하여 todo-in-memory 프로젝트 디렉토리를 복사합니다. 새 디렉토리의 이름은 'todo-mysql' 입니다.

```
cp -rf todo-in-memory todo-mysql
```

명령어를 실행한 후 다음과 같이 ls 명령어를 이용하여 todo-mysql 디렉토리가 성공적으로 복제되었는지 확인합니다.

```
eog@hanbit:~/eog-springboot3$ cp -rf todo-in-memory todo-mysql
eog@hanbit:~/eog-springboot3$ ls
todo-in-memory  todo-mysql
eog@hanbit:~/eog-springboot3$
```

도커를 이용한 MySQL 설치 및 설정

이번에는 도커를 이용해 이번 프로젝트에서 사용할 MySQL 8.0을 설치하겠습니다. 도커를 사용하면 MySQL 서버를 다른 애플리케이션과 격리된 환경에서 실행하여 종속성 충돌을 방지하고, 간단한 명령어로 설치 및 배포가 가능합니다. 또한, 도커 컨테이너 내에서 의존성 문제를 해결하여 로컬 환경의 충돌을 방지하며, 시스템을 깨끗하게 유지할 수 있다는 장점도 있습니다.

MySQL 도커 컨테이너 실행

WSL2 터미널을 열고, 다음 명령어를 사용하여 MySQL 도커 컨테이너를 실행합니다.

```
docker run --name mysql-todo \
  -e MYSQL_ROOT_PASSWORD=dev_password \
  -e MYSQL_DATABASE=todo_db \
  -e MYSQL_USER=todo_user \
  -e MYSQL_PASSWORD=dev_password \
  -p 3306:3306 \
  -v mysql-todo-data:/var/lib/mysql \
  -d mysql:8.0
```

다음은 위 명령어를 WSL2 터미널에서 실행한 예시입니다.

```
eog@hanbit: ~
eog@hanbit:~$ docker run --name mysql-todo \
  -e MYSQL_ROOT_PASSWORD=dev_password \
  -e MYSQL_DATABASE=todo_db \
  -e MYSQL_USER=todo_user \
  -e MYSQL_PASSWORD=dev_password \
  -p 3306:3306 \
  -v mysql-todo-data:/var/lib/mysql \
  -d mysql:8.0
Unable to find image 'mysql:8.0' locally
8.0: Pulling from library/mysql
6e839ac3722d: Pull complete
d7501h7dd297: Pull complete
398c3c8425ae: Pull complete
8e545ccd1cfc: Pull complete
04ccd749ad2b: Pull complete
aea85a79daec: Pull complete
3ecbbbba6653: Pull complete
e1253e3c023c: Pull complete
764bd751a6d9: Pull complete
6d73384984c3: Pull complete
10e706c318d8: Pull complete
Digest: sha256:c253b12ccf0c8b291af74f49cb7871bd822a0c71fb6d53d2e1c9f21b5f09b2a4
Status: Downloaded newer image for mysql:8.0
8c9fd7c61e0973c9a5545f18c802551e7002b6db3cee255c9db41b46faee219f
eog@hanbit:~$
```

이 명령어를 통해 여러분은 다음과 같은 작업을 처리했습니다:

- **MySQL 8.0 컨테이너 실행:** 최신 MySQL 8.0 버전을 기반으로 하는 컨테이너를 실행합니다.
- **todo_db 데이터베이스 생성:** 컨테이너 내에 todo_db라는 이름의 데이터베이스를 생성합니다.
- **todo_user 사용자 계정 생성:** todo_user라는 사용자를 생성하고, 이 계정이 todo_db에 접근할 수 있도록 설정합니다.
- **루트 비밀번호 및 사용자 비밀번호 설정:** 루트 사용자 및 todo_user 계정에 dev_password라는 비밀번호를 설정합니다.
- **3306 포트 매핑:** 호스트의 3306 포트와 컨테이너의 3306 포트를 연결하여, 호스트에서 MySQL에 접근할 수 있도록 합니다.
- **데이터 영구 저장:** mysql-todo-data라는 Docker 볼륨을 /var/lib/mysql 디렉토리에 매핑하여 MySQL 데이터가 영구적으로 저장되도록 합니다.

MySQL 컨테이너 상태 확인

MySQL 컨테이너가 정상적으로 실행 중인지 확인하려면 다음 명령어를 사용합니다.

```
docker ps --filter "name=mysql"
```

다음과 같이 mysql-todo 컨테이너가 목록에 나타나고 STATUS가 'Up'으로 표시되면 MySQL 컨테이너가 정상적으로 실행 중인 것입니다.

> 🔍 **여기서 잠깐** 　도커 데스크탑에서 mysql 컨테이너 상태 확인
>
> 도커 데스크탑에서도 mysql-todo 컨테이너의 상태를 확인할 수 있습니다.
>
> 도커 데스크탑을 실행 후 [Containers] 메뉴를 클릭하면 현재 실행중인 컨테이너의 목록이 나타납니다. 다음과 같이 〈Status〉 항목이 'Running'으로 표시되면 해당 컨테이너가 실행 중이라는 의미입니다.
>
>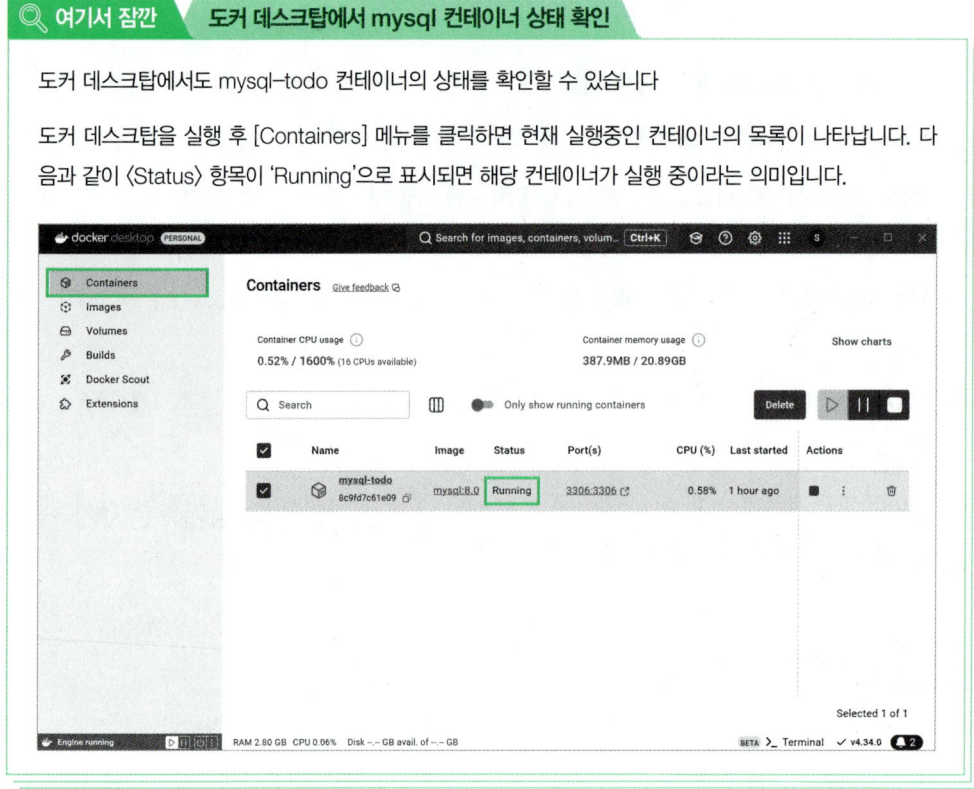

MySQL 접속 확인

다음 명령어를 사용하여 MySQL 컨테이너에 접속합니다.

```
docker exec -it mysql-todo mysql -u todo_user -p
```

이 명령어를 입력하면 'Enter password:'라는 프롬프트가 나타납니다. 이때 비밀번호(본 가이드에서는 'dev_password'를 암호로 사용합니다. 어디까지나 개발 환경에만 사용하는 암호이며, 운영 환경에서는 강력한 암호를 사용해야 합니다)를 입력하면 MySQL 셸에 접속할 수 있습니다.

MySQL 셸에 접속 후 다음 명령어를 입력해서 todo_db 데이터베이스가 생성되었는지 확인하세요.

```
SHOW DATABASES;
```

이 과정이 성공적으로 이뤄진 예시는 다음과 같습니다.

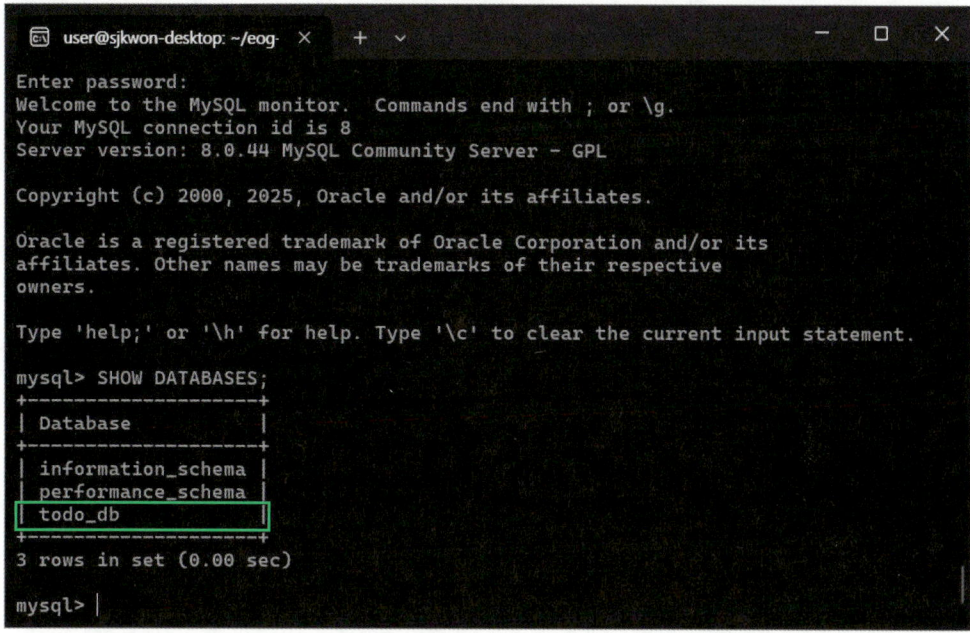

테이블 스키마

To-Do 리스트 API 서버가 사용할 todo 테이블의 스키마는 다음과 같습니다.

표 4-2 todo 테이블 스키마

컬럼 이름	데이터 타입(크기)	제약	Description
id	BIGINT	AUTO_INCREMENT PRIMARY KEY	기본 키
title	VARCHAR(255)	NOT NULL	제목
description	TEXT		설명
completed	BOOLEAN	NOT NULL DEFAULT FALSE	완료 여부
created_at	TIMESTAMP	NOT NULL DEFAULT CURRENT_TIMESTAMP	레코드 생성 시간

하지만 todo 테이블을 미리 생성할 필요는 없습니다. application.properties에서 설정할 spring.jpa.hibernate.ddl-auto=update 옵션 덕분에, 스프링 부트가 엔티티 클래스에 정의된 내용대로 테이블을 자동으로 생성하고, 필요시 스키마를 업데이트 해주기 때문입니다.

> **여기서 잠깐** **하이버네이트의 DDL-AUTO 옵션**
>
> update 옵션은 기존 테이블이 있으면 해당 테이블을 유지하며, 엔티티에 맞춰 구조만 수정합니다. 이 설정을 통해 개발 중 데이터베이스 테이블을 자동으로 관리할 수 있습니다. 이 외에도 하이버네이트의 대표적인 옵션은 다음과 같습니다.
>
> - **none**: Hibernate가 아무런 DDL 작업도 하지 않습니다. 데이터베이스 테이블을 생성하거나 변경하지 않고, 이미 존재하는 테이블에만 접근합니다. 프로덕션 환경에서 가장 안전한 옵션입니다.
> - **create**: 애플리케이션이 시작될 때 기존 테이블을 모두 삭제하고, 엔티티 구조에 따라 새로운 테이블을 생성합니다. 데이터베이스 스키마가 매번 새로 생성되므로, 기존 데이터는 모두 삭제됩니다.
> - **create-drop**: create와 비슷하게 시작할 때 테이블을 생성하지만, 애플리케이션이 종료될 때 모든 테이블을 삭제합니다. 주로 테스트 환경에서 사용됩니다.
> - **update**: 기존 테이블이 있으면 이를 유지하면서, 엔티티 클래스에 따라 변경된 부분만 수정합니다. 테이블 구조는 업데이트되지만, 데이터는 보존됩니다. 개발 중에 주로 사용되며, 프로덕션 환경에서는 신중하게 사용해야 합니다.
> - **validate**: 테이블 구조를 수정하지 않고, 엔티티와 데이터베이스 테이블 구조가 일치하는지 검증만 합니다. 일치하지 않으면 오류가 발생합니다. 이 옵션은 테이블을 자동으로 생성하지 않으며, 이미 데이터베이스가 존재하는 상황에서 사용됩니다.

다음 DDL은 참고용으로만 알아두세요.

```
CREATE TABLE todo_db.todo (
    id BIGINT AUTO_INCREMENT PRIMARY KEY,      -- To-do ID, 자동 증가 기본키
    title VARCHAR(255) NOT NULL,                -- To-do 제목, NOT NULL
    description TEXT,                           -- To-do 설명
    completed BOOLEAN NOT NULL DEFAULT FALSE,   -- 완료 여부, 기본값은 FALSE
    created_at TIMESTAMP NOT NULL DEFAULT CURRENT_TIMESTAMP --  To-do 생성 시간
);
```

settings.gradle의 프로젝트 명 변경

settings.gradle 파일에서 그래들이 사용할 프로젝트 이름을 변경하겠습니다. 다음과 같이 todo-mysql로 변경해 주세요.

```
rootProject.name = 'todo-mysql'
```

build.gradle에 JPA 및 MySQL JDBC 드라이버 의존성 추가

todo-mysql 스프링 부트 애플리케이션이 MySQL에 접근할 수 있도록 build.gradle에 새 의존성을 추가하겠습니다. 프로젝트 루트 디렉토리에 있는 build.gradle을 열고 dependencies 섹션에 다음과 같이 JPA 의존성과 MySQL JDBC 커넥터 의존성을 추가합니다. build.gradle을 수정하면서 유닛테스트에 사용할 TestContainers 의존성도 함께 추가하겠습니다.

변경이 필요한 부분은 배경색을 넣어 강조해 두었습니다.

```
dependencies {
    // Spring Boot Web 스타터 의존성을 추가합니다.
    // 웹 애플리케이션 개발에 필요한 기본적인 의존성을 제공합니다.
    implementation 'org.springframework.boot:spring-boot-starter-web'

    // Swagger UI를 사용하기 위한 의존성을 추가합니다.
    implementation 'org.springdoc:springdoc-openapi-starter-webmvc-ui:2.6.0'

    // Spring Data JPA 스타터 의존성을 추가합니다.
    implementation 'org.springframework.boot:spring-boot-starter-data-jpa'

    // MySQL JDBC 드라이버 의존성을 추가합니다.
    implementation 'mysql:mysql-connector-java:8.0.32'

    // Lombok 라이브러리를 컴파일 시에만 사용하도록 설정합니다.
    // Getter, Setter 등을 자동으로 생성해줍니다.
    compileOnly 'org.projectlombok:lombok'
```

```
    // Lombok이 제공하는 기능을 사용하기 위한 애노테이션 프로세서를 추가합니다.
    annotationProcessor 'org.projectlombok:lombok'

    // JUnit 5를 이용한 테스트를 위한 의존성을 추가합니다.
    testImplementation 'org.springframework.boot:spring-boot-starter-test'

    // Import TestContainers for JUnit 5
    // 임시 MySQL 컨테이너를 생성하여 유닛테스트를 수행하기 위한 의존성을 추가합니다.
    testImplementation 'org.testcontainers:junit-jupiter:1.20.1'
    testImplementation 'org.testcontainers:testcontainers:1.20.1'
    testImplementation 'org.testcontainers:mysql:1.20.1'

    // JUnit 5 테스트를 실행하기 위한 런타임 의존성을 추가합니다.
    testRuntimeOnly 'org.junit.platform:junit-platform-launcher'
}
```

application.properties 수정

application.properties는 스프링 부트 애플리케이션의 설정과 동작 방식을 정의하고 관리하는 중요한 구성 파일입니다. To-do List API 서버가 MySQL에 접근할 수 있게 하려면 이 파일에 관련 설정을 추가해 주어야 합니다. 다음과 같이 해당 파일을 수정해 주세요.

todo-mysql/src/main/resources/application.properties

```
01  # 로깅 및 관리 도구에서 애플리케이션을 식별할 수 있도록
02  # 애플리케이션 이름을 설정합니다.
03  spring.application.name=todo-mysql
04
05  # 스프링 부트 애플리케이션이 MySQL 데이터베이스에 접근할 수 있도록
06  # 데이터베이스 URL을 설정합니다.
07  spring.datasource.url=jdbc:mysql://localhost:3306/todo_db
08
09  # 데이터베이스에 접근할 사용자 이름(todo_user)을 설정합니다.
```

```
10  spring.datasource.username=todo_user
11
12  # 데이터베이스 사용자(todo_user)를 위한
13  # 비밀번호(dev_password)를 설정합니다.
14  spring.datasource.password=dev_password
15
16  # JDBC 드라이버를 사용해 MySQL 데이터베이스에 접근하도록 설정합니다.
17  spring.datasource.driver-class-name=com.mysql.cj.jdbc.Driver
18
19  # Hibernate가 데이터베이스 스키마를 자동으로 업데이트하도록 설정합니다.
20  # 이 옵션을 통해 개발 중에 테이블 및 컬럼 구조가 자동으로 업데이트됩니다.
21  spring.jpa.hibernate.ddl-auto=update
22
23  # SQL 쿼리를 출력하도록 설정합니다.
24  spring.jpa.show-sql=true
```

> 🔍 **여기서 잠깐** | **application.properties의 한글 주석이 IntelliJ IDEA에서 정상적으로 표시되지 않을 때**
>
> Java에서는 .properties 파일의 기본 인코딩을 ISO-8859-1로 다룹니다. 이 인코딩은 한글과 같은 비-ASCII 문자를 지원하지 않기 때문에, application.properties 파일에서도 한글이 깨져 보일 수 있습니다. 이 문제를 해결하려면 파일의 인코딩을 UTF-8로 변경해 주어야 합니다. IntelliJ IDEA에서 다음 단계를 따라 설정할 수 있습니다.
>
> 1. IntelliJ IDEA의 [파일] → [설정] 메뉴를 클릭하여 〈설정〉 창을 엽니다.
> 2. [에디터] → [파일 인코딩] 항목으로 이동합니다.
> 3. 화면 하단의 '프로퍼티 파일에 대한 기본 인코딩'을 'UTF-8'로 변경합니다.
> 4. 변경 후 [확인] 버튼을 눌러 설정을 저장합니다.
>
> 이제부터 application.properties 파일에서 한글이 정상적으로 표시될 것입니다.

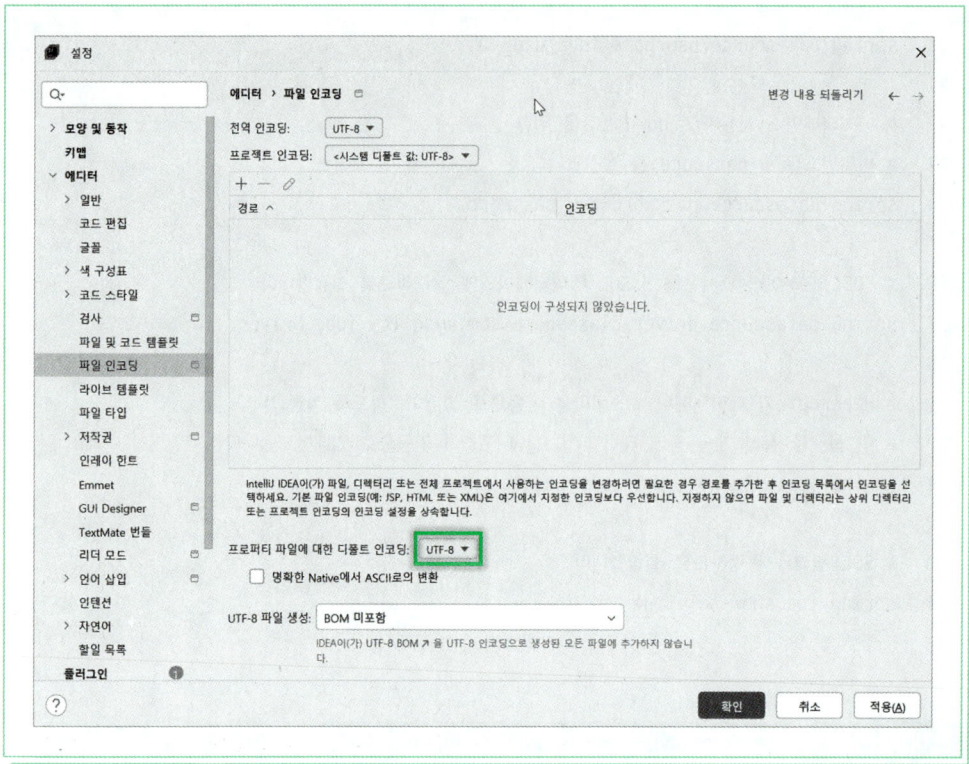

4.3 JPA 기반의 To-Do 리스트 API 서버 구현

3장에서 구현한 To-Do 리스트 API 서버는 인 메모리 자료구조인 해시테이블과 리스트를 바탕으로 구현했기 때문에 데이터의 영속성이 보장되지 않으며, 서버가 종료되거나 재시작될 때 데이터가 유실되는 한계가 있었습니다. 이번 절에서는 인메모리 기반의 To-Do 리스트 API 서버를 JPA를 이용하여 개선해서, MySQL 데이터베이스에 데이터를 영속시켜보겠습니다.

메인 클래스 수정하기

TodoInMemoryApplication 클래스의 이름을 'TodoApplication'로 리팩터링 하세요. 수정해야 하는 부분은 배경색을 넣어 강조해 두었습니다.

```
todo-mysql/src/main/java/com/asdf/todo/TodoApplication.java
01  package com.asdf.todo;
02
03  import org.springframework.boot.SpringApplication;
04  import org.springframework.boot.autoconfigure.SpringBootApplication;
05
06  @SpringBootApplication
07  public class TodoApplication {
08
09      public static void main(String[] args) {
10          SpringApplication.run(TodoApplication.class, args);
11      }
12  }
```

파일을 연 뒤 클래스 이름에 커서를 놓고 Shift + F6(macOS도 동일) 키를 누릅니다. 또는 클래스 이름을 마우스 오른쪽 버튼으로 클릭한 뒤 [리팩터링] → [이름 변경] 을 선택할 수도 있습니다. 나타난 대화 상자(또는 인라인 입력창)에 새 클래스 이름을 입력하고 [Enter] 키를 누르면 리팩터링이 적용됩니다.

엔티티, DTO, 매퍼 작성

3장에서는 Todo 클래스를 메모리에 작업을 저장하는 모델로 사용했습니다. 그러나 이제는 데이터베이스와의 상호작용을 반영해야 하므로, Todo 모델 클래스를 데이터베이스 테이블과 매핑된 엔티티 클래스로 수정하겠습니다.

또한, 3장에서는 모델 클래스 하나만을 이용해 데이터의 저장과 전송을 처리했지만, 이제는 데이터베이스에 작업을 저장하고 읽을 때는 엔티티를 사용하고, 비즈니스 로직과 API 클라이언트와의 상호작용 시에는 DTO를 사용하겠습니다.

entity, dto, util 패키지 생성

먼저 다음 과정을 통해 com.asdf.todo.entity 패키지를 생성하겠습니다.

01 IntelliJ IDEA의 프로젝트 창에서 src/main/java/com/asdf/todo 패키지를 선택한 다음 오른쪽 마우스 버튼을 클릭하세요. 이를 통해 표시되는 컨텍스트 메뉴에서 [새로 만들기] → [패키지]를 클릭하세요.

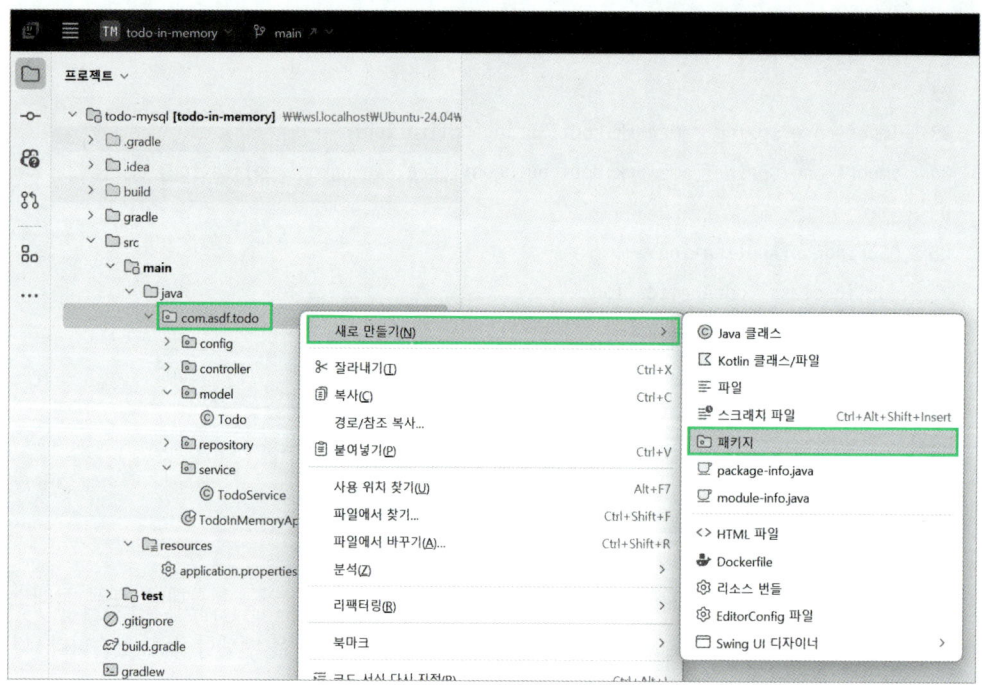

02 〈새 패키지〉 창에 'com.asdf.todo.entity'를 입력하고 엔터키를 입력하세요.

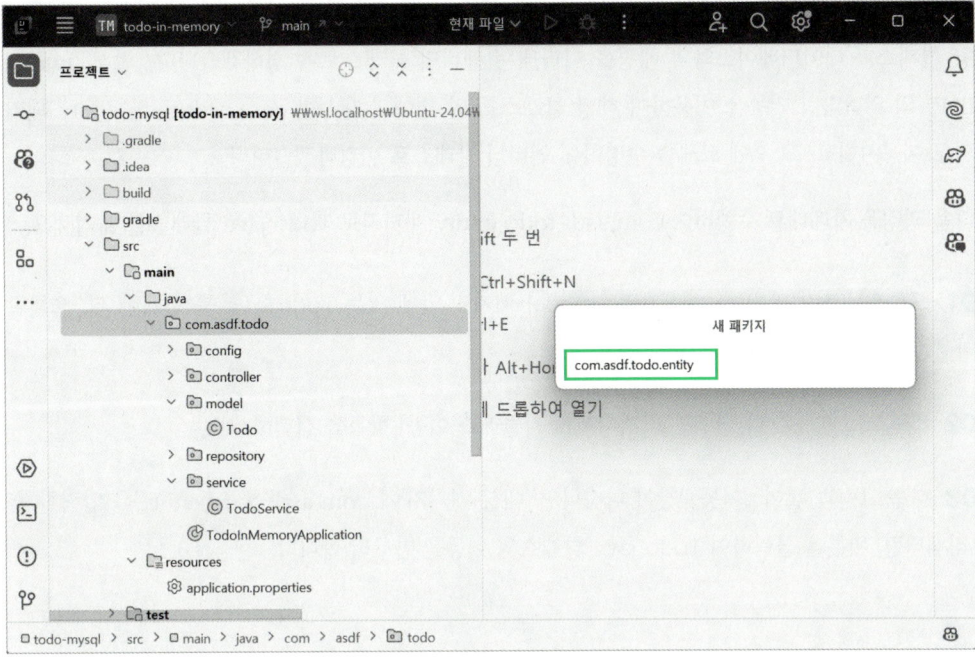

03 같은 방법으로 다음 두 가지 패키지도 추가 생성해 주세요.

- com.asdf.todo.dto
- com.asdf.todo.util

04 이 과정을 마치면 다음과 같이 entity, dto, util 패키지가 com.asdf.todo 패키지 안에 존재해야 합니다.

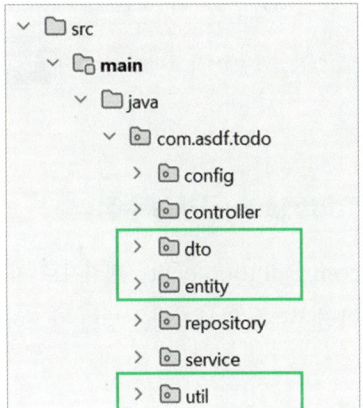

기존의 Todo 모델 클래스를 Entity로 변경하기

기존의 Todo 모델 클래스는 com.asdf.todo.model 패키지 안에 선언되어 있습니다. 이제 해당 클래스를 데이터베이스와의 매핑을 나타내는 엔티티 클래스로 변경하겠습니다. 먼저, IntelliJ IDEA의 리팩터링 기능을 이용하여 해당 클래스를 앞 절에서 생성한 com.asdf.todo.entity 패키지로 이동시키고, 그 후에 코드를 수정하여 엔티티 클래스로 변경하겠습니다.

다음 과정을 차례대로 수행하여 com.asdf.todo.entity 패키지로 Todo.java 클래스를 옮기세요.

01 프로젝트 창에서 com.asdf.todo.model 패키지 안에 있는 Todo.java 를 선택한 뒤, 오른쪽 마우스 버튼을 클릭하세요.

02 컨텍스트 메뉴가 나타나면 [리팩터링] → [클래스 이동] 항목을 선택하세요.

03 다음 그림과 같이 〈이동〉 창이 나타나면 '대상 패키지'에 'com.asdf.todo.entity'를 입력한 후 [리팩터링] 버튼을 클릭하여 Todo.java 클래스의 이동을 마무리 합니다.

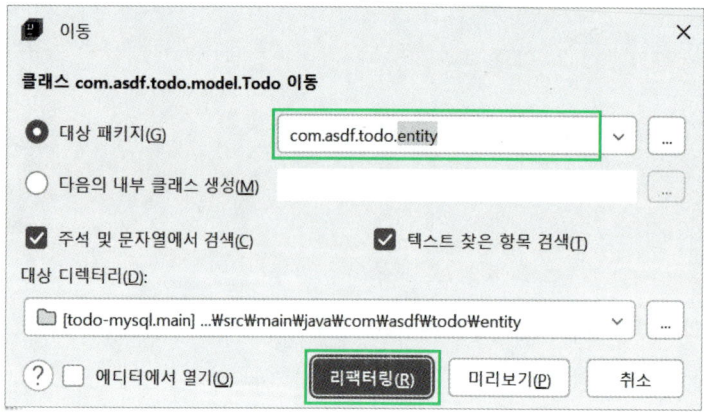

Todo.java 클래스 수정

com.asdf.todo.entity 패키지로 이동시킨 Todo.java 파일을 다음과 같이 수정하세요. 이전과 달라진 부분들은 배경색을 넣어 강조하였습니다.

todo-mysql/src/main/java/com/asdf/todo/entity/Todo.java

```java
package com.asdf.todo.entity;

import jakarta.persistence.Column;
import jakarta.persistence.Entity;
import jakarta.persistence.GeneratedValue;
import jakarta.persistence.GenerationType;
import jakarta.persistence.Id;
import java.time.LocalDateTime;
import lombok.AllArgsConstructor;
import lombok.Data;
import lombok.NoArgsConstructor;
import lombok.NonNull;

@Entity
@Data
@NoArgsConstructor
@AllArgsConstructor
public class Todo {

    @Id
    @GeneratedValue(strategy = GenerationType.IDENTITY)
    private Long id;

    @NonNull
    @Column(nullable = false, name = "title")
    private String title;

    @Column(name = "description")
    private String description;

    @Column(nullable = false, name = "completed")
    private boolean completed;

    @Column(
```

```
35              nullable = false,
36              name = "created_at",
37              insertable = false,
38              updatable = false,
39              columnDefinition = "TIMESTAMP DEFAULT CURRENT_TIMESTAMP")
40      private LocalDateTime createdAt;
41  }
```

코드를 자세히 살펴볼까요? 이 엔티티에는 JPA가 제공하는 애노테이션과 타입이 다음과 같이 사용되었습니다.

표 4-3 JPA 제공 애노테이션

애노테이션	설명
@Entity	Todo 클래스를 JPA 엔티티 클래스로 정의합니다.
@Id	id 필드를 엔티티의 기본 키로 지정합니다. 이렇게 지정된 id 필드는 데이터베이스 테이블의 기본 키 컬럼과 매핑됩니다. 아래에 사용할 @Column 애노테이션의 역할도 겸하고 있습니다.
@GenerativeValue	id 필드가 자동으로 생성되는 값임을 나타냅니다. strategy = GenerationType.IDENTITY는 기본 키 생성을 데이터베이스에 위임하는 전략입니다. 이 전략을 사용하면 데이터베이스가 기본 키 값을 자동으로 생성하고 관리합니다. 주로 MySQL과 같은 데이터베이스에서 AUTO_INCREMENT 속성을 사용하여 기본 키를 생성할 때 사용됩니다.
@Column	엔티티 클래스의 필드를 데이터베이스 테이블의 열과 매핑하는 데 사용됩니다. 사실 이 예제에서는 테이블 컬럼 이름과 필드 이름이 같기 때문에 해당 애노테이션을 생략해도 되지만, 예시를 위해 명시적으로 사용하였습니다.

DTO 클래스 작성하기

이 프로젝트에서 DTO 클래스는 두 가지가 필요합니다. 하나는 클라이언트로부터의 요청을 표현하는 TodoRequestDto이며, 또 다른 하나는 서버가 클라이언트에게 반환하는 응답을 나타내는 TodoResponseDto 입니다.

먼저 TodoRequestDto를 다음과 같이 추가하세요. TodoRequestDto는 데이터베이스 테이블의 내용을 반영하는 엔티니(Todo.java)와는 달리 id 필드가 없습니다..

```
todo-mysql/src/main/java/com/asdf/todo/dto/TodoRequestDto.java
```

```java
01  package com.asdf.todo.dto;
02
03  import lombok.Data;
04  import lombok.NoArgsConstructor;
05  import lombok.NonNull;
06
07  @Data
08  @NoArgsConstructor
09  public class TodoRequestDto {
10
11      @NonNull private String title;
12      @NonNull private String description;
13      private boolean completed = false;
14
15      public TodoRequestDto(String title, String description, boolean completed) {
16          this.title = title;
17          this.description = description;
18          this.completed = completed;
19      }
20
21      public TodoRequestDto(String title, String description) {
22          this(title, description, false);
23      }
24  }
```

서버 응답을 나타내는 TodoResponseDto.java 파일도 다음과 같이 작성하세요.

```
todo-mysql/src/main/java/com/asdf/todo/dto/TodoResponseDto.java
```

```java
01  package com.asdf.todo.dto;
02
03  import lombok.AllArgsConstructor;
04  import lombok.Data;
```

```
05    import lombok.NoArgsConstructor;
06    import lombok.NonNull;
07
08    @Data
09    @NoArgsConstructor
10    @AllArgsConstructor
11    public class TodoResponseDto {
12
13        @NonNull private Long id; // 할 일의 ID
14        @NonNull private String title; // 할 일의 제목
15        private String description; // 할 일에 대한 설명
16        private boolean completed; // 할 일의 완료 여부
17    }
```

엔티티와 DTO간의 매퍼 작성하기

이번 섹션에서 작성할 EntityDtoMapper는 다음과 엔티티와 용도에 따라 분리한 DTO 사이의 변환을 담당합니다.

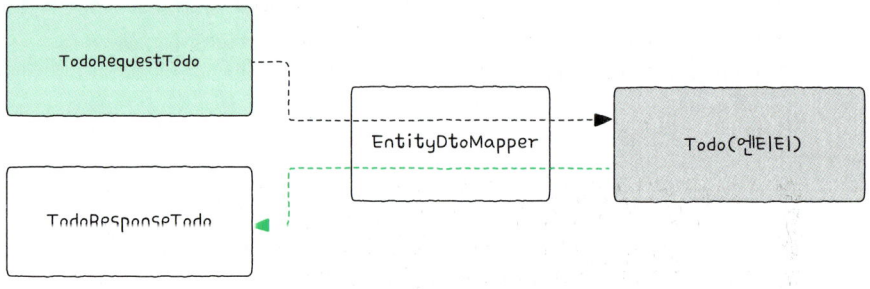

다음과 같이 EntityDtoMapper 를 작성하세요.

```
todo-mysql/src/main/java/com/asdf/todo/util/EntityDtoMapper.java

01    package com.asdf.todo.util;
02
```

```
03  import com.asdf.todo.dto.TodoRequestDto;
04  import com.asdf.todo.dto.TodoResponseDto;
05  import com.asdf.todo.entity.Todo;
06
07  public class EntityDtoMapper {
08
09      public static Todo toEntity(TodoRequestDto dto) {
10          return new Todo(
11              null, // 자동 생성 필드
12              dto.getTitle(),
13              dto.getDescription(),
14              dto.isCompleted(),
15              null // 자동 생성 필드
16          );
17      }
18
19      public static TodoResponseDto toDto(Todo entity) {
20          return new TodoResponseDto(
21              entity.getId(), entity.getTitle(), entity.getDescription(), entity.isCompleted());
22      }
23  }
```

리포지토리 수정

TodoInMemoryRepository는 인메모리 자료구조를 이용해서 데이터를 보관했죠? 이제 이 리포지토리 클래스를 리팩터링해서 스프링 데이터 JPA 기반의 리포지토리 인터페이스로 변경하겠습니다.

01 프로젝트 창에서 TodoInMemoryRepository.java 파일 위에서 오른쪽 마우스 버튼을 클릭하세요.

02 이때 나타난 컨텍스트 메뉴에서 [리팩터링] → [이름 변경] 항목을 선택하세요.

03 다음과 같이 [이름 변경] 창이 나타나면 TodoRepository를 입력하고 [리팩터링] 버튼을 클릭하세요.

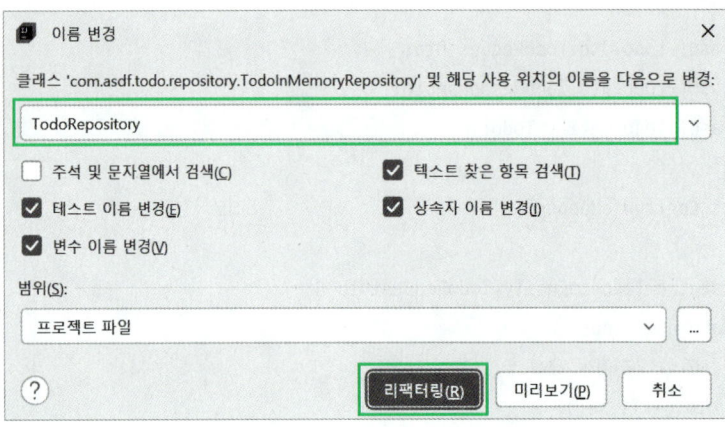

04 이제 다음과 같이 TodoRepository.java 코드를 작성하세요. 전보다 코드가 훨씬 짧아졌죠? 스프링 데이터 JPA가 제공하는 JpaRepository 인터페이스 덕분에 기본 CRUD 기능을 자동으로 제공받게 되었기 때문입니다.

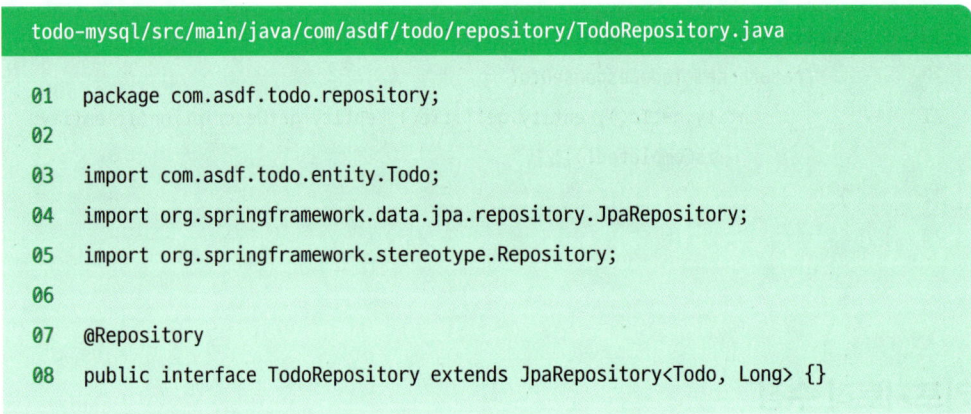

JpaRepository가 입력 받는 두 가지 타입 매개 변수는 각각 엔티티와 엔티티의 기본 키 타입을 나타냅니다. 따라서 JpaRepository〈Todo, Long〉은 Todo 엔티티를 관리하고 Long 타입의 기본 키를 사용하는 JPA 리포지토리를 정의한다는 의미입니다.

이렇듯 스프링 데이터 JPA를 사용할 때는 보통 JpaRepository 인터페이스를 확장하여 리포지토리를 정의합니다. 이 경우 별도의 구현 클래스를 만들 필요가 없습니다. 스프링 데이터 JPA가 자동으로 구현체를 생성해주기 때문입니다.

서비스 레이어 수정

인메모리 버전에서는 클라이언트와 주고받는 요청/응답에 모델을 그대로 사용했지만, JPA 버전에서는 DTO와 엔티티를 명확히 구분하게 됐습니다. 자연스럽게 서비스도 이러한 변경에 영향을 받았으며, 이로 인해 수정이 필요해졌습니다.

이 수정과 더불어, JPA와 데이터베이스 연동 시 데이터의 무결성을 보장하기 위해 @Transactional 애노테이션을 각 메서드에 적용했습니다. @Transactional은 메서드 또는 클래스에 적용하여 하나의 트랜잭션으로 데이터베이스 연산을 처리하도록 하며, 에러가 발생할 경우 모든 변경 사항을 롤백합니다.

TodoService에는 다음과 같이 두 가지 스타일로 @Transactional 애노테이션을 적용했습니다.

- **읽기 전용 트랜잭션(@Transactional(readOnly = true)):** 데이터 조회 작업에서는 readOnly = true 옵션을 설정하여 성능을 최적화하고 데이터베이스의 쓰기 잠금을 방지할 수 있으며, 읽기 작업을 더 빠르게 수행하게 합니다. findAll과 findById 메서드에 적용되었습니다.
- **기본 트랜잭션(@Transactional):** 데이터베이스에서 추가, 수정, 삭제 작업을 수행하는 메서드에는 기본 트랜잭션을 적용하여 변경 내용이 모두 적용되거나 모두 취소되도록 합니다. 저장 중 오류가 발생하면 모든 작업이 롤백됩니다. save, update, delete 메서드에 적용하였습니다.

다음 코드를 참고해서 TodoService.java를 수정하세요. 변경된 부분은 배경색을 넣어 강조했습니다.

```
todo-mysql/src/main/java/com/asdf/todo/service/TodoService.java
01  package com.asdf.todo.service;
02
03  import com.asdf.todo.dto.TodoRequestDto;
04  import com.asdf.todo.dto.TodoResponseDto;
05  import com.asdf.todo.entity.Todo;
06  import com.asdf.todo.repository.TodoRepository;
07  import com.asdf.todo.util.EntityDtoMapper;
08  import java.util.List;
09  import java.util.stream.Collectors;
10  import org.springframework.beans.factory.annotation.Autowired;
```

```java
11  import org.springframework.stereotype.Service;
12  import org.springframework.transaction.annotation.Transactional;
13
14  @Service
15  public class TodoService {
16      private final TodoRepository todoRepository;
17
18      @Autowired
19      public TodoService(TodoRepository todoRepository) {
20          this.todoRepository = todoRepository;
21      }
22
23      @Transactional(readOnly = true)
24      public List<TodoResponseDto> findAll() {
25          return todoRepository.findAll().stream()
26                  .map(EntityDtoMapper::toDto)
27                  .collect(Collectors.toList());
28      }
29
30      @Transactional(readOnly = true)
31      public TodoResponseDto findById(Long id) {
32          return todoRepository.findById(id).map(EntityDtoMapper::toDto).orElse(null);
33      }
34
35      @Transactional
36      public TodoResponseDto save(TodoRequestDto todoRequestDto) {
37          Todo todo = EntityDtoMapper.toEntity(todoRequestDto);
38          Todo savedTodo = todoRepository.save(todo);
39          return EntityDtoMapper.toDto(savedTodo);
40      }
41
42      @Transactional
43      public TodoResponseDto update(Long id, TodoRequestDto todoRequestDto) {
44          Todo todo = EntityDtoMapper.toEntity(todoRequestDto);
45          todo.setId(id);
```

```
46          Todo updatedTodo = todoRepository.save(todo);
47          return EntityDtoMapper.toDto(updatedTodo);
48      }
49
50      @Transactional
51      public void delete(Long id) {
52          todoRepository.deleteById(id);
53      }
54 }
```

REST 컨트롤러 수정

To-Do List API 애플리케이션의 REST Controller인 TodoController도 변경을 피해갈 수 없습니다. 크게 다음과 같은 수정이 필요합니다.

- @RequestMapping의 경로를 새 버전에 맞춰 변경합니다.
- Todo 모델 대신 TodoRequestDto와 TodoResponseDto 타입을 사용하므로 POST/GET/PUT/DELETE 요청을 처리하는 메서드를 변경합니다.

다음 코드를 참고하여 TodoController.java를 수정하세요. 인메모리 버전과 달라진 부분은 배경색을 넣어 강조했습니다.

```
todo-mysql/src/main/java/com/asdf/todo/controller/TodoController.java
01 package com.asdf.todo.controller;
02
03 import com.asdf.todo.dto.TodoRequestDto;
04 import com.asdf.todo.dto.TodoResponseDto;
05 import com.asdf.todo.service.TodoService;
06 import io.swagger.v3.oas.annotations.Operation;
07 import io.swagger.v3.oas.annotations.responses.ApiResponse;
08 import io.swagger.v3.oas.annotations.responses.ApiResponses;
09 import java.util.List;
```

```java
10  import org.springframework.beans.factory.annotation.Autowired;
11  import org.springframework.http.ResponseEntity;
12  import org.springframework.web.bind.annotation.DeleteMapping;
13  import org.springframework.web.bind.annotation.GetMapping;
14  import org.springframework.web.bind.annotation.PathVariable;
15  import org.springframework.web.bind.annotation.PostMapping;
16  import org.springframework.web.bind.annotation.PutMapping;
17  import org.springframework.web.bind.annotation.RequestBody;
18  import org.springframework.web.bind.annotation.RequestMapping;
19  import org.springframework.web.bind.annotation.RestController;
20
21  @RestController
22  @RequestMapping("/api/todos/v2")
23  public class TodoController {
24
25      @Autowired private TodoService todoService;
26
27      @GetMapping
28      @Operation(summary = "전체 작업 조회", description = "전체 작업 조회")
29      @ApiResponses({
30          @ApiResponse(responseCode = "200", description = "성공"),
31          @ApiResponse(responseCode = "204", description = "내용 없음")
32      })
33      public ResponseEntity<List<TodoResponseDto>> getAllTodos() {
34          List<TodoResponseDto> todos = todoService.findAll();
35          if (todos == null || todos.isEmpty()) {
36              return ResponseEntity.noContent().build();
37          }
38          return ResponseEntity.ok(todos);
39      }
40
41      @GetMapping("/{id}")
42      @Operation(summary = "작업 조회", description = "ID로 작업 조회")
43      @ApiResponses({
44          @ApiResponse(responseCode = "200", description = "성공"),
```

> 필드 의존성 주입은 예시를 위해 넣어뒀습니다. 필드 의존성 주입은 생성자 의존성 주입보다 테스트가 어렵고, 불변성 보장이 어렵습니다. 게다가 객체 사이의 순환 의존성도 발견하기 어렵게 만듭니다.

```java
45          @ApiResponse(responseCode = "404", description = "작업 없음")
46      })
47      public ResponseEntity<TodoResponseDto> getTodoById(@PathVariable Long id) {
48          TodoResponseDto todo = todoService.findById(id);
49          if (todo == null) {
50              return ResponseEntity.notFound().build();
51          }
52          return ResponseEntity.ok(todo);
53      }
54
55      @PostMapping
56      @Operation(summary = "작업 생성", description = "새로운 작업 생성")
57      @ApiResponses({@ApiResponse(responseCode = "201", description = "생성됨")})
58      public ResponseEntity<TodoResponseDto> createTodo(@RequestBody TodoRequestDto todo) {
59          return ResponseEntity.status(201).body(todoService.save(todo));
60      }
61
62      @PutMapping("/{id}")
63      @Operation(summary = "작업 수정", description = "ID로 작업 수정")
64      @ApiResponses({
65          @ApiResponse(responseCode = "200", description = "성공"),
66          @ApiResponse(responseCode = "404", description = "작업 없음")
67      })
68      public ResponseEntity<TodoResponseDto> updateTodo(
69              @PathVariable Long id, @RequestBody TodoRequestDto todo) {
70          TodoResponseDto existingTodo = todoService.findById(id);
71          if (existingTodo == null) {
72              return ResponseEntity.notFound().build();
73          }
74          return ResponseEntity.ok(todoService.update(id, todo));
75      }
76
77      @DeleteMapping("/{id}")
78      @Operation(summary = "작업 삭제", description = "ID로 작업 삭제")
```

```
79      @ApiResponses({
80          @ApiResponse(responseCode = "204", description = "내용 없음"),
81          @ApiResponse(responseCode = "404", description = "작업 없음")
82      })
83      public ResponseEntity<Void> deleteTodo(@PathVariable Long id) {
84          TodoResponseDto todo = todoService.findById(id);
85          if (todo == null) {
86              return ResponseEntity.notFound().build();
87          }
88          todoService.delete(id);
89          return ResponseEntity.noContent().build();
90      }
91  }
```

API 문서화를 위한 Swagger 설정

TodoController에서 API 엔드포인트 경로를 v1에서 v2로 변경했으니, API 문서도 그에 맞춰 변경이 필요합니다. 다음과 같이 ApiDocumentationConfig.java를 수정하세요. 변경이 필요한 부분은 배경색을 넣어 강조했습니다.

todo-mysql/src/main/java/com/asdf/todo/config/ApiDocumentationConfig.java

```
01  package com.asdf.todo.config;
02
03  import io.swagger.v3.oas.models.OpenAPI;
04  import io.swagger.v3.oas.models.info.Info;
05  import org.springframework.context.annotation.Bean;
06  import org.springframework.context.annotation.Configuration;
07
08  @Configuration
09  public class ApiDocumentationConfig {
10
11      @Bean
```

```
12      public OpenAPI apiDocumentation() {
13          return new OpenAPI()
14              .info(
15                  new Info()
16                      .title("TODO List API")
17                      .version("2.0")
18                      .description("Spring Boot3를 이용한 TODO List API 문서"));
19      }
20  }
```

TodoControllerTests 수정

TodoControllersTest.java는 TodoController 클래스의 다음 두 가지 변경 사항에 영향을 받기 때문에 수정이 필요합니다.

- Todo 모델을 사용하던 코드가 두 가지 DTO 클래스를 사용하도록 변경
- API 엔드포인트 경로가 /api/todos/v1 에서 /api/todos/v2로 변경

다음 코드를 참고하여 TodoControllers.java를 수정하세요. 변경된 부분은 배경색을 넣어 강조했습니다.

todo-mysql/src/test/java/com/asdf/todo/controller/TodoControllerTests.java

```
001  package com.asdf.todo.controller;
002
003  import static org.mockito.ArgumentMatchers.any;
004  import static org.mockito.ArgumentMatchers.anyLong;
005  import static org.mockito.BDDMockito.given;
006  import static org.springframework.test.web.servlet.request.MockMvcRequestBuilders.*;
007  import static org.springframework.test.web.servlet.result.MockMvcResultMatchers.*;
008
009  import com.asdf.todo.dto.TodoRequestDto;
010  import com.asdf.todo.dto.TodoResponseDto;
```

```java
011 import com.asdf.todo.service.TodoService;
012 import java.util.Collections;
013 import org.junit.jupiter.api.Test;
014 import org.junit.jupiter.api.extension.ExtendWith;
015 import org.springframework.beans.factory.annotation.Autowired;
016 import org.springframework.boot.test.autoconfigure.web.servlet.WebMvcTest;
017 import org.springframework.boot.test.mock.mockito.MockBean;
018 import org.springframework.http.MediaType;
019 import org.springframework.test.context.junit.jupiter.SpringExtension;
020 import org.springframework.test.web.servlet.MockMvc;
021
022 @ExtendWith(SpringExtension.class)
023 @WebMvcTest(TodoController.class)
024 public class TodoControllerTests {
025
026     @Autowired private MockMvc mockMvc;
027
028     @MockBean private TodoService todoService;
029
030     @Test
031     public void testGetTodoById() throws Exception {
032         TodoResponseDto todo = new TodoResponseDto(1L, "Test Todo", "Description", false);
033
034         given(todoService.findById(1L)).willReturn(todo);
035
036         mockMvc.perform(get("/api/todos/v2/1").accept(MediaType.APPLICATION_JSON))
037                 .andExpect(status().isOk())
038                 .andExpect(jsonPath("$.id").value(1L))
039                 .andExpect(jsonPath("$.title").value("Test Todo"));
040     }
041
042     @Test
043     public void testGetAllTodos() throws Exception {
044         given(todoService.findAll()).willReturn(Collections.emptyList());
```

```
045
046        mockMvc.perform(get("/api/todos/v2").accept(MediaType.APPLICATION_JSON))
047                .andExpect(status().isNoContent());
048
049        given(todoService.findAll())
050                .willReturn(
051                        Collections.singletonList(
052                                new TodoResponseDto(1L, "Test Todo", "Description",
                                        false)));
053
054        mockMvc.perform(get("/api/todos/v2").accept(MediaType.APPLICATION_JSON))
055                .andExpect(status().isOk())
056                .andExpect(jsonPath("$[0].id").value(1L))
057                .andExpect(jsonPath("$[0].title").value("Test Todo"));
058    }
059
060    @Test
061    public void testCreateTodo() throws Exception {
062        TodoResponseDto todo = new TodoResponseDto(1L, "New Todo", "Description",
            false);
063
064        given(todoService.save(any(TodoRequestDto.class))).willReturn(todo);
065
066        mockMvc.perform(
067                    post("/api/todos/v2")
068                            .contentType(MediaType.APPLICATION_JSON)
069                            .content(
070                                    "{\"title\": \"New Todo\", \"description\":"
071                                            + " \"Description\"}"))
072                .andExpect(status().isCreated())
073                .andExpect(jsonPath("$.id").value(1L))
074                .andExpect(jsonPath("$.title").value("New Todo"));
075    }
076
077    @Test
```

```java
078    public void testUpdateTodo() throws Exception {
079        TodoResponseDto existingTodo =
080                new TodoResponseDto(1L, "Existing Todo", "Description", false);
081        TodoResponseDto updatedTodo =
082                new TodoResponseDto(1L, "Updated Todo", "Updated Description", true);
083
084        given(todoService.findById(1L)).willReturn(existingTodo);
085        given(todoService.update(anyLong(),
               any(TodoRequestDto.class))).willReturn(updatedTodo);
086
087        mockMvc.perform(
088                        put("/api/todos/v2/1")
089                                .contentType(MediaType.APPLICATION_JSON)
090                                .content(
091                                    "{\"title\": \"Updated Todo\", \"description\":
                                        \"Updated"
092                                    + " Description\"}"))
093                .andExpect(status().isOk())
094                .andExpect(jsonPath("$.id").value(1L))
095                .andExpect(jsonPath("$.title").value("Updated Todo"));
096    }
097
098    @Test
099    public void testDeleteTodo() throws Exception {
100        TodoResponseDto todo = new TodoResponseDto(1L, "Test Todo", "Description",
               false);
101
102        given(todoService.findById(1L)).willReturn(todo);
103
104        mockMvc.perform(delete("/api/todos/v2/1").accept(MediaType.APPLICATION_'
               JSON))
105                .andExpect(status().isNoContent());
106    }
107 }
```

TodoServiceTests 수정

TodoServiceTests.java는 To-List 앱이 다음과 같이 변경되었기 때문에 수정이 필요해졌습니다.

- Todo 모델을 사용하던 코드가 두 가지 DTO 클래스를 사용하도록 변경
- TodoInMemoryRepository가 제거되고 TodoRepository 도입
- TodoRepository가 실제 데이터베이스에 데이터를 영속

다음 코드를 참고하여 TodoControllers.java를 수정하세요. 변경된 부분만 배경색을 넣어 강조했습니다.

todo-mysql/src/test/java/com/asdf/todo/service/TodoServiceTests.java

```
01  package com.asdf.todo.service;
02
03  import static org.assertj.core.api.Assertions.assertThat;
04
05  import com.asdf.todo.dto.TodoRequestDto;
06  import com.asdf.todo.dto.TodoResponseDto;
07  import com.asdf.todo.repository.TodoRepository;
08  import java.util.List;
09  import org.junit.jupiter.api.BeforeEach;
10  import org.junit.jupiter.api.Test;
11  import org.junit.jupiter.api.extension.ExtendWith;
12  import org.springframework.beans.factory.annotation.Autowired;
13  import org.springframework.boot.test.context.SpringBootTest;
14  import org.springframework.test.context.DynamicPropertyRegistry;
15  import org.springframework.test.context.DynamicPropertySource;
16  import org.springframework.test.context.junit.jupiter.SpringExtension;
17  import org.testcontainers.containers.MySQLContainer;
18  import org.testcontainers.junit.jupiter.Container;
19  import org.testcontainers.junit.jupiter.Testcontainers;
20
21  @Testcontainers
22  @ExtendWith(SpringExtension.class)
```

```java
23  @SpringBootTest
24  public class TodoServiceTests {
25
26      @Container
27      public static MySQLContainer<?> mysqlContainer =
28              new MySQLContainer<>("mysql:8.0.32")
29                      .withDatabaseName("testdb")
30                      .withUsername("test")
31                      .withPassword("test");
32
33      @DynamicPropertySource
34      static void configureProperties(DynamicPropertyRegistry registry) {
35          registry.add("spring.datasource.url", mysqlContainer::getJdbcUrl);
36          registry.add("spring.datasource.username", mysqlContainer::getUsername);
37          registry.add("spring.datasource.password", mysqlContainer::getPassword);
38      }
39
40      @Autowired private TodoService todoService;
41      @Autowired private TodoRepository todoRepository;
42
43      private Long todo1Id;
44      private Long todo2Id;
45
46      @BeforeEach
47      void setUp() {
48          todoRepository.deleteAll();
49          todoService = new TodoService(todoRepository);
50          todo1Id = todoService.save(new TodoRequestDto("Test Todo 1", "Description
                  1")).getId();
51          todo2Id = todoService.save(new TodoRequestDto("Test Todo 2", "Description
                  2")).getId();
52      }
53
54      @Test
55      void testFindAll() {
```

```
56          List<TodoResponseDto> todos = todoService.findAll();
57          assertThat(todos).hasSize(2);
58      }
59
60      @Test
61      void testSaveTodo() {
62          TodoRequestDto todoRequestDto = new TodoRequestDto("New Todo", "New
                Description");
63          todoService.save(todoRequestDto);
64          assertThat(todoService.findAll()).hasSize(3);
65      }
66
67      @Test
68      void testFindById() {
69          TodoResponseDto todo = todoService.findById(todo1Id);
70          assertThat(todo).isNotNull();
71          assertThat(todo.getTitle()).isEqualTo("Test Todo 1");
72      }
73
74      @Test
75      void testUpdateTodo() {
76          TodoRequestDto updatedTodo =
77                  new TodoRequestDto("Updated Todo", "Updated Description", true);
78          todoService.update(todo1Id, updatedTodo);
79          TodoResponseDto todo = todoService.findById(todo1Id);
80          assertThat(todo.getTitle()).isEqualTo("Updated Todo");
81          assertThat(todo.getDescription()).isEqualTo("Updated Description");
82          assertThat(todo.isCompleted()).isTrue();
83      }
84
85      @Test
86      void testDeleteTodo() {
87          todoService.delete(todo1Id);
88          assertThat(todoService.findAll()).hasSize(1);
89          assertThat(todoService.findById(todo1Id)).isNull();
```

```
90    }
91  }
```

@Testcontainers, @ExtendWith 등 처음보는 애노테이션이 많지 않은가요? 지금부터 하나씩 설명하겠습니다.

@Testcontainers (줄 17-31)

@Testcontainers는 클래스 단위에서 Testcontainers 사용을 활성화하는 애노테이션입니다. 이 애노테이션은 해당 클래스 내에 선언된 @Container 필드를 인식하고, 각 테스트에 대해 컨테이너의 생명주기를 관리합니다. @Testcontainers가 없으면 Testcontainers[1]는 컨테이너 필드를 자동으로 관리하지 않으며, 개발자가 수동으로 컨테이너의 시작과 종료를 처리해야 합니다.

Testcontainers를 사용하면 테스트 환경을 컨테이너화하여 독립적이고 일관된 데이터베이스 상태를 유지할 수 있습니다. 로컬 환경이나 특정 데이터베이스 설정에 의존하지 않으며, 다양한 CI(Continuous Integration) 환경에서도 동일한 조건으로 테스트를 실행할 수 있게 합니다. 결과적으로, 테스트의 재현 가능성이 향상되고, 다른 환경에서 발생할 수 있는 의도치 않은 차이를 방지하는 데 큰 도움이 됩니다. 또한, 컨테이너는 테스트가 종료되면 자동으로 정리되므로 개발/CI/테스트 환경 관리에 대한 부담을 줄입니다.

실제로 해당 테스트를 실행해보면 다음과 같이 'testcontainers~'라는 도커 인스턴스가 생성되고 실행되었다가 테스트가 종료될 때 삭제되는 것을 볼 수 있습니다.

---

1 더 자세히 알고 싶다면 https://testcontainers.com/ 를 참조하세요.

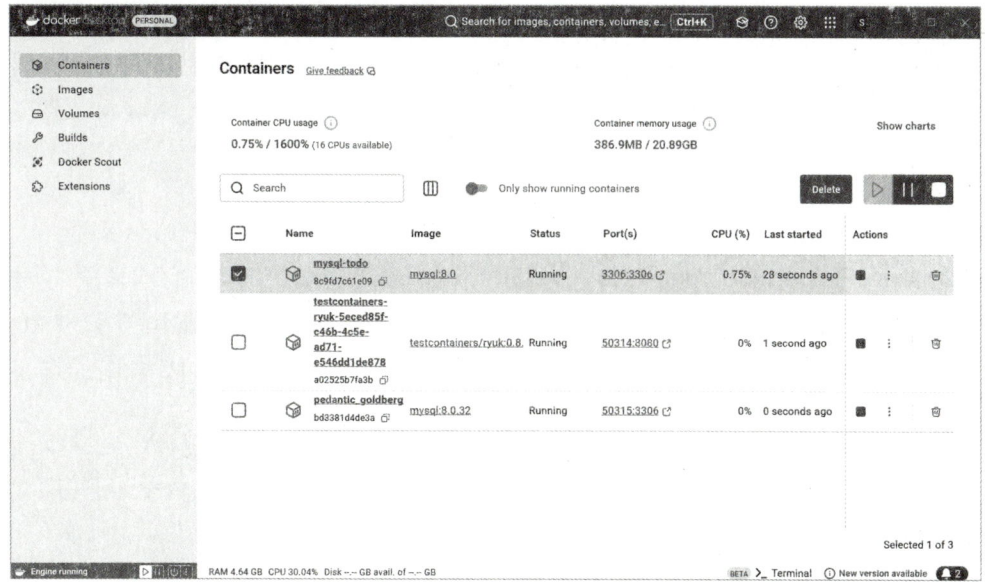

@ExtendWith(SpringExtension.class) (줄 22)

@ExtendWith 애노테이션은 JUnit 5의 확장 기능을 연결할 때 사용하는 애노테이션입니다. 이 예제에서는 @ExtendWith(SpringExtension.class)를 통해 스프링 테스트 컨텍스트를 JUnit 5 테스트와 통합합니다.

이 설정 덕분에 테스트 실행 시 스프링 애플리케이션 컨텍스트가 자동으로 생성되고, 테스트 클래스에서 @Autowired로 의존성을 주입할 수 있습니다. 또한 @Transactional과 같은 트랜잭션 관리, 설정 빈 로딩 등 스프링이 제공하는 다양한 기능을 테스트 코드에서도 그대로 활용할 수 있습니다.

반대로 @ExtendWith(SpringExtension.class)를 사용하지 않으면 해당 테스트는 단순한 JUnit 테스트로만 동작하여 스프링 컨텍스트가 생성되지 않습니다. 그 경우 의존성 주입, 설정 로딩, 트랜잭션 관리 등을 모두 직접 수동으로 처리해야 합니다.

@Container (줄 26)

@Container는 Testcontainers에서 제공하는 애노테이션으로, 테스트 중에 사용할 컨테이너를 선언할 때 사용됩니다. 이 애노테이션을 통해 MySQL과 같은 데이터베이스 또는 다른 컨테이너화된 서비스를 테스트 환경에서 실행할 수 있습니다. @Container로 선언된 필드는 각 테

스트 실행 전에 자동으로 시작되며, 테스트가 끝나면 자동으로 종료됩니다. 위 코드에서 사용된 MySQLContainer는 MySQL 8.0.32 이미지를 기반으로 하며, 설정된 데이터베이스 이름, 사용자 이름, 비밀번호를 가지고 MySQL 컨테이너를 시작합니다.

동적 속성 주입(DynamicPropertySource) (줄 33-38)

@DynamicPropertySource(줄 33)는 테스트 실행 중 필요한 속성^{properties}을 동적으로 주입하는 스프링 애노테이션입니다. 이 코드는 MySQLContainer가 실행될 때 생성된 데이터베이스 URL, 사용자 이름, 비밀번호 등 데이터베이스 연결에 필요한 정보를 스프링 애플리케이션 컨텍스트에 자동으로 주입합니다.

덕분에 테스트 실행 시, 컨테이너에서 생성된 데이터베이스 연결 정보가 동적으로 주입되어 JUnit 5 테스트에서 해당 데이터베이스를 사용할 수 있습니다.

동적 속성 주입을 사용하지 않으면, 애플리케이션 속성 파일이나 환경 변수에 데이터베이스 연결 정보를 직접 정의해야 합니다. 예를 들어 application-test.properties 파일에 다음과 같이 데이터베이스 URL, 사용자 이름, 비밀번호를 명시적으로 설정해야 합니다.

```
spring.datasource.url=jdbc:mysql://localhost:3306/testdb
spring.datasource.username=test
spring.datasource.password=test
```

Test 실행

WSL2 터미널을 열고 프로젝트 루트 디렉토리로 이동하여 다음 명령을 수행합니다.

```
gradle test
```

모든 유닛 테스트 케이스의 결과가 다음과 같이 PASSED로 나타나야 합니다.

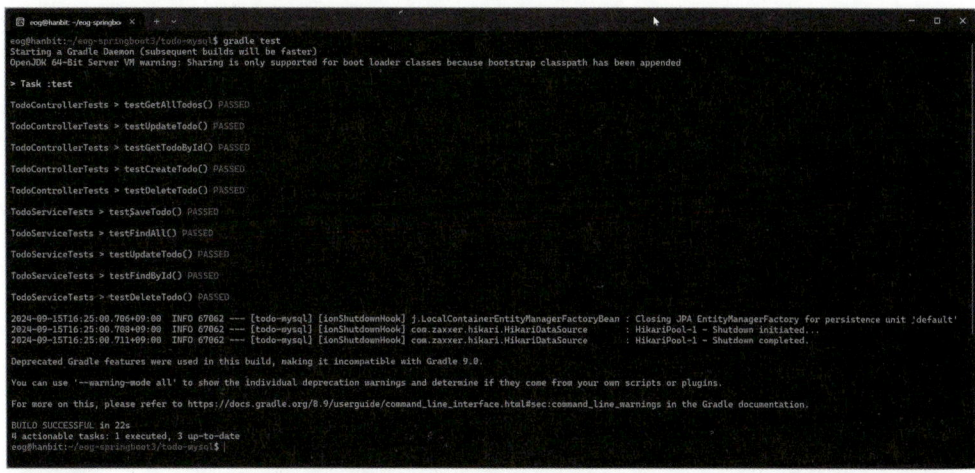

실행 및 Swagger-UI를 이용한 API 테스트

이제 프로젝트를 실행해서 테스트를 해볼 차례입니다.

01 WSL2 터미널을 열고 프로젝트 루트 디렉토리로 이동하여 다음 명령을 수행합니다.

```
gradle bootRun
```

🔍 **여기서 잠깐** | **MySQL이 실행 중인지 확인했나요?**

todo-mysql 앱은 MySQL에 의존합니다. 다음과 같이 도커 데스크탑을 실행해서 다음과 같이 MySQL이 실행 중(=Running) 상태인지 확인하세요. 실행중인 상태가 아니라면 'Actions' 컬럼에 활성화 되어 있는 [▶] 버튼을 클릭해서 MySQL 컨테이너를 실행하세요.

02 다음은 정상적인 실행 예시입니다.

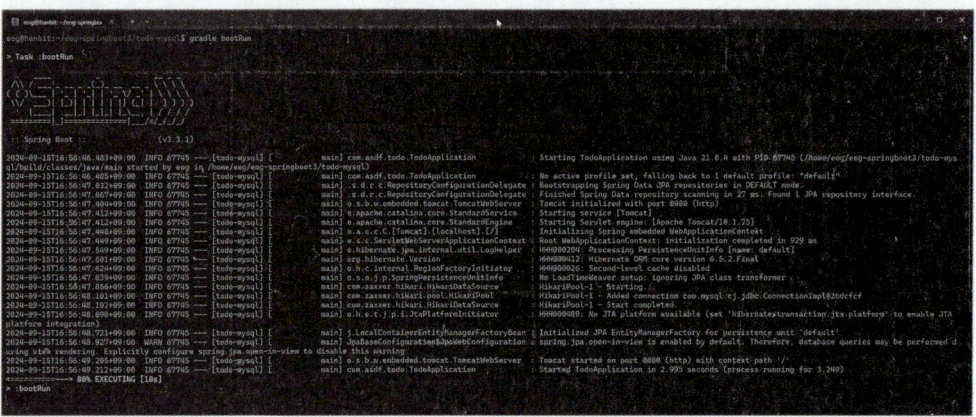

03 이제 브라우저를 실행하고 다음 주소에 접속하세요.

- http://localhost:8080/swagger-ui/index.html

04 다음과 같이 API 문서 제목과 각 메서드의 엔드포인트 경로에 변경된 버전이 '2.0'과 'v2'으로 변경되었나요? Swagger를 이용해서 변경된 API를 테스트해 보세요. 테스트 방법과 결과는 Todo-In-Memory 애플리케이션과 동일합니다.

다음은 브라우저로 해당 URL을 조회한 예시입니다. To-Do 리스트 API 서버가 제공하는 GET(2개), POST, PUT, DELETE API의 목록을 볼 수 있습니다.

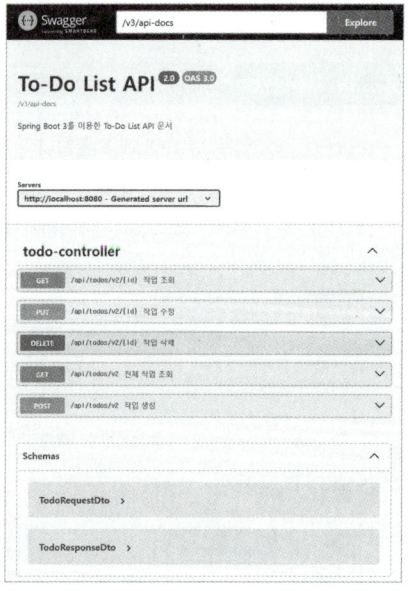

📝 요점 정리

- **JPA:** 자바가 제공하는 ORM API이며, 다양한 구현체 중 하나인 하이버네이트를 사용하여 자바 객체와 데이터베이스 간의 매핑을 자동으로 처리했습니다.

- **스프링 데이터 JPA:** 복잡한 데이터베이스 연동 로직을 간소화하였고, 덕분에 빠르고 효율적인 개발을 경험할 수 있었습니다. 특히 JpaRepository 인터페이스를 확장하여 기본 CRUD 기능을 자동으로 제공받고, findAll, save, deleteById 등의 메서드를 통해 데이터를 쉽게 처리할 수 있었습니다.

- **DTO 패턴:** 엔티티는 데이터베이스와 상호작용하고, DTO는 클라이언트와 데이터를 주고받는 데 활용하여 보안성과 유지보수성을 높이는 방법을 익혔습니다.

- **Testcontainers:** 독립적이고 재현 가능한 테스트 환경을 구축하는 데 활용되었습니다. @Container 애노테이션을 사용해 MySQL 데이터베이스를 도커 컨테이너로 실행하고, DynarnicPropertyRegistry를 통해 동적으로 데이터베이스 연결 정보를 스프링 애플리케이션에 주입하여 테스트를 수행했습니다. 이렇게 함으로써 실제 환경과 유사한 조건에서 일관된 테스트를 할 수 있었습니다.

고민 상담소 스프링 부트의 데이터베이스 연동

스프링 부트에서 데이터베이스 연동을 할 때는 JPA를 사용하는 것이 가장 좋은 방법인가요?

대체로 그렇다고 할 수 있지만, 항상 그런 것은 아닙니다.

JPA는 자바 진영에서 공식적으로 채택된 표준 ORM 인터페이스이고, 스프링 부트 역시 JPA와의 연동을 가장 강력하게 지원합니다. 그래서 실무에서도 많이 쓰이는 것이 사실입니다. 하지만 'JPA만이 정답'이라고 단정짓기는 어렵습니다.

JPA의 가장 큰 장점은 생산성과 유지보수성입니다. 엔티티 클래스만 작성하면 대부분의 CRUD 작업이나 기본 쿼리는 자동으로 처리해주기 때문에, SQL을 반복적으로 작성하지 않아도 되므로 코드를 보다 잘 정리할 수 있습니다. 스프링 부트와의 결합이 잘 되어 있어 트랜잭션 관리, 캐싱, 데이터 검증 등 부가적인 기능까지 한 번에 활용할 수 있다는 점도 큰 매력입니다.

하지만 JPA가 모든 상황에서 항상 최적의 선택인 것은 아닙니다. 예를 들어, 복잡한 쿼리나 대용량 데이터 처리가 필요한 프로젝트라면, JPA의 동작 원리를 깊이 이해하지 못한 상태에서는 오히려 성능 이슈나 숨은 버그에 시달릴 수 있습니다. JPA는 영속성 컨텍스트, 지연 로딩, 플러싱, 더티 체킹 등 내부 메커니즘이 복잡하기 때문에, 처음 배우는 입장에선 예상치 못한 결과가 나오는 경우도 종종 있습니다. 또한, 데이터베이스 고유의 기능(예를 들어 인덱스 튜닝이나 저장 프로시저 활용)이 중요한 프로젝트에서는 JPA만으로는 한계가 있을 수밖에 없습니다.

그래서 현업에서는 JPA만 쓰기보다는, 상황에 따라 MyBatis 같은 프레임워크와 혼용해서 사용하는 경우가 많습니다. 실제로 많은 회사들이 80~90%의 기능은 JPA Spring Data JPA로 구현하고, 아주 복잡한 쿼리나 성능이 중요한 영역에서는 MyBatis, QueryDSL, 혹은 SQL을 직접 작성하는 방식으로 보완합니다.

초보자의 관점에서는 JPA 위주로 연습하면서 감을 익히고, 이후 더 복잡하거나 성능이 중요한 상황에서는 MyBatis나 QueryDSL 등 다른 방식을 병행하는 방법을 자연스럽게 익혀가면 됩니다.

Chapter 05
고급 JPA 기반의 마이크로블로그 REST API 서버 개발

과제 소개

- **소요 시간:** 1시간 20분
- **목표:** REST API를 제공하는 마이크로블로그 스프링 부트 앱을 구현합니다.
- **기능 요구사항:**
  - 사용자 계정에 대한 CRUD를 수행합니다.
  - 게시글 데이터에 대한 CRUD를 수행합니다.
  - 다른 사용자에 대한 팔로우 정보의 CRUD를 수행합니다.
  - 감사 기능을 통한 데이터 변경 이력 추적을 수행합니다.
  - 인증 기능은 제공하지 않습니다. 인증 기능은 6장에서 추가하겠습니다.
- **구현 요구사항:**
  - 엔드포인트: 모든 API 엔드포인트는 '/api/todos/v1'로 시작합니다.
  - 테스트: 각 CRUD 기능에 대한 유닛 테스트를 작성합니다.
  - 문서화 및 테스트: 스웨거 3를 사용하여 API 문서화를 수행하고 테스트를 가능하게 합니다.

5.1 프로젝트 초기화

이번 절에서는 프로젝트 스캐폴드의 생성부터 build.gradle 파일의 수정까지 수행함으로써 프로젝트 초기화를 진행합니다.

프로젝트 스캐폴드 생성 및 다운로드

프로젝트 스캐폴드 생성을 위해 스프링 이니셜라이저에 다음과 같은 옵션을 제공하겠습니다. 스프링 이니셜라이저에 제공할 수 없는 프로젝트 옵션은 나중에 build.gradle 파일을 직접 수정하여 명시하겠습니다.

표 5-1 스프링 이니셜라이저 옵션

옵션	값	설명
dependencies	web	REST API 서버를 개발하는 데 핵심적인 의존성인 'org.springframework.boot'을 추가합니다. 이 의존성은 서블릿 컨테이너인 톰캣Tomcat을 내장하고 있으며, 스프링 MVC 기반의 앱, REST API 서버 개발에 필요한 클래스 라이브러리를 제공합니다.
javaVersion	21	프로젝트에서 사용할 Java의 버전을 설정합니다. Java 21 버전을 사용하여 코드를 컴파일하고 실행할 수 있도록 환경을 구성합니다. 최신 Java 기능과 개선된 성능을 활용할 수 있습니다.
type	gradle-project	빌드 도구로 Gradle을 사용하는 프로젝트로 설정합니다. Gradle은 빌드 자동화 도구로, 의존성 관리와 빌드 작업을 효율적으로 처리할 수 있습니다. 이 옵션을 선택하면 Gradle 프로젝트 구조와 설정 파일이 생성됩니다.
bootVersion	3.3.1	사용할 Spring Boot의 버전을 설정합니다. Spring Boot 3.3.1 버전을 사용하여 프로젝트를 구성하며, 이 버전에 포함된 최신 기능과 버그 수정 사항을 활용할 수 있습니다.

groupId	com.asdf	프로젝트의 그룹 ID를 설정합니다. 그룹 ID는 일반적으로 조직이나 회사의 도메인 이름을 역순으로 작성하며, 프로젝트의 패키지 네임스페이스를 구성하는 데 사용됩니다. 예를 들어, 'com.asdf'는 'asdf.com' 도메인을 가진 조직의 프로젝트임을 나타냅니다.
name	minilog	프로젝트의 이름을 설정합니다. 'minilog'는 프로젝트의 이름으로, 프로젝트를 식별하는 데 사용됩니다. 이 이름은 생성된 프로젝트의 메인 디렉토리와 연관됩니다.
artifactId	minilog	프로젝트의 아티팩트 ID를 설정합니다. 아티팩트 ID는 프로젝트의 고유 식별자로, 일반적으로 프로젝트의 이름과 유사하게 설정됩니다. 'minilog'는 생성된 JAR 파일 등의 이름으로 사용됩니다.
packageName	com.asdf.minilog	기본 패키지 이름을 설정합니다. 'com.asdf.minilog'는 생성된 소스 파일들이 포함될 기본 패키지를 지정합니다. 패키지 이름은 코드의 네임스페이스를 정의하며, 충돌을 방지하는 데 중요한 역할을 합니다.

01 WSL2 터미널을 실행하여 여러분의 작업 디렉토리(~/eog-springboot3)로 이동한 뒤, 다음 명령어를 입력합니다. -d 한정자는 curl 명령어가 스프링 이니셜라이저(https://start.spring.io/starter.zip)에 POST를 통해 보낼 본문의 내용을 구축합니다. 마지막 옵션은 한정자가 -o 라는 점에 유의하세요.

```
curl https://start.spring.io/starter.zip \
    -d dependencies=web \
    -d javaVersion=21 \
    -d type=gradle-project \
    -d bootVersion=3.3.1 \
    -d groupId=com.asdf \
    -d name=minilog \
    -d artifactId=minilog \
    -d packageName=com.asdf.minilog \
    -o minilog-jpa.zip
```

다음은 위 명령어를 WSL2 터미널에서 실행한 예시입니다.

```
eog@hanbit:~/eog-springboot3$ curl https://start.spring.io/starter.zip \
    -d dependencies=web \
    -d javaVersion=21 \
    -d type=gradle-project \
    -d bootVersion=3.3.1 \
    -d groupId=com.asdf \
    -d name=minilog \
    -d artifactId=minilog \
    -d packageName=com.asdf.minilog \
    -o minilog-jpa.zip
  % Total    % Received % Xferd  Average Speed   Time    Time     Time  Current
                                 Dload  Upload   Total   Spent    Left  Speed
100 51852  100 51705  100   147  37457    106  0:00:01  0:00:01 --:--:-- 37546
eog@hanbit:~/eog-springboot3$
```

02 minilog-jpa.zip 파일이 작업 디렉토리에 생성되었는지 확인합니다.

```
ls -al minilog-jpa.zip
```

다음은 위 명령어를 WSL2 터미널에서 실행한 예시입니다.

```
eog@hanbit:~/eog-springboot3$ ls -al minilog-jpa.zip
-rw-r--r-- 1 eog eog 51705 Sep 22 14:53 minilog-jpa.zip
eog@hanbit:~/eog-springboot3$
```

03 파일이 정상적으로 생성되었다면 minilog-jpa.zip 파일의 압축을 해제합니다.

```
unzip minilog-jpa.zip -d minilog-jpa.zip
```

04 이제 ~/eog-springboot3 디렉토리 안에 minilog-jpa 프로젝트가 생성되었는지 확인합니다.

![터미널 화면]

IntelliJ IDEA 프로젝트 초기화

스프링 이니셜라이저를 통해 생성한 프로젝트를 IntelliJ IDEA에서 작업하기 용이하도록 초기화를 하겠습니다. 시작 메뉴에서 IntelliJ IDEA를 실행하고, 다음 그림과 같이 〈IntelliJ IDEA 웰컴 스크린〉이 나타나는 경우에는 [프로젝트] → [열기] 버튼을, 기존에 열어두었던 프로젝트가 나타나면 [파일] → [열기] 메뉴를 클릭합니다.

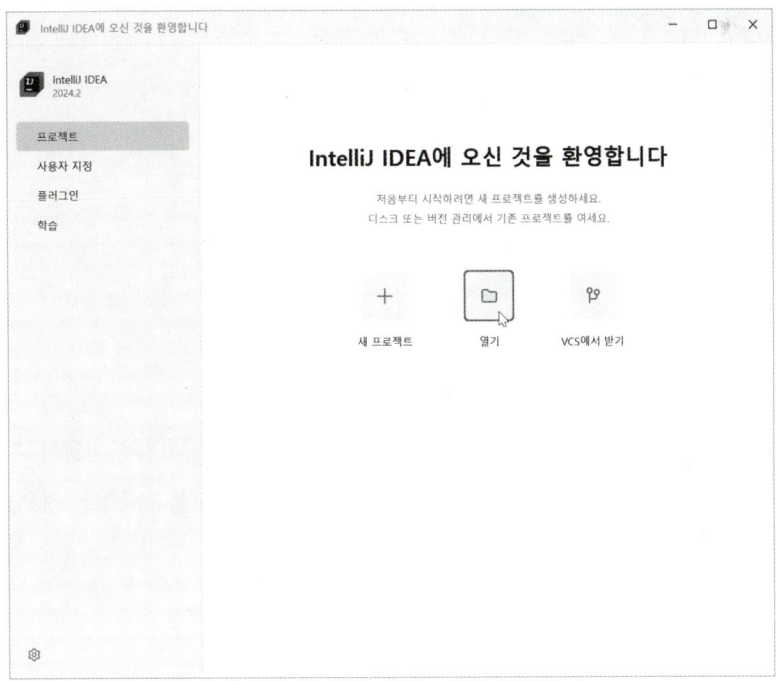

〈파일 또는 프로젝트 열기〉 다이얼로그에 다음과 파일 시스템 트리가 나타나면, 프로젝트 스캐폴드가 위치하고 있는 디렉토리를 다음과 같이 선택하고 [확인] 버튼을 클릭합니다.

여러분의 리눅스 사용자 이름이 'eog'라면, 프로젝트 스캐폴드는 다음 위치에 위치합니다.

- WSL2 인스턴스 경로: \\wsl$\Ubuntu-24.04
- 리눅스의 프로젝트 경로: /home/eog/eog-springboot3/minilog-jpa
- 프로젝트 경로: \\wsl$\Ubuntu-24.04\home\eog\eog-springboot3\minilog-jpa

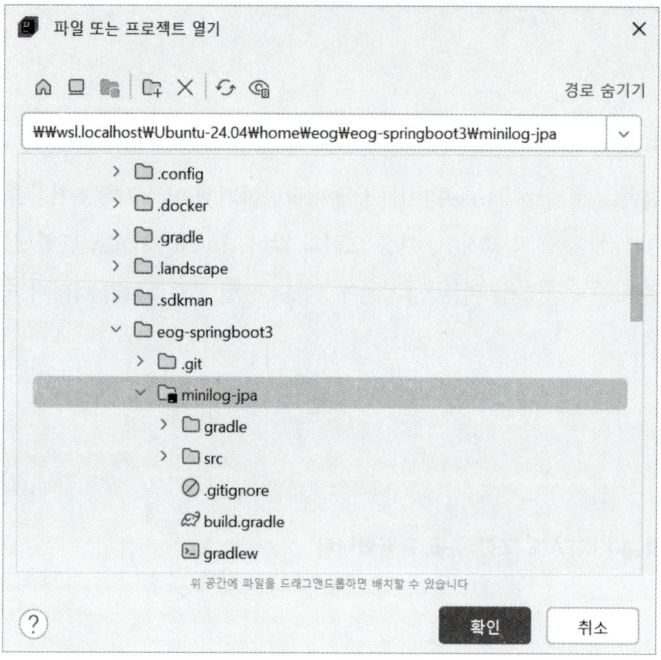

패키지 및 소스 코드 파일 생성

이번 절에서는 애플리케이션 패키지와 테스트 패키지를 추가해 보겠습니다. 다음 표를 참고하여 애플리케이션 패키지 여섯 개와 테스트 패키지 두 개를 추가하세요. IntelliJ IDEA를 사용하는 경우, 아래 순서에 따라 패키지를 추가할 수 있습니다.

① 패키지가 위치할 경로(예: /src/main/java/)를 선택하고 오른쪽 마우스 버튼 클릭

② 컨텍스트 메뉴에서 [새로 만들기] → [패키지] 항목 선택

③ "새 패키지" 다이얼로그에 패키지 명(예:com.asdf.minilog.config)을 입력하고 엔터키 입력

표 5-2 생성할 패키지 목록

경로	패키지
/src/main/java/	com.asdf.minilog.config
	com.asdf.minilog.controller
	com.asdf.minilog.dto
	com.asdf.minilog.entity
	com.asdf.minilog.exception
	com.asdf.minilog.repository
	com.asdf.minilog.service
	com.asdf.minilog.util
/src/test/java	com.asdf.minilog.controller
	com.asdf.minilog.service

패키지 생성을 마무리하면 다음과 같이 IntelliJ IDEA 프로젝트 창에 추가한 패키지가 다음과 같은 모습으로 표시됩니다.

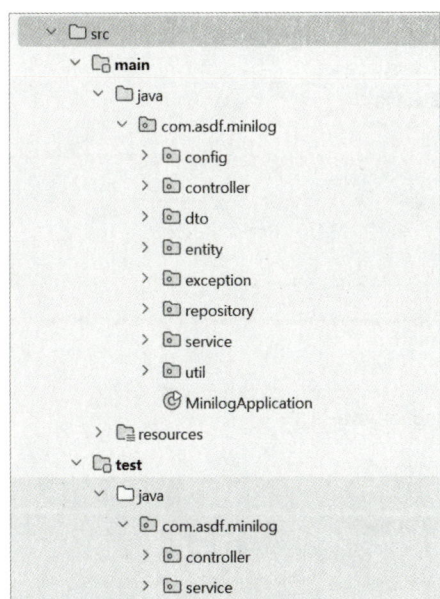

이번엔 패키지 아래에 소스 코드 파일을 추가하겠습니다. MinilogApplication.java은 스프링 이니셜라이저가 생성한 버전을 그대로 유지하면 됩니다. 그 외의 파일들은 IntelliJ IDEA를 이용해서 다음 순서를 따라 추가할 수 있습니다.

① 프로젝트 창에서 파일이 위치할 패키지를 선택한 후 오른쪽 마우스 버튼 클릭

② 컨텍스트 메뉴에서 [새로 만들기] → [Java 클래스] 항목 선택

③ "새 Java 클래스" 창에서 .java를 제외한 클래스명(예:MinilogController)을 입력하고 엔터키 입력

표 5-3 애플리케이션 코드 파일 목록

Package 패키지	Source 파일명 File
com.asdf.minilog	MinilogApplication.java
com.asdf.minilog.config	ApiDocumentationConfig.java
com.asdf.minilog.controller	ArticleController.java
	FeedController.java
	FollwerController.java
	UserController.java
com.asdf.minilog.dto	ArticleRequestDto.java
	ArticleResponseDto.java
	FollowerRequestDto.java
	FollowerResponseDto.java
	UserRequestDto.java
	UserResponseDto.java
com.asdf.minilog.entity	Article.java
	Follower.java
	User.java
com.asdf.minilog.exception	ArticleNotFoundException.java
	GlobalExceptionHandler.java
	UserNotFoundException.java

com.asdf.minilog.repository	ArticleRepository.java
	FollowerRepository.java
	UserRepository.java
com.asdf.minilog.service	ArticleService.java
	FollowerService.java
	UserService.java
com.asdf.minilog.util	EntityDtoMapper.java

표 5-4 테스트 코드 파일 목록

Package 패키지	Source 파일명 File
com.asdf.minilog.controller	ArticleControllerTest.java
	FeedControllerTest.java
	FollowerControllerTest.java
com.asdf.minilog.service	ArticleServiceTest.java

위의 파일을 추가하면 프로젝트 디렉토리(minilog-jpa)는 다음과 같은 구조를 갖게 됩니다.

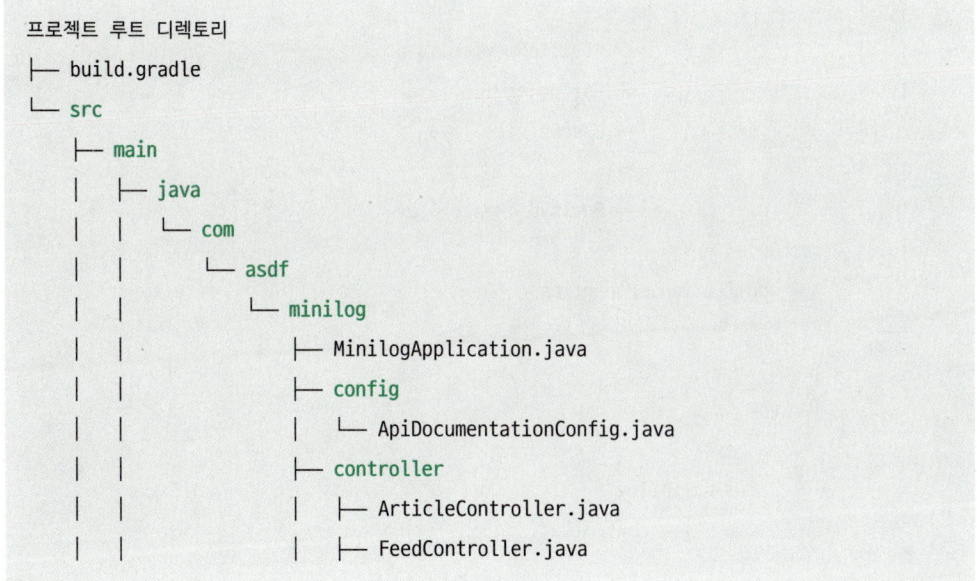

```
│   │           │   ├── FollowController.java
│   │           │   └── UserController.java
│   │           ├── dto
│   │           │   ├── ArticleRequestDto.java
│   │           │   ├── ArticleResponseDto.java
│   │           │   ├── FollowRequestDto.java
│   │           │   ├── FollowResponseDto.java
│   │           │   ├── UserRequestDto.java
│   │           │   └── UserResponseDto.java
│   │           ├── entity
│   │           │   ├── Article.java
│   │           │   ├── Follow.java
│   │           │   └── User.java
│   │           ├── exception
│   │           │   ├── ArticleNotFoundException.java
│   │           │   ├── GlobalExceptionHandler.java
│   │           │   └── UserNotFoundException.java
│   │           ├── repository
│   │           │   ├── ArticleRepository.java
│   │           │   ├── FollowRepository.java
│   │           │   └── UserRepository.java
│   │           ├── service
│   │           │   ├── ArticleService.java
│   │           │   ├── FollowService.java
│   │           │   └── UserService.java
│   │           └── util
│   │               └── EntityDtoMapper.java
│   └── resources
│       └── application.properties
└── test
    └── java
        └── com
            └── asdf
                └── minilog
                    ├── controller
```

```
        |       ├── ArticleControllerTest.java
        |       ├── FeedControllerTest.java
        |       └── UserControllerTest.java
        └── service
                └── ArticleServiceTest.java
```

도커를 이용한 MySQL 설치 및 설정

도커를 이용하여 이번 프로젝트에서 사용할 MySQL 8.0을 설치하겠습니다. 도커를 사용하면 MySQL 서버를 다른 애플리케이션과 격리된 환경에서 실행하여 종속성 충돌을 방지할 수 있으며 간단한 명령어로 설치 및 배포가 가능합니다. 뿐만 아니라 컨테이너 내부에서 의존성을 관리하기 때문에 로컬 환경과의 충돌을 최소화하여 시스템을 깨끗하게 유지할 수 있습니다.

Minilog용 MySQL 도커 컨테이너 실행

WSL2 터미널을 열고 다음 명령어를 사용하여 Minilog를 위한 MySQL 도커 컨테이너를 실행합니다. 호스트의 3307 포트를 이용하여 도커 컨테이너의 3306 포트에 접속할 수 있도록 하는 부분에 유의하세요.

```
docker run --name mysql-minilog \
    -e MYSQL_ROOT_PASSWORD=dev_password \
    -e MYSQL_DATABASE=minilog_db \
    -e MYSQL_USER=minilog_user \
    -e MYSQL_PASSWORD=dev_password \
    -p 3307:3306 \
    -v mysql-minilog-data:/var/lib/mysql \
    -d mysql:8.0
```

다음은 위 명령어를 WSL2 터미널에서 실행한 예시입니다.

```
eog@hanbit:~$ docker run --name mysql-minilog \
 -e MYSQL_ROOT_PASSWORD=dev_password \
 -e MYSQL_DATABASE=minilog_db \
 -e MYSQL_USER=minilog_user \
 -e MYSQL_PASSWORD=dev_password \
 -p 3307:3306 \
 -v mysql-minilog-data:/var/lib/mysql \
 -d mysql:8.0
57b280341a3c20ad784b07f994624d0b415c1f4ddf30bef1e4e5ad51ad5ca375
eog@hanbit:~$
```

이 명령어를 통해 여러분은 다음과 같은 작업을 처리했습니다.

- **MySQL 8.0 컨테이너 실행:** 최신 MySQL 8.0 버전을 기반으로 하는 컨테이너를 실행합니다.
- **minilog_db 데이터베이스 생성:** 컨테이너 내에 minilog_db라는 이름의 데이터베이스를 생성합니다.
- **minilog_user 사용자 계정 생성:** minilog_user라는 사용자를 생성하고, 이 계정이 minilog_db에 접근할 수 있도록 설정합니다.
- **루트 비밀번호 및 사용자 비밀번호 설정:** 루트 사용자 및 minilog_user 계정에 dev_password라는 비밀번호를 설정합니다.
- **3307 포트 매핑:** 호스트의 3307 포트와 컨테이너의 3306 포트를 연결하여, 호스트에서 MySQL에 접근할 수 있도록 합니다.
- **데이터 영구 저장:** mysql-minilog-data라는 Docker 볼륨을 /var/lib/mysql 디렉토리에 매핑하여 MySQL 데이터가 영구적으로 저장되도록 합니다.

도커 데스크탑 컨테이너 목록 화면에 다음과 같이 mysql-minilog 인스턴스가 표시된다면 MySQL 도커 컨테이너가 정상적으로 실행된 것입니다.

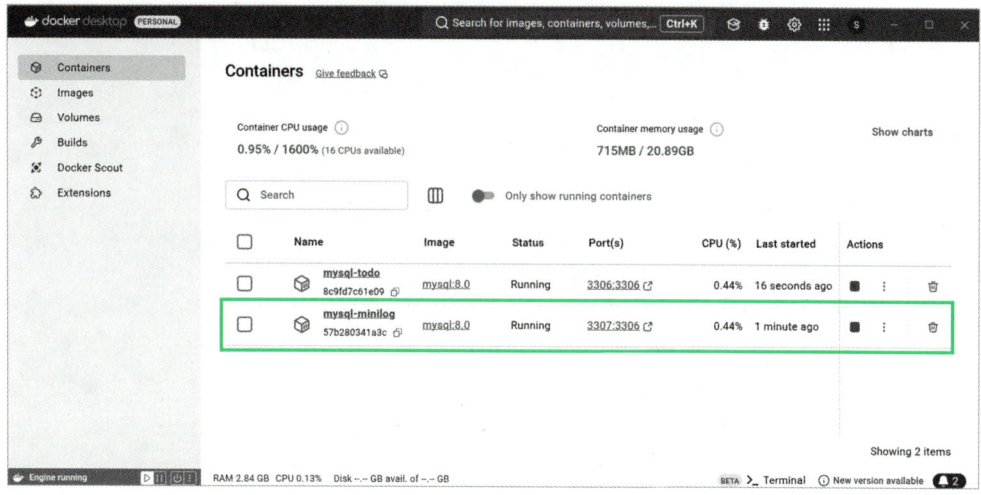

build.gradle 수정

minilog-jpa 프로젝트는 todo-mysql 프로젝트와 동일한 의존성을 사용합니다. todo-mysql 프로젝트의 루트 디렉토리에 있는 build.gradle의 내용을 복사해서 minilog-jpa 프로젝트의 루트 디렉토리에 있는 build.gradle에 그대로 붙여 넣어주세요. 다음은 build.gradle의 내용입니다.

```
minilog-jpa/build.gradle
```

```
01  // 프로젝트 빌드 과정에서 그래들이 사용할 플러그인을 설정합니다.
02  plugins {
03      // 컴파일, 테스트, 패키징, 실행 등 Java 프로젝트 빌드에 필요한 태스크 제공
04      id 'java'
05
06      // 스프링 부트의 의존성 관리 및 패키징, 자동설정, 실행 관련 태스크 제공
07      id 'org.springframework.boot' version '3.3.1'
08
09      // 스프링 의존성 관리 기능 제공
10      id 'io.spring.dependency-management' version '1.1.5'
11
12      // 다양한 언어를 위한 코드 포매터와 관련 태스크 제공(예: spotlessApply)
13      id 'com.diffplug.spotless' version '6.25.0'
```

```
14  }
15
16  // 프로젝트의 그룹 ID와 버전을 설정합니다.
17  group = 'com.asdf'
18  version = '0.0.1-dev'
19
20  // Java 컴파일러와 관련된 설정을 추가합니다.
21  java {
22      // Java 21 버전을 사용하도록 설정합니다.
23      toolchain {
24          languageVersion = JavaLanguageVersion.of(21)
25      }
26  }
27
28  // 프로젝트의 의존성을 해결하기 위한 Maven 센트럴 저장소를 추가합니다.
29  repositories {
30      mavenCentral()
31  }
32
33  // 프로젝트의 구현, 테스트, 런타임 의존성을 설정합니다.
34  // 여기에서 필요한 의존성을 추가하면, 그래들이 자동으로
35  // 의존성을 mavenCentral을 통해 다운로드합니다.
36  dependencies {
37      // Spring Boot Web 스타터 의존성을 추가합니다.
38      // 웹 애플리케이션 개발에 필요한 기본적인 의존성을 제공합니다.
39      implementation 'org.springframework.boot:spring-boot-starter-web'
40
41      // Swagger UI를 사용하기 위한 의존성을 추가합니다.
42      implementation 'org.springdoc:springdoc-openapi-starter-webmvc-ui:2.6.0'
43
44      // Spring Data JPA 스타터 의존성을 추가합니다.
45      implementation 'org.springframework.boot:spring-boot-starter-data-jpa'
46
47      // MySQL JDBC 드라이버 의존성을 추가합니다.
48      implementation 'mysql:mysql-connector-java:8.0.32'
```

```
49
50      // Lombok 라이브러리를 컴파일 시에만 사용하도록 설정합니다.
51      // Getter, Setter 등을 자동으로 생성해줍니다.
52      compileOnly 'org.projectlombok:lombok'
53
54      // Lombok이 제공하는 기능을 사용하기 위한 애노테이션 프로세서를 추가합니다.
55      annotationProcessor 'org.projectlombok:lombok'
56
57      // JUnit 5를 이용한 테스트를 위한 의존성을 추가합니다.
58      testImplementation 'org.springframework.boot:spring-boot-starter-test'
59
60      // Import TestContainers for JUnit 5
61      // 임시 MySQL 컨테이너를 생성하여 유닛테스트를 수행하기 위한 의존성을 추가합니다.
62      testImplementation 'org.testcontainers:junit-jupiter:1.20.1'
63      testImplementation 'org.testcontainers:testcontainers:1.20.1'
64      testImplementation 'org.testcontainers:mysql:1.20.1'
65
66      // JUnit 5 테스트를 실행하기 위한 런타임 의존성을 추가합니다.
67      testRuntimeOnly 'org.junit.platform:junit-platform-launcher'
68  }
69
70  // 테스트 태스크를 구성합니다.
71  tasks.named('test') {
72      useJUnitPlatform()
73
74      // 테스트 실행 시 상세한 결과 출력 활성화
75      testLogging {
76          // 테스트 이벤트 중 어떤 것을 로그로 출력할지 설정
77          events "passed", "skipped", "failed"
78          // 테스트 케이스 별 결과를 항상 출력하도록 설정
79          outputs.upToDateWhen { false }
80          // Java Agent 경고 메시지 억제
81          jvmArgs '-XX:+EnableDynamicAgentLoading'
82      }
83  }
```

```
84
85   // Spotless 플러그인을 사용하여 코드 양식을 자동으로 맞춰줍니다.
86   spotless {
87       // Java 파일에 대한 포맷팅 설정을 추가합니다.
88       java {
89           // Google Java Format 적용
90           googleJavaFormat('1.22.0').reflowLongStrings()
91       }
92   }
93
94   // build 할 때 spotlessApply를 실행하여 자동으로 코드의 양식을 맞춥니다.
95   build.dependsOn 'spotlessApply'
```

application.properties 수정

application.properties는 스프링 부트 애플리케이션의 설정과 동작 방식을 정의하고 관리하는 중요한 구성 파일입니다. Minilog API 서버가 MySQL에 접근할 수 있게 하려면 이 파일에 관련 설정을 추가해줘야 합니다. 다음과 같이 해당 파일을 수정해 주세요.

minilog-jpa/src/main/resources/application.properties

```
01   # 로깅 및 관리 도구에서 애플리케이션을 식별할 수 있도록
02   # 애플리케이션 이름을 설정합니다.
03   spring.application.name=minilog-mysql
04
05   # 스프링 부트 애플리케이션이 MySQL 데이터베이스에 접근할 수 있도록
06   # 데이터베이스 URL을 설정합니다.
07   spring.datasource.url=jdbc:mysql://localhost:3307/minilog_db
08
09   # 데이터베이스에 접근할 사용자 이름(minilog_user)을 설정합니다.
10   spring.datasource.username=minilog_user
11
12   # 데이터베이스 사용자(minilog_user)를 위한
```

```
13  # 비밀번호(dev_password)를 설정합니다.
14  spring.datasource.password=dev_password
15
16  # JDBC 드라이버를 사용해 MySQL 데이터베이스에 접근하도록 설정합니다.
17  spring.datasource.driver-class-name=com.mysql.cj.jdbc.Driver
18
19  # Hibernate가 데이터베이스 스키마를 자동으로 업데이트하도록 설정합니다.
20  # 이 옵션을 통해 개발 중에 테이블 및 컬럼 구조가 자동으로 업데이트됩니다.
21  spring.jpa.hibernate.ddl-auto=update
22
23  # SQL 쿼리를 출력하도록 설정합니다.
24  spring.jpa.show-sql=true
```

5.2 Minilog API 서버 구현

이번 절에서는 Minilog를 구현하면서 한층 고수준의 JPA내용을 포함해 스프링 전역 예외 처리, 감사 기능을 이용한 데이터 변경 추적 방법, JPA 활용, 관계 매핑 애노테이션 이해에 대해 배워보겠습니다.

스프링 전역 에러 처리기 작성하기

스프링 전역 에러 처리기 Global Exception Handler는 스프링 부트 애플리케이션에서 발생하는 예외를 한 장소에서 일관되게 처리하기 위한 장치입니다. 스프링 전역 에러 처리기를 이용하면 애플리케이션에서 발생하는 다양한 예외 상황을 중앙에서 제어하고 처리할 수 있습니다.

스프링 전역 에러 처리기를 작성하기 전에 사용자 정의 예외 클래스를 두 가지 정의하겠습니다. 하나는 게시글을 찾을 수 없을 때 발생시킬 ArticleNotFoundException이며, 또 다른 하나는 사용자 데이터를 찾을 수 없을 때 발생시킬 UserNotFoundException입니다. 두 예외 모두 언체크 예외로 정의하기 위해 RuntimeException을 상속합니다.

> 🔍 **여기서 잠깐** 유닛 테스트에 대하여
>
> 지면을 아끼고 JPA에 집중하기 위해 유닛테스트는 본문에서 다루지 않습니다. 대신, 온라인에서 제공하는 소스 코드를 내려받으면 minilog 프로젝트의 src/test에서 유닛테스트 코드를 확인할 수 있습니다.

ArticleNotFoundException

ArticleNotFoundException은 테이블에서 게시글을 찾을 수 없을 때 발생시킬 예외입니다. 미니로그 API는 수정 또는 삭제하고자 하는 게시글이 없거나 조회하고자 하는 게시글이 존재하지 않을 때 이 예외를 던질 것입니다. ArticleNotFoundException을 사용하는 예제는 잠시 후 서비스 레이어 코드에서 확인할 수 있습니다.

minilog-jpa/src/main/java/com/asdf/minilog/exception/ArticleNotFoundException.java

```
01  package com.asdf.minilog.exception;
02
03  public class ArticleNotFoundException extends RuntimeException {
04      public ArticleNotFoundException(String message) {
05          super(message);
06      }
07  }
```

UserNotFoundException

UserNotFoundException은 사용자를 찾을 수 없을 때 발생시킬 예외입니다. 이 예외는 사용자에 대한 CRUD 연산 뿐 아니라, 게시글과 팔로우 관련 서비스에서도 필요한 사용자 데이터가 존재하지 않는 경우 사용됩니다. UserNotFoundException을 사용하는 예제는 잠시 후 서비스 레이어 코드에서 확인할 수 있습니다.

minilog-jpa/src/main/java/com/asdf/minilog/exception/UserNotFoundException.java

```
01  package com.asdf.minilog.exception;
02
03  public class UserNotFoundException extends RuntimeException {
04      public UserNotFoundException(String message) {
05          super(message);
06      }
07  }
```

GlobalExceptionHandler

이제 이번 섹션의 주인공인 전역 에러 처리기를 작성할 차례입니다. 이 전역 에러 처리기의 이름은 GlobalExceptionHandler로 정하겠습니다. GlobalExceptionHandler는 @ControllerAdvice 애노테이션을 사용함으로써 컨트롤러 계층에서 발생하는 예외를 포착하며, 각 예외마다 별도의 HTTP 상태 코드와 메시지를 반환할 수 있습니다.

이 외에도 GlobalExceptionHandler는 다음과 같은 기능을 합니다.

- UserNotFoundException과 ArticleNotFoundException이 발생하면 404 Not Found 상태 (HttpStatus.NOT_FOUND) 코드와 함께 메시지를 반환합니다.
- IllegalArgumentException이 발생하면 400 Bad Request(HttpStatus.BAD_REQUEST)를 반환합니다.
- 그 외의 모든 예외는 500 Internal Server Error(HttpStatus.INTERNAL_SERVER_ERROR)로 처리됩니다.

아래는 GlobalExceptionHandler의 코드입니다.

minilog-jpa/src/main/java/com/asdf/minilog/exception/GlobalExceptionHandler.java

```
01  package com.asdf.minilog.exception;
02
03  import io.swagger.v3.oas.annotations.responses.ApiResponses;
04  import org.springframework.http.HttpStatus;
05  import org.springframework.http.ResponseEntity;
06  import org.springframework.web.bind.annotation.ControllerAdvice;
07  import org.springframework.web.bind.annotation.ExceptionHandler;
08
09  @ControllerAdvice
10  public class GlobalExceptionHandler {
11
12      @ApiResponses(
13          value = {
14              @io.swagger.v3.oas.annotations.responses.ApiResponse(
15                  responseCode = "404",
```

```
16              description = "User not found"),
17          @io.swagger.v3.oas.annotations.responses.ApiResponse(
18              responseCode = "400",
19              description = "Bad request"),
20          @io.swagger.v3.oas.annotations.responses.ApiResponse(
21              responseCode = "500",
22              description = "Internal server error")
23      })
24      @ExceptionHandler(UserNotFoundException.class)
25      public ResponseEntity<String> handleUserNotFoundException
            (UserNotFoundException ex) {
26          return new ResponseEntity<>(ex.getMessage(), HttpStatus.NOT_FOUND);
27      }
28
29      @ApiResponses(
30          value = {
31              @io.swagger.v3.oas.annotations.responses.ApiResponse(
32                  responseCode = "404",
33                  description = "Article not found"),
34              @io.swagger.v3.oas.annotations.responses.ApiResponse(
35                  responseCode = "400",
36                  description = "Bad request"),
37              @io.swagger.v3.oas.annotations.responses.ApiResponse(
38                  responseCode = "500",
39                  description = "Internal server error")
40          })
41      @ExceptionHandler(ArticleNotFoundException.class)
42      public ResponseEntity<String> handleArticleNotFoundException
            (ArticleNotFoundException ex) {
43          return new ResponseEntity<>(ex.getMessage(), HttpStatus.NOT_FOUND);
44      }
45
46      @ApiResponses(
47          value = {
48              @io.swagger.v3.oas.annotations.responses.ApiResponse(
49                  responseCode = "400",
```

```
50              description = "Bad request"),
51          @io.swagger.v3.oas.annotations.responses.ApiResponse(
52              responseCode = "500",
53              description = "Internal server error")
54      })
55      @ExceptionHandler(IllegalArgumentException.class)
56      public ResponseEntity<String> handleIllegalArgumentException
            (IllegalArgumentException ex) {
57          return new ResponseEntity<>(ex.getMessage(), HttpStatus.BAD_REQUEST);
58      }
59
60      @ApiResponses(
61          value = {
62              @io.swagger.v3.oas.annotations.responses.ApiResponse(
63                  responseCode = "500",
64                  description = "Internal server error")
65          })
66      @ExceptionHandler(Exception.class)
67      public ResponseEntity<String> handleException(Exception ex) {
68          return new ResponseEntity<>(ex.getMessage(), HttpStatus.INTERNAL_SERVER_
                ERROR);
69      }
70  }
```

> 🔍 **여기서 잠깐** **@ControllerAdvice와 @ExceptionHandler**

@ControllerAdvice는 스프링 프레임워크에서 제공하는 에노테이션으로써 전역적인 예외 처리, 데이터 바인딩, 모델 객체에 대한 조언advice을 설정할 수 있는 기능을 제공합니다. 여기서 말하는 조언은 단순한 조언이 아니라, 스프링의 AOP에서 사용되는 용어입니다. AOP의 핵심은 핵심 로직에 개입하지 않고도 실행 과정 전후나 특정 시점에 부가적인 동작을 삽입할 수 있다는 데 있습니다. @ControllerAdvice 역시 이러한 원리를 이용하여 컨트롤러의 메서드 실행 전후나 예외 발생 시점에 개입해 공통 기능을 제공합니다. 예를 들어, 예외가 발생했을 때 일관된 처리 로직을 실행하거나, 데이터 바인딩 규칙을 설정하거나, 모든 컨트롤러에 공통 모델 데이터를 추가하는 식입니다.

이러한 원리로 동작하는 @ControllerAdvice를 활용하면 애플리케이션 전반에 걸쳐 여러 컨트롤러에서 반복적으로 발생할 수 있는 예외를 한 곳에서 처리할 수 있습니다.

@ControllerAdvice는 주로 특정 예외 타입을 인자로 받아 처리할 메서드를 정의하는 @ExceptionHandler 애노테이션과 함께 사용됩니다. 컨트롤러 클래스 안에 @ExceptionHandler를 선언하면 해당 컨트롤러에서 발생하는 예외만 처리할 수 있지만, @ControllerAdvice와 결합하면 애플리케이션 전역에서 발생하는 예외를 동일한 방식으로 처리할 수 있습니다.

참고로, @ControllerAdvice는 기본적으로 모든 컨트롤러에 적용되지만 속성을 지정해 특정 패키지나 클래스에만 적용할 수도 있습니다. 또한, 개별 컨트롤러에 @ExceptionHandler가 정의되어 있다면 해당 핸들러가 우선적으로 적용됩니다.

엔티티, DTO, 매퍼 구현

Minilog는 다음과 같이 User, Article, Follow 이렇게 세 가지 엔티티를 가집니다.

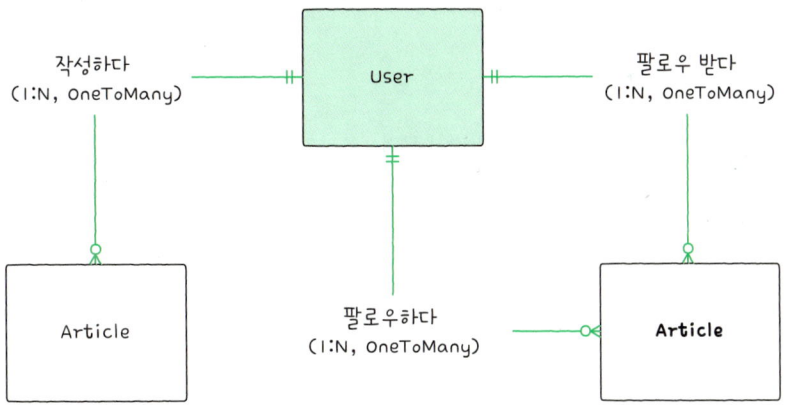

User 엔티티

사용자 계정을 나타냅니다. 각 사용자는 게시글을 작성하고 다른 사용자를 팔로우할 수 있습니다. 다른 엔티티간의 관계 및 User 엔티티의 역할은 다음과 같습니다.

- 관계
  - Article과 OneToMany 관계: 한 사용자는 여러 게시글을 작성할 수 있습니다.
  - Follow와 OneToMany 관계: 한 사용자는 여러 명의 팔로워를 가질 수 있고, 여러 명의 다른 사용자를 팔로우할 수 있습니다.
- 역할
  - 사용자의 계정 정보 $username$과 $password$를 저장합니다.
  - 사용자 별로 작성된 게시글을 관리합니다.
  - Follow 엔티티를 통해 팔로워-팔로이 관계에 참여합니다. 생성 시간 $createdAt$과 수정 시간 $updatedAt$을 감사 목적으로 추적합니다.

Article 엔티티

사용자가 작성한 개별 블로그 포스트 또는 콘텐츠를 나타냅니다. User 엔티티와의 관계 및 Article 엔티티의 역할은 다음과 같습니다.

- 관계
  - User와 ManyToOne 관계: 하나의 게시글은 한 명의 사용자가 작성합니다(author).
- 역할
  - 게시글의 내용을 저장합니다.
  - 생성 시간 $createdAt$과 수정 시간 $updatedAt$을 감사 목적으로 추적합니다.

Follow 엔티티

사용자 간의 팔로워-팔로이 관계를 나타냅니다(소셜 미디어의 팔로우 기능과 유사). User 엔티티와이 관계 및 Follow 엔티티의 역할은 다음과 같습니다.

- 관계
  - User와 각각 follower와 followee에 대해 ManyToOne 관계: 한 사용자는 복수의 사용자를 팔로우할 수 있습니다.
- 역할
  - 누가 누구를 팔로우하는지 추적합니다.
  - 팔로우 관계의 생성 시간과 수정 시간을 감사 목적으로 추적합니다.

이제 이 세 가지 엔티티와 관련된 DTO, 엔티티-DTO 매퍼를 작성하겠습니다.

entity, dto, util 패키지 생성하기

다음 세 패키지가 src/main 디렉토리 아래에 생성되어 있는지 확인해 주세요.

- com.asdf.minilog.entity
- com.asdf.minilog.dto
- com.asdf.minilog.util

이제 각 엔티티 클래스를 작성하겠습니다. User 엔티티부터 시작합니다.

User 엔티티 작성하기

User 엔티티는 사용자 계정을 나타냅니다. 한 사용자는 여러 개의 게시글을 작성할 수 있으며, 팔로우 및 팔로워 관계에서 사용됩니다. 우리는 User를 다음과 같이 정의할 것입니다.

- 테이블: users
    - User 엔티티는 users라는 테이블에 매핑됩니다.
- 감사^{Auditing} 기능
    - 스프링의 감사 기능을 통해 데이터가 언제 생성되고, 마지막으로 수정되었는지 추적할 수 있습니다.
    - @CreatedDate 애노테이션: 레코드가 처음 생성될 때의 시간을 자동으로 기록합니다.
    - @LastModifiedDate 애노테이션: 레코드가 마지막으로 수정된 시간을 기록합니다.
    - 이 감사 기능은 @EntityListeners(AuditingEntityListener.class)를 통해 추가됩니다.
- Article 엔티티와의 관계(articles 필드)
    - 한 사용자는 여러 개의 게시글을 작성할 수 있습니다. 이때 articles 필드를 수식하는 @OneToMany (mappedBy = "author" …) 애노테이션은 Article 엔티티의 author 필드에 의해 User와 Article 엔티티가 1:N의 관계를 형성하도록 합니다.
    - @OneToMany(mappedBy = "author", cascade = CascadeType.ALL, orphanRemoval = true, fetch = FetchType.LAZY):
        - cascade = CascadeType.ALL:
            - User 엔티티의 변경 사항(등록, 수정, 삭제 등)이 Article 엔티티에도 전파되도록 설정합니다.
            - 하지만 이 설정만으로는 부모^{User}에서 특정 Article을 articles 컬렉션에서 제거해도 자동으로 삭제 되지는 않습니다.
            - Article을 자동 삭제하려면 아래에서 설명하는 orphanRemoval = true가 필요합니다.

- orphanRemoval = true:
  - 부모 엔티티의 articles 컬렉션에서 특정 Article을 제거할 때, 해당 Article이 데이터베이스에서도 자동 삭제됩니다.
  - 하지만, 부모가 삭제될 때 모든 Article이 삭제되려면 CascadeType.REMOVE를 명시해야 합니다.
- fetch = FetchType.LAZY:
  - User 엔티티를 조회할 때 연관된 Article 컬렉션이 즉시 로딩되지 않으며, Article 컬렉션에 실제로 접근할 때 JPA가 추가적인 SELECT 쿼리를 실행하여 데이터를 불러옵니다.
  - 반면, fetch = FetchType.EAGER를 설정하면 JPA 구현체[Hibernate]는 JOIN 또는 별도의 SELECT 쿼리를 사용하여 Article 컬렉션을 즉시 로딩하도록 만들 수 있습니다.

다음은 User 엔티티 코드입니다.

```
minilog-jpa/src/main/java/com/asdf/minilog/entity/User.java
01  package com.asdf.minilog.entity;
02
03  import jakarta.persistence.CascadeType;
04  import jakarta.persistence.Column;
05  import jakarta.persistence.Entity;
06  import jakarta.persistence.EntityListeners;
07  import jakarta.persistence.FetchType;
08  import jakarta.persistence.GeneratedValue;
09  import jakarta.persistence.GenerationType;
10  import jakarta.persistence.Id;
11  import jakarta.persistence.OneToMany;
12  import jakarta.persistence.Table;
13  import java.time.LocalDateTime;
14  import java.util.List;
15  import lombok.AllArgsConstructor;
16  import lombok.Builder;
17  import lombok.Data;
18  import lombok.NoArgsConstructor;
19  import org.springframework.data.annotation.CreatedDate;
20  import org.springframework.data.annotation.LastModifiedDate;
21  import org.springframework.data.jpa.domain.support.AuditingEntityListener;
```

```java
22
23  @Entity
24  @Table(name = "users")
25  @Data
26  @Builder
27  @NoArgsConstructor
28  @AllArgsConstructor
29  @EntityListeners(AuditingEntityListener.class)
30  public class User {
31
32      @Id
33      @GeneratedValue(strategy = GenerationType.IDENTITY)
34      private Long id;
35
36      @Column(nullable = false, unique = true)
37      private String username;
38
39      @Column(nullable = false)
40      private String password;
41
42      @CreatedDate
43      @Column(name = "created_at", nullable = false, updatable = false)
44      private LocalDateTime createdAt;
45
46      @LastModifiedDate
47      @Column(name = "updated_at", nullable = false)
48      private LocalDateTime updatedAt;
49
50      @OneToMany(
51          mappedBy = "author",
52          cascade = CascadeType.ALL,
53          orphanRemoval = true,
54          fetch = FetchType.LAZY)
55      private List<Article> articles;
56  }
```

Article 엔티티 작성하기

Article 엔티티는 사용자가 작성한 게시글을 나타냅니다. 우리는 Article 엔티티를 다음과 같이 정의할 것입니다.

- 테이블: articles
  - Article 엔티티는 articles라는 테이블에 매핑됩니다.
- 감사 기능:
  - @CreatedDate: 레코드가 처음 생성될 때의 시간을 자동으로 기록합니다.
  - @LastModifiedDate: 레코드가 마지막으로 수정된 시간을 자동으로 기록합니다.
- User 테이블과의 관계(author 필드)
  - @ManyToOne(fetch = FetchType.EAGER)
    - 여러 Article은 하나의 User와 연관됩니다. 즉, 한 사용자가 여러 게시글을 작성할 수 있지만, 한 게시글은 한 명의 사용자에게만 속합니다.
    - FetchType.EAGER: 게시글을 조회할 때 작성자인 User 엔티티를 즉시 로드합니다. 즉, Article을 조회할 때에는 User 정보도 즉시 로딩됩니다.
  - @JoinColumn(name = "author_id", nullable = false):
    - @JoinColumn은 Article 엔티티에서 User의 ID를 참조하는 외래 키(FK)를 정의하는 데 사용됩니다.
    - 이렇게 하면 Article 테이블의 author_id 컬럼이 User 테이블의 ID 값을 참조할 수 있도록 설정됩니다.
    - nullable = false 설정을 통해 작성자 정보가 없는 게시글이 테이블에 생성되지 않는 무결성을 보장할 수 있습니다.

다음은 Article 엔티티 코드입니다.

```
minilog-jpa/src/main/java/com/asdf/minilog/entity/Article.java
01  package com.asdf.minilog.entity;
02
03  import jakarta.persistence.Column;
04  import jakarta.persistence.Entity;
05  import jakarta.persistence.EntityListeners;
06  import jakarta.persistence.FetchType;
07  import jakarta.persistence.GeneratedValue;
```

```
08  import jakarta.persistence.GenerationType;
09  import jakarta.persistence.Id;
10  import jakarta.persistence.JoinColumn;
11  import jakarta.persistence.ManyToOne;
12  import jakarta.persistence.Table;
13  import java.time.LocalDateTime;
14  import lombok.AllArgsConstructor;
15  import lombok.Builder;
16  import lombok.Data;
17  import lombok.NoArgsConstructor;
18  import org.springframework.data.annotation.CreatedDate;
19  import org.springframework.data.annotation.LastModifiedDate;
20  import org.springframework.data.jpa.domain.support.AuditingEntityListener;
21
22  @Entity
23  @Table(name = "articles")
24  @Data
25  @Builder
26  @NoArgsConstructor
27  @AllArgsConstructor
28  @EntityListeners(AuditingEntityListener.class)
29  public class Article {
30
31      @Id
32      @GeneratedValue(strategy = GenerationType.IDENTITY)
33      private Long id;
34
35      @Column(columnDefinition = "TEXT")
36      private String content;
37
38      @ManyToOne(fetch = FetchType.EAGER)
39      @JoinColumn(name = "author_id", nullable = false)
40      private User author;
41
42      @CreatedDate
```

```
43        @Column(name = "created_at", nullable = false, updatable = false)
44        private LocalDateTime createdAt;
45
46        @LastModifiedDate
47        @Column(name = "updated_at", nullable = false)
48        private LocalDateTime updatedAt;
49    }
```

Follow 엔티티 작성하기

Follow 엔티티는 사용자 간의 팔로우 관계를 저장하는 역할을 합니다. 이 엔티티는 두 개의 User 간의 팔로우 관계를 나타내며, 팔로워follower와 팔로이followee를 기록하고 관리합니다. 우리는 Follow 엔티티를 다음과 같이 구현할 것입니다.

- 테이블: follows
  - Follow 엔티티는 follows 테이블에 매핑됩니다. 이 테이블은 사용자 간의 팔로우 관계, 즉 팔로워와 팔로이의 조합을 기록합니다.

- 감사 기능:
  - @CreatedDate: 팔로우 관계가 처음 생성된 시간을 자동으로 기록합니다.
  - @LastModifiedDate: 팔로우 관계가 마지막으로 수정된 시간을 자동으로 기록합니다.

- follower와 followee 필드:
  - @ManyToOne(fetch = FetchType.LAZY) 애노테이션
    - follower: Follow 엔티티의 follower 필드는 User 엔티티와 ManyToOne 관계를 가집니다. 즉, 여러 Follow 엔티티가 동일한 User 엔티티를 팔로워로 가질 수 있으며 한 사용자가 여러 사용자를 팔로우할 수 있습니다.
    - followee: 마찬가지로 followee 필드도 User 엔티티와 ManyToOne 관계를 가집니다. 즉, 여러 Follow 엔티티가 동일한 User 엔티티를 팔로이로 가질 수 있으며 한 사용자는 여러 팔로워를 가질 수 있습니다.
    - FetchType.LAZY: 두 필드 모두 FetchType.LAZY로 설정되어 있으므로, 팔로워나 팔로이를 조회할 때 연관된 사용자 정보를 즉시 로드하지 않고, 실제로 필요할 때(getFollower(), getFollowee() 메서드 호출 시)에만 로드됩니다.
  - @JoinColumn(name = "follower_id", nullable = false) 및 @JoinColumn(name = "followee_id", nullable = false):

- 각각 follower_id와 followee_id라는 외래 키로 User 테이블의 id 필드를 참조합니다.
- nullable = false: 팔로워와 팔로이 필드는 반드시 값이 있어야 하며, 이로 인해 무효한 팔로우 관계가 테이블에 존재하지 않도록 무결성을 보장합니다.

• 테이블의 인덱스Index 및 유니크 제약 조건Unique Constraints 설정
  ◦ @Index: follower_id와 followee_id 필드에 각각 인덱스를 설정하여, 팔로우 관계에 대한 조회 성능을 향상시킵니다. 인덱스를 통해 데이터베이스에서 빠르게 특정 사용자의 팔로워나 팔로이를 검색할 수 있습니다.
  ◦ @UniqueConstraint(columnNames = {"follower_id", "followee_id"}): follower_id와 followee_id의 조합이 고유해야 함을 보장합니다. 해당 제약조건은 동일한 팔로워-팔로이 관계가 중복 저장되지 않도록 하여 데이터의 일관성을 제공합니다.

다음은 Follow 엔티티 코드입니다.

minilog-jpa/src/main/java/com/asdf/minilog/entity/Follow.java

```
01  package com.asdf.minilog.entity;
02
03  import jakarta.persistence.Column;
04  import jakarta.persistence.Entity;
05  import jakarta.persistence.EntityListeners;
06  import jakarta.persistence.FetchType;
07  import jakarta.persistence.GeneratedValue;
08  import jakarta.persistence.GenerationType;
09  import jakarta.persistence.Id;
10  import jakarta.persistence.Index;
11  import jakarta.persistence.JoinColumn;
12  import jakarta.persistence.ManyToOne;
13  import jakarta.persistence.Table;
14  import jakarta.persistence.UniqueConstraint;
15  import java.time.LocalDateTime;
16  import lombok.AllArgsConstructor;
17  import lombok.Builder;
18  import lombok.Data;
19  import lombok.NoArgsConstructor;
20  import org.springframework.data.annotation.CreatedDate;
```

```
21  import org.springframework.data.annotation.LastModifiedDate;
22  import org.springframework.data.jpa.domain.support.AuditingEntityListener;
23
24  @Entity
25  @Table(
26      name = "follows",
27      indexes = {
28          @Index(name = "idx_follower_id", columnList = "follower_id"),
29          @Index(name = "idx_followee_id", columnList = "followee_id")
30      },
31      uniqueConstraints = {@UniqueConstraint(columnNames = {"follower_id",
            "followee_id"})})
32  @Data
33  @Builder
34  @AllArgsConstructor
35  @NoArgsConstructor
36  @EntityListeners(AuditingEntityListener.class)
37  public class Follow {
38
39      @Id
40      @GeneratedValue(strategy = GenerationType.IDENTITY)
41      private Long id;
42
43      @ManyToOne(fetch = FetchType.LAZY)
44      @JoinColumn(name = "follower_id", nullable = false)
45      private User follower;
46
47      @ManyToOne(fetch = FetchType.LAZY)
48      @JoinColumn(name = "followee_id", nullable = false)
49      private User followee;
50
51      @CreatedDate
52      @Column(name = "created_at", nullable = false, updatable = false)
53      private LocalDateTime createdAt;
54
55      @LastModifiedDate
```

```
56      @Column(name = "updated_at", nullable = false)
57      private LocalDateTime updatedAt;
58  }
```

DTO 클래스 작성하기

DTO 객체는 컨트롤러와 서비스 계층 간의 데이터 교환을 위해 사용됩니다. DTO를 사용하면 엔티티 객체를 직접 노출하지 않아도 되므로 데이터 보호에 유리하며, 전송해야 할 데이터만 선별해 불필요한 데이터 전송을 최소화할 수 있습니다.

이번에는 사용자User, 게시글Article, 팔로우Follow 관련된 요청Request과 응답Response 용 DTO 클래스를 작성해 보겠습니다.

UserRequestDto 작성하기

UserRequestDto 클래스는 사용자 등록 및 수정 요청을 위한 DTO입니다. 사용자 이름과 비밀번호 필드를 포함하고 있으며, 컨트롤러를 통해 입력된 데이터를 서비스 계층으로 전달하는 데 사용됩니다.

minilog-jpa/src/main/java/com/asdf/minilog/dto/UserRequestDto.java
```
01  package com.asdf.minilog.dto;
02
03  import lombok.Builder;
04  import lombok.Data;
05  import lombok.NonNull;
06
07  @Data
08  @Builder
09  public class UserRequestDto {
10      @NonNull private String username;
11      @NonNull private String password;
12  }
```

UserResponseDto 작성하기

UserResponseDto 클래스는 등록/수정/조회에 대한 응답을 위한 DTO입니다. 사용자 ID와 사용자 이름 필드를 포함하며, 서비스 계층에서 컨트롤러에게 반환할 때 사용됩니다.

```
minilog-jpa/src/main/java/com/asdf/minilog/dto/UserResponseDto.java
```

```
01   package com.asdf.minilog.dto;
02
03   import lombok.Builder;
04   import lombok.Data;
05   import lombok.NonNull;
06
07   @Data
08   @Builder
09   public class UserResponseDto {
10       @NonNull private Long id;
11       @NonNull private String username;
12   }
```

ArticleRequestDto 작성하기

ArticleRequestDto 클래스는 게시글 작성 및 수정 요청을 위한 DTO입니다. 이 클래스는 게시글의 내용과 작성자의 ID 필드를 포함하고 있습니다.

```
minilog-jpa/src/main/java/com/asdf/minilog/dto/ArticleRequestDto.java
```

```
01   package com.asdf.minilog.dto;
02
03   import lombok.Builder;
04   import lombok.Data;
05   import lombok.NonNull;
06
07   @Data
08   @Builder
```

```
09    public class ArticleRequestDto {
10        @NonNull private String content;
11        @NonNull private Long authorId;
12    }
```

ArticleResponseDto 작성하기

ArticleResponseDto 클래스는 게시글 작성, 수정, 조회에 대한 응답에 사용되는 DTO입니다. 이 클래스는 게시글 ID, 내용, 작성자 정보, 작성 시간 필드를 포함합니다.

minilog-jpa/src/main/java/com/asdf/minilog/dto/ArticleResponseDto.java

```
01    package com.asdf.minilog.dto;
02
03    import java.time.LocalDateTime;
04    import lombok.Builder;
05    import lombok.Data;
06    import lombok.NonNull;
07
08    @Data
09    @Builder
10    public class ArticleResponseDto {
11        @NonNull private Long articleId;
12        @NonNull private String content;
13        @NonNull private Long authorId;
14        @NonNull private String authorName;
15        @NonNull private LocalDateTime createdAt;
16    }
```

FollowRequestDto 작성하기

FollowRequestDto 클래스는 팔로우 요청을 위한 DTO입니다. 이 클래스는 팔로우하는 사람과 팔로우 당하는 사람의 ID 필드를 포함합니다.

```
minilog-jpa/src/main/java/com/asdf/minilog/dto/FollowRequestDto.java
01  package com.asdf.minilog.dto;
02
03  import lombok.Data;
04  import lombok.NonNull;
05
06  @Data
07  public class FollowRequestDto {
08      @NonNull private Long followerId;
09      @NonNull private Long followeeId;
10  }
```

FollowResponseDto 작성하기

FollowResponseDto 클래스는 팔로우 관계 생성 및 조회 시 응답 객체로 사용됩니다. 팔로워와 팔로이 ID필드를 포함합니다.

```
minilog-jpa/src/main/java/com/asdf/minilog/dto/FollowResponseDto.java
01  package com.asdf.minilog.dto;
02
03  import lombok.Builder;
04  import lombok.Data;
05  import lombok.NonNull;
06
07  @Data
08  @Builder
09  public class FollowResponseDto {
10      @NonNull private Long followerId;
11      @NonNull private Long followeeId;
12  }
```

엔티티와 DTO간의 매퍼 작성하기

이번 섹션에서 작성할 EntityDtoMapper는 앞서 작성한 엔티티와 DTO 사이의 변환을 담당합니다. 다음과 같이 EntityDtoMapper를 작성하세요.

minilog-jpa/src/main/java/com/asdf/minilog/util/EntityDtoMapper.java

```java
package com.asdf.minilog.util;

import com.asdf.minilog.dto.ArticleResponseDto;
import com.asdf.minilog.dto.FollowResponseDto;
import com.asdf.minilog.dto.UserResponseDto;
import com.asdf.minilog.entity.Article;
import com.asdf.minilog.entity.Follow;
import com.asdf.minilog.entity.User;

public class EntityDtoMapper {
    public static ArticleResponseDto toDto(Article article) {
        return ArticleResponseDto.builder()
                .articleId(article.getId())
                .content(article.getContent())
                .authorId(article.getAuthor().getId())
                .authorName(article.getAuthor().getUsername())
                .createdAt(article.getCreatedAt())
                .build();
    }

    public static FollowResponseDto toDto(Follow follow) {
        return FollowResponseDto.builder()
                .followerId(follow.getFollower().getId())
                .followeeId(follow.getFollowee().getId())
                .build();
    }

    public static UserResponseDto toDto(User user) {
```

```
29              return UserResponseDto.builder().id(user.getId()).username(user.
                    getUsername()).build();
30      }
31
32      public static Follow toEntity(Long followerId, Long followeeId) {
33          return Follow.builder()
34              .follower(User.builder().id(followerId).build())
35              .followee(User.builder().id(followeeId).build())
36              .build();
37      }
38  }
```

리포지토리 레이어 구현하기

리포지토리 클래스는 데이터베이스와 직접 상호작용하며, 엔티티와 관련된 CRUD 연산을 담당합니다. 이번에는 User, Article, Follow 엔티티에 대응하는 리포지토리 클래스를 작성해 보겠습니다.

우리는 이 프로젝트에서 스프링 데이터 JPA의 다음과 같은 세 가지 핵심 기능을 사용할 계획입니다.

첫 번째는 JpaRepository 인터페이스를 상속하는 클래스의 구현체를 자동 생성하는 기능입니다. 이 기능 덕분에 개발자는 별도의 구현 클래스를 작성하지 않고도 리포지토리 인터페이스만 정의하면 됩니다. 이렇게 생성된 구현체는 save(), delete(), findById()와 같은 JpaRepository의 기본 메서드는 물론, 메서드 이름을 기반으로 쿼리를 유추해 실행하는 파생 쿼리 메서드까지 지원합니다.

> **NOTE** 참고: https://docs.spring.io/spring-data/jpa/docs/current/api/org/springframework/data/jpa/repository/JpaRepository.html

두 번째는 **파생 쿼리**Derived Query입니다. 이 기능은 메서드 이름의 네이밍 규칙을 분석해 내부적으로 쿼리를 자동 생성합니다. JpaRepository가 기본적으로 제공하지 않는 조회 기능이 필요할 때 유용하며, 개발자는 별도의 쿼리문 작성 없이 메서드 이름만으로 간단히 커스텀 쿼리를 정의할 수 있습니다.

> **NOTE** 참고: https://docs.spring.io/spring-data/jpa/reference/jpa/query-methods.html#jpa.query-methods.query-creation

마지막으로, 더 복잡한 조회나 조건이 필요한 경우에는 JPQL^{Java Persistence Query Language}을 사용할 수 있습니다. JPQL은 SQL과 유사하지만, 데이터베이스 테이블이 아니라 JPA 엔티티와 그 속성을 대상으로 동작하는 객체 지향 쿼리 언어입니다.

스프링 데이터 JPA에서는 주로 리포지토리 메서드 위에 @Query 애노테이션을 붙여 JPQL을 직접 작성할 수 있습니다. JPA 구현체(Hibernate 등)는 작성된 JPQL을 데이터베이스에서 실행할 수 있는 SQL로 변환해 처리합니다. 단순 파생 쿼리로는 표현하기 어려운 복잡한 조인, 정렬, 조건 기반 조회 등을 구현할 때는 JPQL이 필요합니다.

이제부터 UserRepository, ArticleRepository, FollowRepository가 어떻게 스프링 데이터 JPA를 활용하는지 살펴보시죠.

UserRepository 작성하기

UserRepository는 User 엔티티와 관련된 데이터베이스 연산을 담당하는 인터페이스입니다. 앞서 설명한 것처럼, UserRepository는 JpaRepository를 상속하기 때문에 기본적인 CRUD 메서드(save(), delete(), findById() 등)를 별도의 구현 없이 바로 사용할 수 있습니다.

여기에 추가로 선언할 메서드 중 하나가 findByUsername() 입니다. 이 메서드는 이름에서 알 수 있듯이 사용자 이름(username)으로 User 엔티티를 조회합니다. 여기서 By는 검색 조건의 시작을 의미하며, username은 User 엔티티의 필드 이름을 나타냅니다. 즉, findByUsername() 메서드는 'username 필드 값이 메서드에 전달된 인자와 같은 레코드를 탐색'하는 기능을 수행하며, 선언만 해두면 런타임에 자동으로 생성됩니다.

다음은 UserRepository의 코드입니다.

```
minilog-jpa/src/main/java/com/asdf/minilog/repository/UserRepository.java
01  package com.asdf.minilog.repository;
02
03  import com.asdf.minilog.entity.User;
04  import java.util.Optional;
05  import org.springframework.data.jpa.repository.JpaRepository;
06  import org.springframework.stereotype.Repository;
07
```

```
08  @Repository
09  public interface UserRepository extends JpaRepository<User, Long> {
10      Optional<User> findByUsername(String username);
11  }
```

ArticleRepository 작성하기

ArticleRepository는 Article 엔티티와 관련된 데이터베이스 연산을 담당합니다. 추가적으로 정의하는 파생 쿼리 메서드는 다음과 같습니다.

- findAllByAuthorId
  - 특정 작성자가 작성한 모든 게시글을 조회하는 메서드입니다. By 키워드는 조회 조건이 시작됨을 의미합니다.
  - AuthorId 필드에 대해 주어진 값과 일치하는 Article들을 조회합니다.

ArticleRepository는 article 테이블과 follow 테이블을 조인하는 다음 메서드도 제공합니다. 이 메서드는 JPQL을 이용합니다.

- findAllByFollowerId
  - 팔로우 관계를 기반으로 팔로워가 작성한 게시글을 최신 순으로 조회하는 메서드입니다.
  - @Query 애노테이션을 사용해 Article과 Follow 테이블을 조인하는 JPQL 쿼리를 직접 작성했습니다.
  - 지정된 사용자가 팔로우하는 작성자(author)가 작성한 모든 게시글을 최신순으로 정렬하여 조회합니다.

다음은 ArticleRepository의 코드입니다.

minilog-jpa/src/main/java/com/asdf/minilog/repository/ArticleRepository.java

```
01  package com.asdf.minilog.repository;
02
03  import com.asdf.minilog.entity.Article;
04  import java.util.List;
05  import org.springframework.data.jpa.repository.JpaRepository;
06  import org.springframework.data.jpa.repository.Query;
07  import org.springframework.data.repository.query.Param;
```

```
08    import org.springframework.stereotype.Repository;
09
10    @Repository
11    public interface ArticleRepository extends JpaRepository<Article, Long> {
12        List<Article> findAllByAuthorId(Long authorId);
13
14        @Query(
15            "SELECT a FROM Article a JOIN a.author u JOIN Follow f"
16                + " ON u.id = f.followee.id WHERE"
17                + " f.follower.id = :authorId ORDER BY a.createdAt DESC")
18        List<Article> findAllByFollowerId(@Param("authorId") Long authorId);
19    }
```

FollowRepository 작성하기

FollowRepository는 Follow 엔티티와 관련된 데이터베이스 연산을 담당하며, 팔로우 관계를 기반으로 특정 사용자가 팔로우하는 사용자 목록을 조회하거나 팔로우 관계의 존재 여부를 확인하는 메서드를 제공합니다. 다음은 추가적으로 선언한 파생 쿼리 메서드입니다.

- **findByFollowerId:** 특정 사용자가 팔로우하는 사용자 목록을 조회하는 메서드입니다. findByFollowerId에서 By 이후에 사용된 FollowerId는 조회 조건 필드로 자동 인식되어, 지정된 followerId와 일치하는 모든 Follow 관계를 조회하는 쿼리가 자동으로 생성됩니다.
- **findByFollowerIdAndFolloweeId:** 특정 사용자와 팔로우 대상 간의 관계가 존재하는지 확인하는 메서드입니다. findByFollowerIdAndFolloweeId에서 And를 통해 두 필드를 조건으로 지정하여, followerId와 followeeId가 주어진 값과 일치하는지 확인하는 쿼리가 자동 생성됩니다.

다음은 FollowRepository의 코드입니다.

```
minilog-jpa/src/main/java/com/asdf/minilog/repository/FollowRepository.java
01    package com.asdf.minilog.repository;
02
03    import com.asdf.minilog.entity.Follow;
```

```
04  import java.util.List;
05  import java.util.Optional;
06  import org.springframework.data.jpa.repository.JpaRepository;
07  import org.springframework.stereotype.Repository;
08
09  @Repository
10  public interface FollowRepository extends JpaRepository<Follow, Long> {
11      List<Follow> findByFollowerId(Long followerId);
12
13      Optional<Follow> findByFollowerIdAndFolloweeId(Long followerId, Long followeeId);
14  }
```

서비스 레이어 구현하기

여기서는 UserService, ArticleService, FollowService의 3가지 서비스 빈을 작성합니다. 각 빈은 해당 엔티티와 관련된 비즈니스 로직을 처리하며, 사용자, 게시글, 팔로우 엔티티와 관련된 기능을 제공합니다. 각 서비스는 필요 시 EntityDtoMapper를 통해 엔티티를 DTO로 변환하여, 컨트롤러와의 데이터 교환에 적합한 형태로 변환합니다.

UserService 빈 작성하기

UserService는 사용자 관련 비즈니스 로직을 관리하는 서비스 클래스입니다. 사용자의 생성, 조회, 업데이트, 삭제 기능을 포함하며, 데이터베이스와의 상호작용을 위해 UserRepository를 사용합니다.

UserService 클래스에 적용한 @Transactional 애노테이션은 기본적으로 클래스 내 모든 메서드에 트랜잭션을 적용하여 데이터 변경 작업이 안전하게 이루어지도록 보장하며, 예외 발생 시 자동으로 롤백을 수행합니다. 다만 getUserById() 메서드에만 읽기 연산을 위한 성능 최적화와 데이터 무결성 보장을 위해 별도로 @Transactional(readOnly = true)를 명시했습니다.

@Transactional(readOnly = true)을 사용하면 쓰기 잠금을 생략하여 리소스를 절약하고 조회 성능을 높일 수 있고, 트랜잭션이 종료될 때 변경 내용을 커밋하지 않도록 처리하여, 원치 않는 데이터 변경을 방지할 수 있습니다.

다음과 같이 UserService 빈을 작성하세요.

minilog-jpa/src/main/java/com/asdf/minilog/service/UserService.java

```java
package com.asdf.minilog.service;

import com.asdf.minilog.dto.UserRequestDto;
import com.asdf.minilog.dto.UserResponseDto;
import com.asdf.minilog.entity.User;
import com.asdf.minilog.exception.UserNotFoundException;
import com.asdf.minilog.repository.UserRepository;
import com.asdf.minilog.util.EntityDtoMapper;
import java.util.List;
import java.util.Optional;
import java.util.stream.Collectors;
import org.springframework.beans.factory.annotation.Autowired;
import org.springframework.stereotype.Service;
import org.springframework.transaction.annotation.Transactional;

@Service
@Transactional
public class UserService {

    private final UserRepository userRepository;

    @Autowired
    public UserService(UserRepository userRepository) {
        this.userRepository = userRepository;
    }

    @Transactional(readOnly = true)
    public List<UserResponseDto> getUsers() {
        return userRepository.findAll().stream()
            .map(EntityDtoMapper::toDto)
            .collect(Collectors.toList());
    }
```

```
33
34      @Transactional(readOnly = true)
35      public Optional<UserResponseDto> getUserById(Long userId) {
36          return userRepository.findById(userId).map(EntityDtoMapper::toDto);
37      }
38
39      public UserResponseDto createUser(UserRequestDto userRequestDto) {
40          if (userRepository.findByUsername(userRequestDto.getUsername()).isPresent()) {
41              throw new IllegalArgumentException("이미 존재하는 사용자 이름입니다.");
42          }
43
44          User savedUser =
45              userRepository.save(
46                  User.builder()
47                      .username(userRequestDto.getUsername())
48                      .password(userRequestDto.getPassword())
49                      .build());
50          return EntityDtoMapper.toDto(savedUser);
51      }
52
53      public UserResponseDto updateUser(Long userId, UserRequestDto userRequestDto) {
54          User user =
55              userRepository
56                  .findById(userId)
57                  .orElseThrow(
58                      () ->
59                          new UserNotFoundException(
60                              String.format("해당 아이디(%d)를 가진 사용자를 찾을 수 없습니다.", userId)));
61          user.setUsername(userRequestDto.getUsername());
62          user.setPassword(userRequestDto.getPassword());
63
64          var updatedUser = userRepository.save(user);
65          return EntityDtoMapper.toDto(updatedUser);
```

```
66      }
67
68      public void deleteUser(Long userId) {
69          User user =
70              userRepository
71                  .findById(userId)
72                  .orElseThrow(
73                      () ->
74                          new UserNotFoundException(
75                              String.format("해당 아이디(%d)를 가진 사용자를 찾을 수
                                  없습니다.", userId)));
76          userRepository.deleteById(user.getId());
77      }
78  }
```

ArticleService 빈 작성하기

ArticleService는 게시글과 관련된 비즈니스 로직을 담당하는 서비스 클래스입니다. 게시글의 생성, 조회, 수정, 삭제 기능뿐만 아니라, 팔로우한 사용자가 작성한 게시글 피드를 조회하는 기능도 제공합니다.

18번 코드에 적용된 @Transactional 애노테이션은 데이터베이스 트랜잭션의 일관성과 무결성을 보장하기 위해 트랜잭션 격리 수준을 지정합니다. 이때 사용된 isolation = Isolation.REPEATABLE_READ는 트랜잭션 내에서 같은 데이터를 반복 조회할 때, 다른 트랜잭션에 의해 수정된 내용이 보이지 않도록 보호하는 격리 수준입니다.

이렇게 하면 ArticleService가 게시글 데이터를 조회하는 동안 일관성이 유지되며, 트랜잭션 진행 중 다른 사용자의 데이터 변경으로 인한 불일치 문제를 방지할 수 있습니다. 다만, 격리 수준이 높아질수록 잠금(lock)이 많이 발생해 성능에 악영향을 줄 수 있으므로 성능과 데이터 일관성 사이의 균형을 고려하여 선택해야 합니다.

Isolation.REPEATABLE_READ는 데이터 조회 중 변동을 막아주면서도 성능에 미치는 영향이 상대적으로 적어 균형 잡힌 격리 수준이라고 할 수 있습니다.

> 🔍 **여기서 잠깐** | 스프링 데이터 JPA가 지원하는 트랜잭션 격리 수준

스프링 데이터 JPA는 데이터 일관성을 유지하면서도 성능을 최적화할 수 있도록 다양한 트랜잭션 격리 수준을 지원합니다. 각 격리 수준은 데이터 충돌을 방지하고자 하는 정도와 트랜잭션 간의 잠금 전략이 다르기 때문에, 데이터 무결성과 성능 간의 균형을 고려하여 적절한 격리 수준을 선택해야 합니다. 다음은 스프링 데이터 JPA에서 지원하는 주요 트랜잭션 격리 수준입니다.

READ_UNCOMMITTED
- 가장 낮은 격리 수준으로, 다른 트랜잭션에서 커밋되지 않은 데이터도 조회할 수 있습니다.
- 데이터의 더티 읽기(Dirty Read)가 발생할 수 있어 데이터 일관성이 낮아질 수 있지만, 성능 상 이점이 있습니다.
- 데이터 무결성보다 성능이 중요한 경우에 사용되며, 실시간 분석 또는 로깅 같은 용도에 적합할 수 있습니다.

READ_COMMITTED
- 커밋된 데이터만 조회할 수 있도록 보장하여 더티 읽기를 방지합니다.
- 트랜잭션 도중 다른 트랜잭션에 의해 변경된 데이터가 조회될 수 있으므로, 비반복 읽기(Non-repeatable Read)가 발생할 수 있습니다.
- REPEATABLE_READ보다 잠금이 덜 발생하여 성능이 상대적으로 높아, 기본적인 데이터 읽기/쓰기가 필요한 대부분의 서비스에 적합합니다.

REPEATABLE_READ
- 트랜잭션이 시작된 후 조회한 데이터가 트랜잭션 종료 시까지 일관성을 유지하도록 보장합니다.
- 비반복 읽기를 방지하며, 트랜잭션 중 데이터가 변하지 않도록 보장하여 트랜잭션 내 일관된 데이터 조회를 제공합니다.
- ArticleService와 같이 데이터 일관성이 중요한 서비스에 적합하며, 성능과 데이터 무결성 간의 균형을 제공합니다.

SERIALIZABLE
- 가장 높은 격리 수준으로, 트랜잭션이 순차적으로 실행되도록 보장하여 데이터의 일관성을 최우선으로 보호합니다.
- 팬텀 읽기(Phantom Read)를 방지하며, 무결성이 가장 중요할 때 선택할 수 있지만, 잠금이 많이 발생하여 성능 저하가 큽니다.
- 고도로 일관된 데이터가 필요한 금융 거래, 회계 등에서 유용합니다.

이제 다음과 같이 ArticleService 빈을 작성하세요.

minilog-jpa/src/main/java/com/asdf/minilog/service/ArticleService.java

```
001 package com.asdf.minilog.service;
002
003 import com.asdf.minilog.dto.ArticleResponseDto;
004 import com.asdf.minilog.entity.Article;
005 import com.asdf.minilog.entity.User;
006 import com.asdf.minilog.exception.ArticleNotFoundException;
007 import com.asdf.minilog.exception.UserNotFoundException;
008 import com.asdf.minilog.repository.ArticleRepository;
009 import com.asdf.minilog.repository.UserRepository;
010 import com.asdf.minilog.util.EntityDtoMapper;
011 import java.util.List;
012 import org.springframework.beans.factory.annotation.Autowired;
013 import org.springframework.stereotype.Service;
014 import org.springframework.transaction.annotation.Isolation;
015 import org.springframework.transaction.annotation.Transactional;
016
017 @Service
018 @Transactional(isolation = Isolation.REPEATABLE_READ)
019 public class ArticleService {
020
021     private final ArticleRepository articleRepository;
022     private final UserRepository userRepository;
023
024     @Autowired
025     public ArticleService(ArticleRepository articleRepository, UserRepository
        userRepository) {
026         this.articleRepository = articleRepository;
027         this.userRepository = userRepository;
028     }
029
030     public ArticleResponseDto createArticle(String content, Long userId) {
031         User user =
032             userRepository
033                 .findById(userId)
```

```
034                .orElseThrow(
035                    () ->
036                        new UserNotFoundException(
037                            String.format("해당 아이디(%d)를 가진 사용자를 찾을 수
                                없습니다.", userId)));
038
039        Article article = Article.builder().content(content).author(user).build();
040
041        Article savedArticle = articleRepository.save(article);
042        return EntityDtoMapper.toDto(savedArticle);
043    }
044
045    public void deleteArticle(Long articleId) {
046        Article article =
047            articleRepository
048                .findById(articleId)
049                .orElseThrow(
050                    () ->
051                        new ArticleNotFoundException(
052                            String.format("해당 아이디(%d)를 가진 게시글을 찾을 수
                                없습니다.", articleId)));
053
054        articleRepository.deleteById(articleId);
055    }
056
057    public ArticleResponseDto updateArticle(Long articleId, String content) {
058        Article article =
059            articleRepository
060                .findById(articleId)
061                .orElseThrow(
062                    () ->
063                        new ArticleNotFoundException(
064                            String.format("해당 아이디(%d)를 가진 게시글을 찾을 수
                                없습니다.", articleId)));
```

```
065        article.setContent(content);
066        Article updatedArticle = articleRepository.save(article);
067
068        return EntityDtoMapper.toDto(updatedArticle);
069    }
070
071    @Transactional(readOnly = true)
072    public ArticleResponseDto getArticleById(Long articleId) {
073        Article article =
074            articleRepository
075                .findById(articleId)
076                .orElseThrow(
077                    () ->
078                        new ArticleNotFoundException(
079                            String.format("해당 아이디(%d)를 가진 게시글을 찾을 수 없습니다.", articleId)));
080
081        return EntityDtoMapper.toDto(article);
082    }
083
084    @Transactional(readOnly = true)
085    public List<ArticleResponseDto> getFeedListByFollowerId(Long userId) {
086        User user =
087            userRepository
088                .findById(userId)
089                .orElseThrow(
090                    () ->
091                        new UserNotFoundException(
092                            String.format("해당 아이디(%d)를 가진 사용자를 찾을 수 없습니다.", userId)));
093
094        var feedList = articleRepository.findAllByFollowerId(user.getId());
095        return feedList.stream().map(EntityDtoMapper::toDto).toList();
096    }
097
```

```
098     @Transactional(readOnly = true)
099     public List<ArticleResponseDto> getArticleListByUserId(Long userId) {
100         User user =
101             userRepository
102                 .findById(userId)
103                 .orElseThrow(
104                     () ->
105                         new UserNotFoundException(
106                             String.format("해당 아이디(%d)를 가진 사용자를 찾을 수
                                없습니다.", userId)));
107
108         var articleList = articleRepository.findAllByAuthorId(user.getId());
109         return articleList.stream().map(EntityDtoMapper::toDto).toList();
110     }
111 }
```

FollowService 빈 작성하기

FollowService는 팔로우 관계와 관련된 비즈니스 로직을 처리합니다. 사용자가 다른 사용자를 팔로우하거나 언팔로우할 수 있으며, 팔로우 목록을 조회하는 기능도 제공합니다.

FollowService의 코드는 다음과 같습니다.

minilog-jpa/src/main/java/com/asdf/minilog/service/FollowService.java

```
01  package com.asdf.minilog.service;
02
03  import com.asdf.minilog.dto.FollowResponseDto;
04  import com.asdf.minilog.entity.Follow;
05  import com.asdf.minilog.entity.User;
06  import com.asdf.minilog.exception.UserNotFoundException;
07  import com.asdf.minilog.repository.FollowRepository;
08  import com.asdf.minilog.repository.UserRepository;
09  import com.asdf.minilog.util.EntityDtoMapper;
```

```java
10  import java.util.List;
11  import java.util.Optional;
12  import org.springframework.beans.factory.annotation.Autowired;
13  import org.springframework.stereotype.Service;
14  import org.springframework.transaction.annotation.Transactional;
15
16  @Service
17  @Transactional
18  public class FollowService {
19
20      private final FollowRepository followRepository;
21      private final UserRepository userRepository;
22
23      @Autowired
24      public FollowService(FollowRepository followRepository,
    UserRepository userRepository) {
25          this.followRepository = followRepository;
26          this.userRepository = userRepository;
27      }
28
29      public FollowResponseDto follow(Long followerId, Long followeeId) {
30          if (followerId.equals(followeeId)) {
31              throw new IllegalArgumentException("자신을 팔로우할 수 없습니다.");
32          }
33
34          User follower =
35              userRepository
36                  .findById(followerId)
37                  .orElseThrow(
38                      () ->
39                          new UserNotFoundException(
40                              String.format("팔로어 아이디(%d)를 가진 사용자를 찾을 수
                                없습니다.", followerId)));
41          User followee =
42              userRepository
```

```
43                    .findById(followeeId)
44                    .orElseThrow(
45                        () ->
46                            new UserNotFoundException(
47                                String.format("팔로잉 아이디(%d)를 가진 사용자를 찾을 수 없습니다.", followeeId)));
48
49        Follow follow =
50            followRepository.save(EntityDtoMapper.toEntity(follower.getId(), followee.getId()));
51        return EntityDtoMapper.toDto(follow);
52    }
53
54    public void unfollow(Long followerId, Long followeeId) {
55        Optional<Follow> follow =
56            Optional.ofNullable(
57                followRepository
58                    .findByFollowerIdAndFolloweeId(followerId, followeeId)
59                    .orElseThrow(
60                        () ->
61                            new UserNotFoundException(
62                                String.format(
63                                    "팔로어(%d)와 팔로잉(%d)을 연결하는 Follow를 찾을 " + " 수 없습니다.",
64                                    followerId, followeeId))));
65
66        followRepository.delete(follow.get());
67    }
68
69    @Transactional(readOnly = true)
70    public List<FollowResponseDto> getFollowList(Long userId) {
71        if (userRepository.findById(userId).isEmpty()) {
72            throw new UserNotFoundException(String.format("해당 아이디(%d)를 가진 사용자를 찾을 수 없습니다.", userId));
73        }
74
```

```
75          return followRepository.findByFollowerId(userId).stream().
                    map(EntityDtoMapper::toDto).toList();
76      }
77  }
```

컨트롤러 레이어 구현하기

이번 섹션에서는 UserController, ArticleController, FollowController, FeedController등 각 컨트롤러 클래스와 그 메서드를 작성합니다.

UserController 작성하기

UserController는 사용자와 관련된 요청을 처리하는 컨트롤러입니다. UserService를 사용하여 사용자 생성, 조회, 업데이트, 삭제 기능을 제공하며, /api/v1/user 엔드포인트를 통해 접근할 수 있습니다.

UserController가 제공하는 주요 메서드는 다음과 같습니다.

- **getUsers:** 전체 사용자를 조회하는 메서드입니다. @GetMapping 애노테이션으로 GET 요청을 처리하며, userService.getUsers()를 호출하여 그 결과를 반환합니다.

- **getUserById:** 사용자 ID로 사용자를 조회하는 메서드입니다. @GetMapping 애노테이션으로 GET 요청을 처리하며, userService.getUserById()를 호출하여 사용자가 존재하면 200 OK 응답을, 없으면 404 Not Found 응답을 반환합니다.

- **createUser:** 새 사용자를 생성하는 메서드입니다. POST 요청을 처리하며, 요청 본문에서 UserRequestDto를 받아 userService.createUser()를 호출하여 새로운 사용자를 생성하고 200 OK 응답과 함께 생성된 사용자 정보를 반환합니다.

- **updateUser:** 기존 사용자 정보를 수정하는 메서드입니다. PUT 요청을 처리하며, 사용자 ID와 수정할 데이터를 받아 userService.updateUser()를 호출하여 업데이트된 사용자 정보를 반환합니다. 사용자가 없을 경우 404 Not Found 응답을 반환합니다.

- **deleteUser:** 사용자 ID로 사용자를 삭제하는 메서드입니다. DELETE 요청을 처리하며, userService.deleteUser()를 호출하여 삭제 작업을 수행하고 204 No Content 응답을 반환합니다.

다음은 UserController의 코드입니다.

minilog-jpa/src/main/java/com/asdf/minilog/controller/UserController.java

```java
package com.asdf.minilog.controller;

import com.asdf.minilog.dto.UserRequestDto;
import com.asdf.minilog.dto.UserResponseDto;
import com.asdf.minilog.service.UserService;
import io.swagger.v3.oas.annotations.Operation;
import io.swagger.v3.oas.annotations.responses.ApiResponse;
import io.swagger.v3.oas.annotations.responses.ApiResponses;
import java.util.Optional;
import org.springframework.beans.factory.annotation.Autowired;
import org.springframework.http.ResponseEntity;
import org.springframework.web.bind.annotation.*;

@RestController
@RequestMapping("/api/v1/user")
public class UserController {

    private final UserService userService;

    @Autowired
    public UserController(UserService userService) {
        this.userService = userService;
    }

    @GetMapping
    @Operation(summary = "사용자 목록 조회")
    @ApiResponses({@ApiResponse(responseCode = "200", description = "성공")})
    public ResponseEntity<Iterable<UserResponseDto>> getUsers() {
        return ResponseEntity.ok(userService.getUsers());
    }

    @GetMapping("/{userId}")
```

```java
33    @Operation(summary = "사용자 조회")
34    @ApiResponses({
35        @ApiResponse(responseCode = "200", description = "성공"),
36        @ApiResponse(responseCode = "404", description = "사용자 없음")
37    })
38    public ResponseEntity<UserResponseDto> getUserById(@PathVariable Long userId) {
39        Optional<UserResponseDto> user = userService.getUserById(userId);
40        return user.map(ResponseEntity::ok).orElseGet(() ->
           ResponseEntity.notFound().build());
41    }
42
43    @PostMapping
44    @Operation(summary = "사용자 생성")
45    @ApiResponses({@ApiResponse(responseCode = "200", description = "성공")})
46    public ResponseEntity<UserResponseDto> createUser(@RequestBody UserRequestDto
      user) {
47        UserResponseDto createdUser = userService.createUser(user);
48        return ResponseEntity.ok(createdUser);
49    }
50
51    @PutMapping("/{userId}")
52    @Operation(summary = "사용자 수정")
53    @ApiResponses({
54        @ApiResponse(responseCode = "200", description = "성공"),
55        @ApiResponse(responseCode = "404", description = "사용자 없음")
56    })
57    public ResponseEntity<UserResponseDto> updateUser(
58        @PathVariable Long userId, @RequestBody UserRequestDto updatedUser) {
59        UserResponseDto user = userService.updateUser(userId, updatedUser);
60        return ResponseEntity.ok(user);
61    }
62
63    @DeleteMapping("/{userId}")
64    @Operation(summary = "사용자 삭제")
65    @ApiResponses({
```

```
66              @ApiResponse(responseCode = "204", description = "성공"),
67              @ApiResponse(responseCode = "404", description = "사용자 없음")
68      })
69      public ResponseEntity<Void> deleteUser(@PathVariable Long userId) {
70          userService.deleteUser(userId);
71          return ResponseEntity.noContent().build();
72      }
73  }
```

ArticleController 작성하기

ArticleController는 게시글과 관련된 요청을 처리하는 컨트롤러입니다. ArticleService를 사용하여 게시글의 생성, 조회, 수정, 삭제 기능을 제공하며, /api/v1/article 엔드포인트를 통해 접근할 수 있습니다.

ArticleController의 주요 메서드는 다음과 같습니다.

- **createArticle**: 새로운 게시글을 작성하는 메서드입니다. POST 요청을 처리하며, ArticleRequestDto로 받은 내용을 articleService.createArticle()을 통해 저장하고 200 OK 응답과 함께 생성된 게시글 정보를 반환합니다.

- **getArticle:** 게시글 ID로 특정 게시글을 조회하는 메서드입니다. @GetMapping 애노테이션으로 GET 요청을 처리하며, 존재하는 게시글을 200 OK와 함께 반환합니다. 게시글이 없으면 404 Not Found를 반환합니다.

- **updateArticle:** 특정 게시글의 내용을 수정하는 메서드입니다. PUT 요청을 처리하며, 게시글 ID와 새 내용을 받아 articleService.updateArticle()로 수정 작업을 수행하고, 수정된 게시글을 반환합니다.

- **deleteArticle:** 특정 게시글을 삭제하는 메서드입니다. DELETE 요청을 처리하며, 게시글이 삭제되면 204 No Content를 반환하고, 게시글이 없으면 404 Not Found를 반환합니다.

- **getArticleByUserId:** 작성자 ID로 사용자의 모든 게시글을 조회하는 메서드입니다. GET 요청을 처리하며, articleService.getArticleListByUserId()를 호출하여 작성자의 게시글 리스트를 반환합니다.

다음은 ArticleController의 코드입니다.

minilog-jpa/src/main/java/com/asdf/minilog/controller/ArticleController.java

```java
package com.asdf.minilog.controller;

import com.asdf.minilog.dto.ArticleRequestDto;
import com.asdf.minilog.dto.ArticleResponseDto;
import com.asdf.minilog.service.ArticleService;
import io.swagger.v3.oas.annotations.Operation;
import io.swagger.v3.oas.annotations.responses.ApiResponse;
import io.swagger.v3.oas.annotations.responses.ApiResponses;
import java.util.List;
import org.springframework.beans.factory.annotation.Autowired;
import org.springframework.http.ResponseEntity;
import org.springframework.web.bind.annotation.*;

@RestController
@RequestMapping("/api/v1/article")
public class ArticleController {

    private final ArticleService articleService;

    @Autowired
    public ArticleController(ArticleService articleService) {
        this.articleService = articleService;
    }

    @PostMapping
    @Operation(summary = "포스트 생성")
    @ApiResponses({
        @ApiResponse(responseCode = "200", description = "성공"),
        @ApiResponse(responseCode = "404", description = "사용자 없음")
    })
    public ResponseEntity<ArticleResponseDto> createArticle(@RequestBody ArticleRequestDto article) {
```

```
32          Long userId = article.getAuthorId();
33          ArticleResponseDto createdArticle = articleService.createArticle
            (article.getContent(), userId);
34          return ResponseEntity.ok(createdArticle);
35      }
36
37      @GetMapping("/{articleId}")
38      @Operation(summary = "포스트 조회")
39      @ApiResponses({
40          @ApiResponse(responseCode = "200", description = "성공"),
41          @ApiResponse(responseCode = "404", description = "포스트 없음")
42      })
43      public ResponseEntity<ArticleResponseDto> getArticle(@PathVariable Long
        articleId) {
44          var article = articleService.getArticleById(articleId);
45          return ResponseEntity.ok(article);
46      }
47
48      @PutMapping("/{articleId}")
49      @Operation(summary = "포스트 수정")
50      @ApiResponses({
51          @ApiResponse(responseCode = "200", description = "성공"),
52          @ApiResponse(responseCode = "404", description = "포스트 없음")
53        })
54      public ResponseEntity<ArticleResponseDto> updateArticle(
55          @PathVariable Long articleId, @RequestBody ArticleRequestDto article) {
56          var updatedArticle = articleService.updateArticle(articleId,
            article.getContent());
57          return ResponseEntity.ok(updatedArticle);
58      }
59
60      @DeleteMapping("/{articleId}")
61      @Operation(summary = "포스트 삭제")
62      @ApiResponses({
63          @ApiResponse(responseCode = "204", description = "삭제됨"),
```

```
64            @ApiResponse(responseCode = "404", description = "포스트 없음")
65        })
66        public ResponseEntity<Void> deleteArticle(@PathVariable Long articleId) {
67            articleService.deleteArticle(articleId);
68            return ResponseEntity.noContent().build();
69        }
70
71        @GetMapping
72        @Operation(summary = "유저의 게시글 조회")
73        @ApiResponses({
74            @ApiResponse(responseCode = "200", description = "성공"),
75            @ApiResponse(responseCode = "404", description = "게시글 없음")
76        })
77        public ResponseEntity<List<ArticleResponseDto>> getArticleByUserId
          (@RequestParam Long authorId) {
78           var articleList = articleService.getArticleListByUserId(authorId);
79            return ResponseEntity.ok(articleList);
80        }
81    }
```

FollowController 작성하기

FollowController는 팔로우 및 언팔로우 관련 요청을 처리하는 컨트롤러입니다. FollowService를 통해 사용자의 팔로우, 언팔로우, 팔로우 목록 조회 기능을 제공하며, /api/v1/follow 엔드포인트로 접근할 수 있습니다.

FollowController의 주요 메서드는 다음과 같습니다.

- **follow:** 특정 사용자를 팔로우하는 메서드입니다. POST 요청을 처리하며, FollowRequestDto에서 팔로워와 팔로이를 받아 followService.follow()를 통해 팔로우를 생성하고 200 OK 응답과 함께 팔로우 정보를 반환합니다.

- **unfollow:** 특정 사용자를 언팔로우하는 메서드입니다. DELETE 요청을 처리하며, followService.unfollow()를 호출하여 팔로우 관계를 삭제하고 200 OK를 반환합니다.

- **getFollowList:** 특정 사용자가 팔로우하는 모든 사용자를 조회하는 메서드입니다. GET 요청을 처리하며, followService.getFollowList()를 호출하여 팔로잉 목록을 반환합니다.

다음은 FollowController의 코드입니다.

```
minilog-jpa/src/main/java/com/asdf/minilog/controller/FollowController.java
01  package com.asdf.minilog.controller;
02
03  import com.asdf.minilog.dto.FollowRequestDto;
04  import com.asdf.minilog.dto.FollowResponseDto;
05  import com.asdf.minilog.service.FollowService;
06  import io.swagger.v3.oas.annotations.Operation;
07  import io.swagger.v3.oas.annotations.responses.ApiResponse;
08  import io.swagger.v3.oas.annotations.responses.ApiResponses;
09  import java.util.List;
10  import org.springframework.beans.factory.annotation.Autowired;
11  import org.springframework.http.ResponseEntity;
12  import org.springframework.web.bind.annotation.*;
13
14  @RestController
15  @RequestMapping("/api/v1/follow")
16  public class FollowController {
17
18      private final FollowService followService;
19
20      @Autowired
21      public FollowController(FollowService followService) {
22          this.followService = followService;
23      }
24
25      @PostMapping
26      @Operation(summary = "팔로우")
27      @ApiResponses({
28          @ApiResponse(responseCode = "200", description = "성공"),
29          @ApiResponse(responseCode = "404", description = "사용자 없음")
```

```java
30      })
31      public ResponseEntity<FollowResponseDto> follow(@RequestBody FollowRequestDto request) {
32          Long followerId = request.getFollowerId();
33          Long followeeId = request.getFolloweeId();
34
35          FollowResponseDto follow = followService.follow(followerId, followeeId);
36          return ResponseEntity.ok(follow);
37      }
38
39      @DeleteMapping("/{followerId}/{followeeId}")
40      @Operation(summary = "언팔로우")
41      @ApiResponses({
42          @ApiResponse(responseCode = "200", description = "성공"),
43          @ApiResponse(responseCode = "404", description = "사용자 없음")
44      })
45      public ResponseEntity<Void> unfollow(
46          @PathVariable Long followerId, @PathVariable Long followeeId) {
47          followService.unfollow(followerId, followeeId);
48          return ResponseEntity.ok().build();
49      }
50
51      @GetMapping("/{followerId}")
52      @Operation(summary = "팔로잉 목록 조회")
53      @ApiResponses({
54          @ApiResponse(responseCode = "200", description = "성공"),
55          @ApiResponse(responseCode = "404", description = "사용자 없음")
56      })
57      public ResponseEntity<List<FollowResponseDto>> getFollowList(@PathVariable Long followerId) {
58          List<FollowResponseDto> follows = followService.getFollowList(followerId);
59          return ResponseEntity.ok(follows);
60      }
61  }
```

FeedController 작성하기

FeedController는 피드와 관련된 요청을 처리하는 컨트롤러로, 팔로우한 사용자의 게시글 목록을 피드 형태로 조회하는 기능을 제공하며, /api/v1/feed 엔드포인트를 통해 접근할 수 있습니다.

FeedController의 주요 메서드는 다음과 같습니다.

- **getFeedList:** 사용자의 팔로우 피드를 조회하는 메서드입니다. @GetMapping 애노테이션으로 GET 요청을 처리하며, 팔로워 ID로 articleService.getFeedListByFollowerId()를 호출하여 피드 목록을 조회하고, 조회된 게시글 목록을 200 OK와 함께 반환합니다.

다음은 FeedController의 코드입니다.

minilog-jpa/src/main/java/com/asdf/minilog/controller/FeedController.java

```
01  package com.asdf.minilog.controller;
02
03  import com.asdf.minilog.dto.ArticleResponseDto;
04  import com.asdf.minilog.service.ArticleService;
05  import io.swagger.v3.oas.annotations.Operation;
06  import io.swagger.v3.oas.annotations.responses.ApiResponse;
07  import io.swagger.v3.oas.annotations.responses.ApiResponses;
08  import java.util.List;
09  import org.springframework.beans.factory.annotation.Autowired;
10  import org.springframework.http.ResponseEntity;
11  import org.springframework.web.bind.annotation.GetMapping;
12  import org.springframework.web.bind.annotation.RequestMapping;
13  import org.springframework.web.bind.annotation.RequestParam;
14  import org.springframework.web.bind.annotation.RestController;
15
16  @RestController
17  @RequestMapping("/api/v1/feed")
18  public class FeedController {
19      private final ArticleService articleService;
20
21      @Autowired
```

```
22      public FeedController(ArticleService articleService) {
23          this.articleService = articleService;
24      }
25
26      @GetMapping()
27      @Operation(summary = "피드 조회")
28      @ApiResponses({
29          @ApiResponse(responseCode = "200", description = "성공"),
30          @ApiResponse(responseCode = "404", description = "사용자 없음")
31      })
32      public ResponseEntity<List<ArticleResponseDto>> getFeedList(@RequestParam
        Long followerId) {
33          List<ArticleResponseDto> feedList =
            articleService.getFeedListByFollowerId(followerId);
34          return ResponseEntity.ok(feedList);
35      }
36  }
```

API 문서화를 위한 Swagger 설정

다음은 API 문서화를 위한 Swagger 설정을 수행하는 ApiDocumentationConfig의 코드입니다.

minilog-jpa/src/main/java/com/asdf/minilog/config/ApiDocumentationConfig.java

```
01  package com.asdf.minilog.config;
02
03  import io.swagger.v3.oas.models.OpenAPI;
04  import io.swagger.v3.oas.models.info.Info;
05  import org.springframework.context.annotation.Bean;
06  import org.springframework.context.annotation.Configuration;
07
08  @Configuration
09  public class ApiDocumentationConfig {
10
```

```
11      @Bean
12      public OpenAPI customOpenAPI() {
13          return new OpenAPI()
14              .info(
15                  new Info()
16                      .title("Minilog API")
17                      .version("1.0")
18                      .description("API documentation for the Minilog project"));
19      }
20  }
```

빌드

WSL2 터미널을 열고 프로젝트 루트 디렉토리로 이동하여 다음 명령을 수행합니다.

```
gradle build
```

빌드가 성공한 뒤 모든 유닛 테스트 케이스의 결과가 다음과 같이 PASSED로 나타나야 합니다.

> 🔍 **여기서 잠깐** 　**유닛 테스트를 언제 작성했는데요?**
>
> 지면을 절약하기 위해 이번 장의 유닛테스트는 온라인 예제 소스코드로만 제공합니다. 온라인 예제 소스코드를 다운로드 하여 minilog-jpa 프로젝트의 유닛 테스트를 참고하시기 바랍니다.

실행 및 Swagger-UI를 이용한 API 테스트

이제 프로젝트를 실행해서 테스트를 해볼 차례입니다. WSL2 터미널을 열고 프로젝트 루트 디렉토리로 이동하여 다음 명령을 수행합니다. (도커 데스크탑을 이용해서 mysql-minilog가 실행중인지 반드시 확인하세요.)

```
gradle bootRun
```

다음은 정상적인 실행 예시입니다

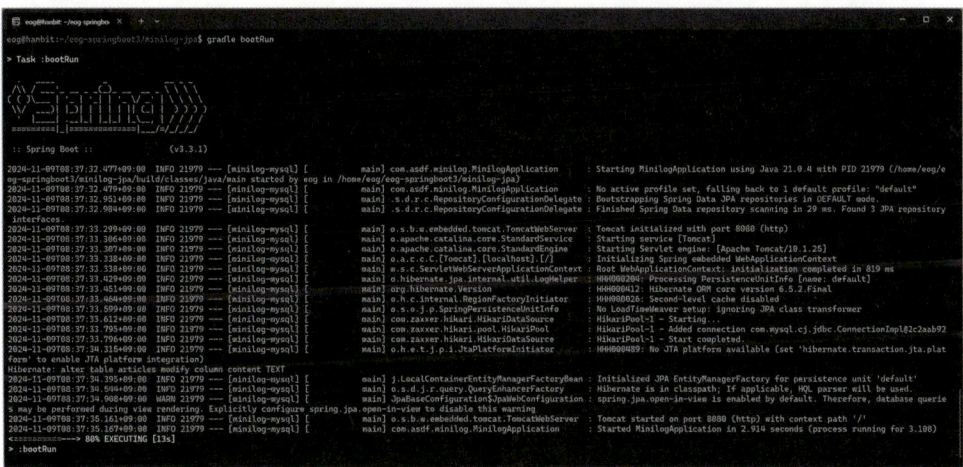

이제 브라우저를 실행하고 다음 주소로 접속하세요.

- http://localhost:8080/swagger-ui/index.html

다음 그림과 같이 Swagger UI가 열렸나요? 이 UI를 이용해서 각 컨트롤러의 API를 테스트 해보세요.

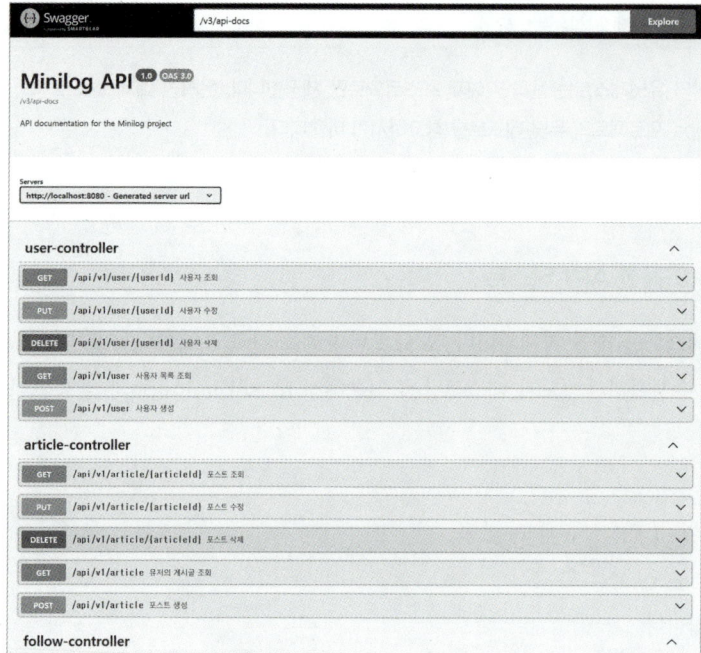

📝 요점 정리

- **엔티티 관계 관리:** @OneToMany, @ManyToOne, @JoinTable, @ManyToMany 애노테이션을 사용해 부모-자식 및 다대다 관계를 설정하고, CascadeType.ALL로 일관성을 유지했으며 FetchType.LAZY로 성능을 최적화했습니다.

- **쿼리 처리:** JPQL을 이용해 객체 지향적으로 쿼리를 작성하고, 복잡한 조건은 @Query 애노테이션과 네이티브 SQL로 처리했습니다. 이를 통해 데이터베이스 독립적인 쿼리 작성을 실현했습니다.

- **트랜잭션 관리:** @Transactional과 Isolation 속성을 활용해 트랜잭션 격리 수준을 설정하고, 동시 실행 시 데이터 일관성을 보장했습니다.

- **감사 기능:** @CreatedDate, @LastModifiedDate로 엔티티의 생성·수정 이력을 자동 추적했습니다.

- **예외 처리:** @ControllerAdvice, @ExceptionHandler를 통해 전역 예외 처리를 구현하고, 서버 오류는 500 상태 코드로 일관되게 응답했습니다.

 **JPA 코드 구조**

실제 비즈니스 요구사항이 복잡해질 때 JPA 코드 구조를 어떻게 잡아야 하나요?

'책임 분리(Separation of Concerns)'를 기억하세요

JPA를 이용한 백엔드 개발에서 가장 중요한 설계 원칙 중 하나는 바로 '책임의 분리'입니다. 각 계층(엔티티, 리포지토리, 서비스, DTO, 매퍼 등)이 맡아야 할 역할을 명확히 나누면, 코드가 복잡해지더라도 어느 부분을 수정해야 할지, 어디에서 문제가 생기는지 한눈에 파악하기 쉬워집니다. 책임이 명확하게 분리된 구조는 변화에 강하고, 유지보수가 쉬우며, 실무에서 여러 개발자가 동시에 협업할 때도 혼란을 줄여줍니다.

1. 비즈니스 로직은 서비스 레이어에 집중하세요.

복잡한 비즈니스 요구사항이 추가될수록 로직을 어디에 두어야 할지 고민이 많아집니다. 이때 가장 좋은 방법은 비즈니스 로직을 '서비스 레이어'에 집중하는 것입니다. 엔티티는 데이터 구조와 관계만 담당하고, 리포지토리는 데이터 저장/조회와 같은 데이터 접근 책임만 집니다. 서비스 레이어는 여러 엔티티를 조합하거나, 특정 업무 규칙을 적용하거나, 트랜잭션 처리가 필요한 복잡한 상황을 담당하는 곳입니다. 이렇게 책임을 나누면, 비즈니스 로직이 바뀌거나 확장될 때 서비스만 수정하면 되고, 엔티티나 리포지토리는 영향을 받지 않으니 코드가 훨씬 깔끔해집니다.

2. DTO와 매퍼로 입출력을 명확히 분리하세요.

실제 현업에서는 엔티티 객체를 그대로 API의 입력값이나 응답값으로 사용하는 경우는 거의 없습니다. 외부와 통신하는 API의 입력과 출력은 DTO로 분리하는 것이 좋습니다.

DTO는 실제 API 요구사항에 맞춰 설계하고, 엔티티와 DTO 사이의 데이터 변환은 매퍼^{MapStruct,} ^{ModelMapper,} 혹은 직접 작성한 변환 메서드 등를 통해 관리합니다. 이렇게 하면 엔티티 구조가 바뀌더라도 API 스펙에는 영향이 없고, 반대로 API 스펙이 바뀌더라도 엔티티는 안전하게 보호됩니다. 변환 로직이

한 군데에 모여 있으면 유지보수도 쉬워집니다.

3. 리포지토리는 쿼리만 담당하고, 복잡한 조회는 별도로 관리하세요.

리포지토리의 주요 역할은 데이터베이스에 쿼리를 실행해 데이터를 가져오거나 저장하는 것입니다. 간단한 CRUD 기능이나 단순 조회는 리포지토리에서 직접 처리하되, 매우 복잡한 통계, 동적 조건 검색, 여러 테이블 조인이 필요한 상황이 생긴다면 별도의 커스텀 리포지토리 구현체나, MyBatis, QueryDSL, Native Query 등 다양한 쿼리 프레임워크를 활용해 분리해서 관리하는 것이 좋습니다.

이렇게 하면 리포지토리 코드가 지나치게 복잡해지지 않고, 특정 비즈니스 요구에 맞는 복잡한 쿼리만 따로 구현·테스트할 수 있어서 전체 코드 구조가 훨씬 명확하고 유지보수하기 쉬워집니다.

4. 엔티티는 최대한 '순수'하게 유지하세요.

엔티티는 데이터베이스 테이블 구조와 1:1로 매핑되는 객체이므로, 데이터 자체와 그 관계만을 표현하는 데 집중하는 것이 좋습니다. 엔티티에 복잡한 비즈니스 로직이나 외부 시스템 연동 코드를 넣으면 복잡성이 증가하며 유지보수가 매우 어려워집니다. 실무에서는 엔티티 간 연관관계도 단방향 위주로, 지연 로딩$^{FetchType.LAZY}$을 적극적으로 사용해 불필요한 데이터 로딩을 막는 것이 좋습니다. 엔티티는 최대한 순수하게, 데이터를 담는 역할에만 충실하도록 설계하세요.

5. 엔티티 설계와 API 설계를 분리해서 생각하세요.

가장 흔한 실수는 엔티티 구조에 맞춰 API를 만들거나, 반대로 API 요구사항을 맞추기 위해 엔티티를 자주 변경하는 것입니다. API의 입출력 구조는 DTO에서 정의하고, 엔티티와는 별도로 설계해야 합니다. 이렇게 하면 데이터 저장/조회 구조와 외부 시스템과의 통신 구조가 독립적으로 진화할 수 있어 변경에 유연하게 대응할 수 있습니다. API 요구사항이 자주 변하는 실무 환경에서 이 분리는 프로젝트의 안정성을 크게 높여줍니다.

Chapter 06
Minilog에 인증 기능 추가하기

과제 소개

- **소요 시간:** 1시간
- **목표:** Minilog API에 안전한 인증 시스템 추가
- **기능 요구사항:**
  - JWT(JSON Web Token)의 생성 및 검증 기능 추가
    - JWT에 사용자의 User Name, ID, 발급 시간, 만료 시간 포함
    - AUTHOR와 ADMIN 두 가지 권한 부여 기능 제공
      · AUTHOR: 게시글 작성 및 조회 권한
      · ADMIN: 게시글 관리 및 사용자 관리(수정, 삭제) 권한
  - 각 컨트롤러의 엔드포인트에 JWT 인증 기능 추가. 즉, 인가되지 않은 사용자는 엔드포인트에 접근하지 못하도록 차단
- **구현 요구사항:**
  - 로그인 및 Swagger 페이지를 제외한 모든 엔드포인트는 인증을 필수적으로 요구
  - User ID를 입력 받는 기존 컨트롤러 및 DTO를 수정하여, JWT에 포함된 식별자를 사용하도록 변경

6.1 JWT 인증 이해하기

인증은 사용자가 애플리케이션이나 웹사이트에 접근할 때, 사용자의 신원을 확인하는 과정입니다.

주요 인증 기법

인증Authentication은 사용자와 시스템 간의 신뢰를 형성하기 위한 첫 번째 단계로, 사용자 이름과 비밀번호 쌍, 토큰, 문자, 이메일 등을 통해 이루어집니다. 인증의 목적은 시스템이 사용자로부터 받은 정보를 바탕으로 요청자가 실제로 자신이 주장하는 사람인지 확인하는 데에 있습니다. 웹 기반 서비스나 API에서 사용 가능한 주요 인증 기법에 대해 알아보겠습니다.

세션 기반 인증

세션 기반 인증은 사용자가 인증에 성공하면 서버가 세션 ID를 생성하여 클라이언트의 쿠키에 저장하는 방식입니다. 클라이언트는 이후 요청마다 이 세션 ID를 전송하여 인증 상태를 유지합니다. 이 방식은 구현이 간단하고 널리 사용되며, 세션 정보가 서버에 저장되므로 보안성이 높습니다. 하지만 서버가 상태를 유지해야 하므로 확장성이 낮으며, 복수의 웹 서버가 사용되는 분산 시스템 환경에서는 서버 간의 세션 동기화가 필요하다는 단점이 있습니다.

토큰 기반 인증

토큰 기반 인증에서는 서버가 사용자를 인증한 후 **JWT**Json Web Token와 같은 토큰을 생성하여 클라이언트에 반환하며, 서버는 세션 정보를 유지하지 않습니다. 클라이언트는 발급받은 토큰을 서버에 요청을 할 때 함께 보내 인증을 수행합니다. 서버는 클라이언트가 요청에 같이 담아 보내온 토큰이 유효한지를 점검하고, 유효하지 않으면 403 에러 등을 반환합니다. 토큰 기반 인증은 서버가 세션 정보를 유지하지 않아도 되기 때문에 여러 서버로 부하를 분산하기에도 유리합니다. 토큰이 유출될 경우에는 제3자가 해당 토큰을 이용하여 시스템에 접근이 가능하다는 단점이 있습니다.

OAuth 2.0

OAuth 2.0은 제3자 애플리케이션(예: 구글)이 사용자의 리소스에 접근할 수 있도록 권한을 부여하는 인증 방식입니다. 사용자가 애플리케이션에 로그인하면, 애플리케이션은 OAuth 제공자로부터 접근 토큰을 받아 사용자의 리소스에 접근합니다. 이 방식은 제3자 인증 서비스와 쉽게 통합할 수 있으며, 자원 소유자의 명시적인 동의가 필요하다는 장점이 있습니다. 그러나 구현이 복잡하고 부가적인 네트워크 호출이 필요하여 속도가 느려질 수 있다는 단점 또한 존재합니다.

이 외에 웹에서 사용할 수 있는 인증 방법에는 **생체 인증, WebAuthn**[FIDO2]**, SMS OTP**[One-Time Password]**, 이메일 OTP, SSO**[Single Sign-On] 등 다양한 수단이 있습니다. 본 가이드에서는 토큰 방식의 인증, 그 중에서도 JWT 방식만 다룹니다.

왜 JWT인가?

과거에는 대부분 웹 애플리케이션이 세션 기반 인증을 사용했습니다. 세션 기반 인증에서는 사용자가 인증에 성공하면 서버가 세션 정보를 생성하고 유지하고 클라이언트는 세션 ID를 통해 인증 상태를 확인 받았습니다. 세션 기반 인증은 단일 서버 환경에서는 간단하고 효과적이지만, 서버가 인증 상태를 유지해야 하므로 확장성이 낮고, 분산 환경에서는 서버 간 세션 동기화가 필요하다는 한계점이 있습니다. 현대의 마이크로서비스 아키텍처에서는 특히 불리한 방식이죠.

JWT는 세션 기반 인증과는 달리 서버의 무상태성을 지원합니다. 클라이언트가 인증 정보가 담긴 JWT를 요청 메시지와 함께 전송하기 때문에 서버는 요청 메시지의 토큰을 검증하고 사용자를 식별할 뿐, 인증 상태를 별도로 저장하지 않습니다. JWT는 사용자 ID, 역할[Role], 권한[Permission], 만료 시간[Expiration] 등 다양한 정보를 JSON 포맷 안에 담습니다.

JWT가 사실상의 표준으로 자리 잡게 된 배경에는 분산 시스템의 증가와 REST API의 확산이 컸습니다. 마이크로서비스와 서버리스 아키텍처가 대두되면서 인증 시스템이 분산 환경에서 효율적으로 동작할 필요성이 커졌거든요. JWT는 인증 상태를 서버에 저장하지 않아도 되므로 이러한 요구를 잘 충족시켰죠. 또한 모바일 애플리케이션, SPA[Single Page Application], IoT 등 다양한 클라이언트가 서버와 상호작용하는 상황에서도 JWT는 이질적인 시스템 간 인증과 권한 관리를 통합하는 데에도 적합합니다. 여기에 더해 OAuth 2.0과 OpenID Connect 같은 인증 및 권한 부여 프레임워크가 JWT를 기본 토큰 형식으로 채택하면서, JWT는 빠르게 널리 사용되는 표준이 되었습니다.

물론 JWT에도 한계가 있습니다. 가장 큰 위험은 토큰 유출 시 보안 사고가 발생할 수 있다는 점입니다. 클라이언트가 토큰을 안전하게 저장하지 못하면, 공격자가 이를 악용해 시스템에 접근할 가능성이 있습니다. 이러한 취약점을 보완하기 위해 HTTPS를 사용하고, 만료 시간이 짧은 Access Token과 긴 수명의 Refresh Token을 함께 사용하는 방식이 권장됩니다. 또한, JWT는 세션 ID보다 크기가 커서 요청 헤더 처리 성능에 영향을 미칠 수 있습니다. 크기로 인한 성능 저하를 방지하기 위해서는 JWT에는 필요한 최소한의 정보만 포함해야 합니다. 만료되기 전에 특정 토큰을 무효화하는 작업이 어렵다는 점도 단점이고요.

JWT의 구조와 메커니즘

JWT는 인증과 **권한 부여**Authorization를 동시에 지원하는 **무상태**stateless 방식의 토큰입니다.

인증 단계에서는 사용자의 신원을 확인하고, 권한 부여 단계에서는 사용자가 특정 리소스에 접근할 권한이 있는지 판단합니다. JWT는 이러한 정보를 하나의 토큰에 포함하여 서버와 클라이언트 간 효율적인 통신을 가능하게 합니다.

JWT는 **헤더**Header, **페이로드**Payload, **시그니처**Signature의 세 가지 섹션으로 구성됩니다. 각 섹션은 Base64Url로 인코딩되며, 점(.)으로 연결되어 하나의 문자열 형태로 나타납니다. 예시는 다음과 같습니다.

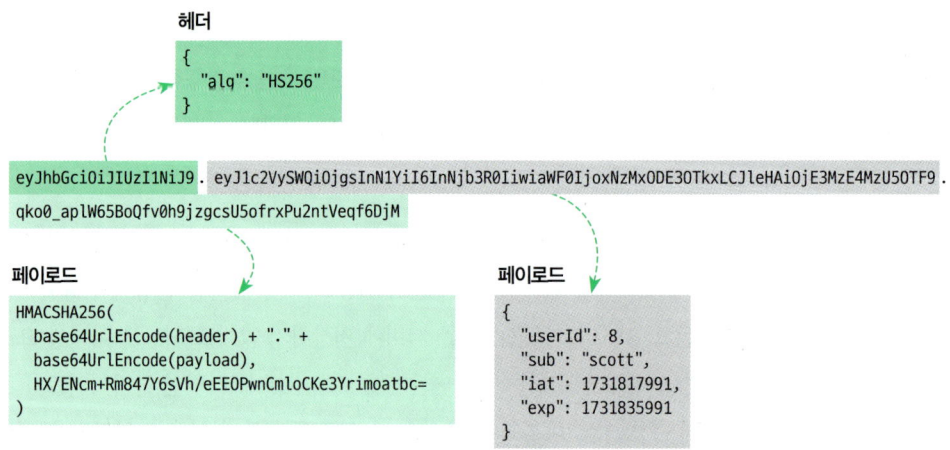

헤더

토큰의 타입과 서명 알고리즘(HMAC, RSA 등)에 대한 정보를 포함합니다. 예를 들어 토큰의 서명 알고리즘이 HS256인 경우, 헤더 섹션을 디코딩하면 다음과 같이 나타납니다.

```
{
    "alg": "HS256"
}
```

페이로드

토큰에 포함된 데이터를 나타내며, 주로 **클레임**^{claim}이라는 키-값 쌍으로 구성됩니다. 클레임에는 사용자 ID, 역할, 토큰 만료 시간 등의 정보가 포함됩니다. 클레임에 담긴 사용자 ID^{userId}는 8, 인증 주체^{subject}는 scott, 토큰 발행 시간$^{issued\ at}$은 1731817991(유닉스 시간: Nov 17 2024 04:33:11), 만료 시간$^{expired\ at}$은 1731835991(유닉스 시간: Nov 17 2024 09:33:11)인 경우에는 다음과 같이 나타납니다.

```
{
    "userId": 8,
    "sub": "scott",
    "iat": 1731817991,
    "exp": 1731835991
}
```

시그니처

헤더와 페이로드를 결합한 후, 비밀 키를 사용해 생성된 서명으로, 토큰의 무결성을 보장합니다. 시그니처 섹션의 'qko0_aplW65BoQfv0h9jzgcsU5ofrxPu2ntVeqf6DjM'은 다음과 같이 계산됩니다.

```
HMACSHA256(
    base64UrlEncode(header) + "." +
    base64UrlEncode(payload),
    HX/ENcm+Rm847Y6sVh/eEEOPwnCmloCKe3Yrimoatbc=
)
```

JWT 인증 순서

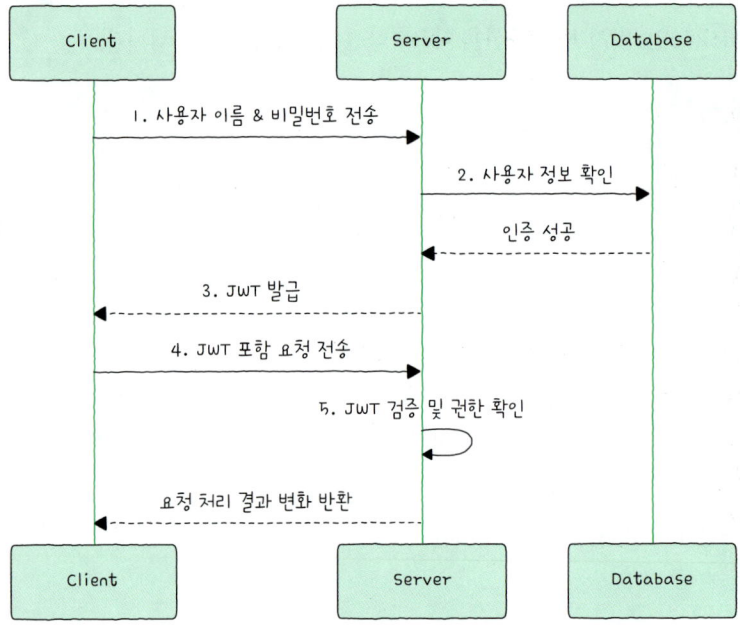

1. 사용자 인증: 클라이언트가 사용자 이름과 비밀번호를 서버에 전송합니다.

2. 사용자 정보 확인: 서버가 데이터베이스에서 사용자 정보를 조회하여 인증합니다.

3. JWT 발급 인증 성공 시, 서버는 사용자 ID와 역할 등의 정보를 포함한 JWT를 생성하여 클라이언트에 반환합니다.

4. JWT 기반 요청 처리: 클라이언트는 JWT를 저장하고, 이후 요청의 Authorization 헤더에 해당 JWT를 포함시켜 서버로 전송합니다.

5. 토큰 검증 및 권한 확인: 서버는 JWT를 검증하고 페이로드를 기반으로 사용자의 권한을 확인한 뒤 요청을 처리합니다.

스프링 시큐리티를 이용한 JWT 인증 기능 통합

스프링은 애플리케이션 내 인증 및 권한 부여를 위해 강력한 보안 프레임워크인 **스프링 시큐리티** Spring Security를 제공합니다. 본 가이드에서는 스프링 시큐리티를 활용해 Minilog 애플리케이션에 JWT 기반 인증 기능을 통합하는 방법을 설명합니다.

스프링 시큐리티의 핵심 기능

스프링 시큐리티는 다음과 같은 핵심 기능을 제공합니다.

인증(Authentication)

사용자의 신원을 확인하는 과정입니다. 일반적으로 사용자명과 비밀번호를 기반으로 이루어지며, 스프링 시큐리티는 기본 인증 수단으로써 UsernamePasswordAuthenticationFilter를 제공합니다.

권한 부여(Authorization)

인증된 사용자가 애플리케이션 내에서 특정 작업을 수행할 수 있는 권한이 있는지 확인합니다. 사용자 역할 및 권한을 기반으로 접근 제어를 수행합니다.

보안 정책 구성 및 필터링

스프링 시큐리티는 HTTP 요청을 감시하여 인증된 요청만 애플리케이션으로 전달합니다. 이에 관련된 주요 기능에는 CSRF 방지, 세션 관리, URL 접근 제어 등이 있습니다.

스프링 시큐리티 주요 구성 요소

스프링 시큐리티를 이용하여 인증을 구현하기 위해 알아두어야 할 스프링 시큐리티의 주요 구성 요소는 다음과 같습니다.

SecurityFilterChain

HTTP 요청이 컨트롤러에 도달하기 전에 '수문장' 역할을 하는 구성 요소입니다. 이 이름이 말해주듯, 내부에는 여러 보안 필터가 연결되어 있으며, 요청이 들어오면 이 필터들을 순차적으로 통과시키며 인증 및 인가 과정을 수행합니다(이 필터들은 개발자가 직접 정의하거나 설정을 통해 등록할 수 있습니다).

각 필터는 자신만의 고유한 역할을 가지고 있으며, 앞선 필터의 처리 결과를 바탕으로 다음 필터가 실행됩니다. 예를 들어, UsernamePasswordAuthenticationFilter는 로그인 요청에서 사용자 이름과 비밀번호를 검증하고, JwtRequestFilter는 요청 헤더의 JWT를 해석하여 사용자를 인증합니다.

만약 요청이 특정 필터를 통과하지 못하면 SecurityFilterChain은 즉시 나머지 필터 실행을 중단하고, 401(Unauthorized) 또는 403(Forbidden) 응답을 반환하여 접근을 차단합니다.

Authentication

사용자 인증 정보를 담는 객체입니다. 주요 필드로는 principal인증된 사용자의 ID 또는 주요 정보, credentials인증에 사용된 비밀번호나 인증 토큰, authorities사용자의 권한 목록이 있습니다.

SecurityContext

SecurityContext는 현재 요청의 인증 정보를 저장하는 컨텍스트입니다. 여기서 말하는 **컨텍스트** Context란, 현재 요청의 보안 상태와 인증 정보를 보관하는 '환경' 또는 '저장소'를 의미합니다.

사용자가 인증에 성공하면 스프링 시큐리티는 생성된 Authentication 객체를 SecurityContext에 저장하며, 이 컨텍스트는 SecurityContextHolder를 통해 전역적으로 접근할 수 있습니다.

SecurityContextHolder는 일반적으로 **스레드 로컬**ThreadLocal에 SecurityContext를 보관하므로, 요청이 처리되는 동안에는 애플리케이션의 어느 위치에서도 SecurityContextHolder.getContext(). getAuthentication()을 호출해 현재 로그인한 사용자의 인증 정보를 가져올 수 있습니다.

AuthenticationManager 및 AuthenticationProvider

스프링 시큐리티에서 인증을 처리하는 핵심 인터페이스입니다. 클라이언트가 로그인 요청을 보내면, AuthenticationManager가 요청을 받아 하나 이상의 AuthenticationProvider에게 인증을 위임합니다. 각 AuthenticationProvider는 자신이 처리할 수 있는 인증 방식(예: 사용자 이름·비밀번호, JWT, OAuth2 등)을 확인하고, 인증 성공 시 Authentication 객체를 반환합니다.

필요한 경우, 개발자가 직접 커스터마이징한 AuthenticationProvider를 구현하여 비표준 인증 로직(예: 사내 인증 서버 연동, 토큰 검증, 다중 인증 등)을 등록할 수 있습니다.

UserDetails 및 UserDetailsService

UserDetails는 스프링 시큐리티에서 사용자 계정 정보를 표현하기 위한 추상 인터페이스입니다. 일반적으로 username, password, authorities(권한 정보) 등의 필드를 포함하며, 인증 이후 '현재 로그인한 사용자'를 나타내는 객체로 사용됩니다. UserDetailsService는 이러한 UserDetails 객체를 데이터 소스(예: 데이터베이스, 외부 API 등) 에서 조회하는 역할을 담당합니다. 로그인 시 입력된 사용자 이름(username)을 기준으로 사용자 정보를 로드하고, 그 결과를 UserDetails 형태로 반환합니다.

스프링 시큐리티는 UserDetailsService를 통해 사용자를 조회한 뒤, 입력된 비밀번호를 PasswordEncoder를 이용해 검증함으로써 인증을 완료합니다.

GrantedAuthority

GrantedAuthority는 스프링 시큐리티에서 **사용자의 권한**Authority을 나타내는 객체입니다. 일반적으로 'ROLE_USER', 'ROLE_ADMIN' 등의 문자열로 표현되며, 사용자가 애플리케이션 내에서 수행할 수 있는 행동의 범위를 결정합니다.

인증이 완료되면, UserDetails 객체 내부의 getAuthorities() 메서드를 통해 사용자에게 부여된 GrantedAuthority 목록을 확인할 수 있습니다. 스프링 시큐리티는 이 권한 정보를 기반으로 특정 URL, 메서드, 혹은 리소스에 대한 접근을 제어합니다.

Configurer 및 DSL

스프링 시큐리티는 HttpSecurity를 통해 요청별 보안 정책을 선언적으로 정의할 수 있는 유연한 API, 즉 DSL(Domain-Specific Language: 도메인 특화 언어)을 제공합니다. 이때 Configurer는 이러한 DSL 구성을 가능하게 하는 설정 모듈 역할을 합니다.

HttpSecurity는 여러 Configurer를 체이닝 방식으로 연결하여 인증, 인가, 세션 관리, CSRF, CORS 등 다양한 보안 설정을 명시적으로 구성할 수 있습니다. 예를 들어 다음과 같이 메서드 체이닝을 통해 자연어처럼 읽히는 DSL 스타일로 보안 정책을 작성할 수 있습니다.

```
httpSecurity
    .csrf(AbstractHttpConfigurer::disable)
    .authorizeHttpRequests((requests) ->
        requests
            .requestMatchers("/api/v2/auth/login", "/swagger-ui/**",
                "/v3/api-docs/**").permitAll()
            .requestMatchers(HttpMethod.POST, "/api/v2/user").permitAll()
            .requestMatchers(HttpMethod.DELETE, "/api/v2/user/{userId}").
                hasRole("ADMIN")
            .anyRequest().authenticated()
    );
```

위 코드에는 Configurer가 직접 등장하지 않지만, csrf( ), authorizeHttpRequests( ) 등의 메서드는 각자의 Configurer를 내부적으로 호출하여 시큐리티 필터 체인(SecurityFilterChain)에 설정을 추가하게 됩니다.

JwtUtil 클래스

JwtUtil 클래스는 JWT의 생성, 검증, **클레임**Claims 추출 등의 기능을 담당하는 유틸리티 클래스입니다. 이 클래스는 토큰 관련 로직을 한 곳에 모아 관리함으로써, **인증 필터**JwtAuthenticationFilter **등**와의 결합도를 낮추고, 테스트 및 유지보수를 용이하게 합니다.

예를 들어, JwtUtil은 다음과 같은 기능을 제공합니다:

- **토큰 생성:** 사용자 정보(username, roles 등)를 포함한 JWT 발급
- **토큰 검증:** 서명 유효성 및 만료 시간 검증
- **클레임 추출:** JWT에서 사용자 이름, 권한 등 필요한 정보 추출

이 가이드에서는 JwtUtil 이라는 이름을 사용하지만, 꼭 JwtUtil이 아니어도 상관 없습니다. JwtProvider, JwtService, TokenManager 등 여러분의 프로젝트 구조나 팀의 명명 규칙에 따라 자유롭게 지정할 수 있습니다. 중요한 것은 토큰 생성·검증 로직을 캡슐화해 인증 흐름과 분리하는 역할을 수행하는 것입니다.

JWT 인증 과정

스프링 시큐리티와 JWT를 활용한 인증 절차는 다음과 같은 흐름으로 작동합니다.

01. JWT 검증

- JwtRequestFilter는 요청 헤더에서 JWT를 추출하고 JwtUtil을 통해 검증합니다.
- JwtUtil은 토큰의 유효성(서명, 만료 시간 등)을 확인한 후, 사용자 이름과 권한 정보를 추출합니다.
- 검증 및 정보 추출이 성공하면, 이 정보를 기반으로 Authentication 객체가 생성합니다.
- Authentication 객체에는 사용자의 권한 정보(GrantedAuthority, 예: ROLE_ADMIN, ROLE_USER)가 포함됩니다.

02. 사용자 정보 로딩

- AuthenticationManager는 AuthenticationProvider를 통해 사용자 인증을 처리합니다.
- 인증 과정에서 UserDetailsService가 데이터베이스에서 사용자 정보를 로딩합니다.
- 로딩된 정보를 바탕으로 UserDetails 객체가 생성되며, 이 객체에는 사용자의 권한 정보(GrantedAuthority)도 포함됩니다.

03. SecurityContext에 인증 정보 저장

- 인증이 성공하면 생성된 Authentication 객체는 SecurityContextHolder를 통해 현재 스레드의 SecurityContext에 저장됩니다.
- 이 객체는 요청의 생명 주기 동안 유지되며, 이후 권한 검증에 활용됩니다.

04. 권한 검증

- 요청된 URL에 대해 사용자의 권한(GrantedAuthority)이 필요한 수준에 도달했는지 검사합니다.
- 권한 확인 과정에서 SecurityContext에 저장된 GrantedAuthority를 참조합니다.
- 예를 들어, /admin/** 경로가 ROLE_ADMIN 권한을 요구하도록 할 수 있으며, 적합한 권한이 없는 경우 403 Forbidden 응답을 반환합니다.
- 권한 검사가 성공하면 요청이 컨트롤러로 전달되고 정상적으로 처리됩니다.

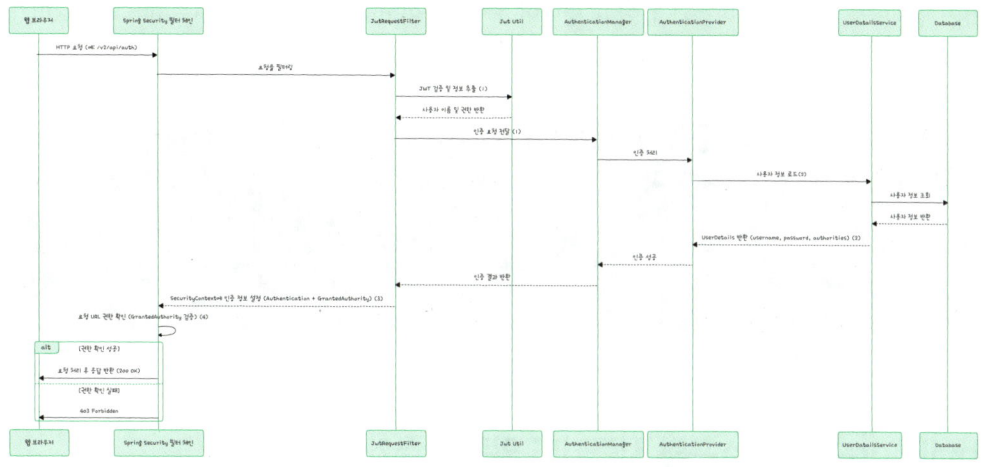

6.2 프로젝트 초기화

우리는 5장에서 구현한 minilog-jpa 프로젝트에 인증 기능을 추가할 것입니다. 이번 절에서는 minilog-jpa 프로젝트를 복사하여 minilog-jpa-with-auth 프로젝트를 만들고, build.gradle 과 application.properties 파일을 수정하여 프로젝트를 초기화해보겠습니다.

프로젝트 복사

01 다음 명령어를 이용하여 minilog-jpa프로젝트 디렉토리를 복사합니다. 새 디렉토리의 이름은 'minilog-jpa-with-auth'입니다.

```
cp -rf minilog-jpa minilog-jpa-with-auth
```

02 명령어를 실행한 후 다음과 같이 ls 명령어를 이용하여 minilog-jpa-with-auth 디렉토리가 성공적으로 복제되었는지 확인합니다.

```
eog@hanbit:~/eog-springboot3$ cp -rf minilog-jpa minilog-jpa-with-auth
eog@hanbit:~/eog-springboot3$ ls
minilog-gql   minilog-jpa   minilog-jpa-with-auth   todo-in-memory   todo-mysql
eog@hanbit:~/eog-springboot3$
```

build.gradle에 스프링 시큐리티 의존성 추가

minilog-jpa-with-auth 스프링 부트 애플리케이션이 JWT 인증을 수행할 수 있도록 build. gradle에 새 의존성을 추가하겠습니다. 프로젝트 루트 디렉토리에 있는 build.gradle을 열고

dependencies 섹션에 다음과 같이 스프링 시큐리티 관련 의존성을 추가합니다.

변경이 필요한 부분은 색으로 강조해 두었습니다.

```
minilog-jpa-with-auth/build.gradle
001  // 프로젝트 빌드 과정에서 그래들이 사용할 플러그인을 설정합니다.
002  plugins {
003      // 컴파일, 테스트, 패키징, 실행 등 Java 프로젝트 빌드에 필요한 태스크 제공
004      id 'java'
005
006      // 스프링 부트의 의존성 관리 및 패키징, 자동설정, 실행 관련 태스크 제공
007      id 'org.springframework.boot' version '3.3.1'
008
009      // 스프링 의존성 관리 기능 제공
010      id 'io.spring.dependency-management' version '1.1.5'
011
012      // 다양한 언어를 위한 코드 포매터와 관련 태스크 제공(예: spotlessApply)
013      id 'com.diffplug.spotless' version '6.25.0'
014  }
015
016  // 프로젝트의 그룹 ID와 버전을 설정합니다.
017  group = 'com.asdf'
018  version = '0.0.1-dev'
019
020  // Java 컴파일러와 관련된 설정을 추가합니다.
021  java {
022      // Java 21 버전을 사용하도록 설정합니다.
023      toolchain {
024          languageVersion = JavaLanguageVersion.of(21)
025      }
026  }
027
028  // 프로젝트의 의존성을 해결하기 위한 Maven 센트럴 저장소를 추가합니다.
029  repositories {
030      mavenCentral()
```

```
031 }
032
033 // 프로젝트의 구현, 테스트, 런타임 의존성을 설정합니다.
034 // 여기에서 필요한 의존성을 추가하면, 그래들이 자동으로
035 // 의존성을 mavenCentral을 통해 다운로드합니다.
036 dependencies {
037     // Spring Boot Web 스타터 의존성을 추가합니다.
038     // 웹 애플리케이션 개발에 필요한 기본적인 의존성을 제공합니다.
039     implementation 'org.springframework.boot:spring-boot-starter-web'
040
041     // Swagger UI를 사용하기 위한 의존성을 추가합니다.
042     implementation 'org.springdoc:springdoc-openapi-starter-webmvc-ui:2.6.0'
043
044     // Spring Data JPA 스타터 의존성을 추가합니다.
045     implementation 'org.springframework.boot:spring-boot-starter-data-jpa'
046
047     // MySQL JDBC 드라이버 의존성을 추가합니다.
048     implementation 'mysql:mysql-connector-java:8.0.32'
049
050     // Spring Security와 JWT 의존성을 추가합니다.
051     implementation 'org.springframework.boot:spring-boot-starter-security'
052
053     // JWT 라이브러리를 추가합니다.
054     implementation 'io.jsonwebtoken:jjwt-api:0.11.5'
055
056     // Lombok 라이브러리를 컴파일 시에만 사용하도록 설정합니다.
057     // Getter, Setter 등을 자동으로 생성해줍니다.
058     compileOnly 'org.projectlombok:lombok'
059
060     // Lombok이 제공하는 기능을 사용하기 위한 어노테이션 프로세서를 추가합니다.
061     annotationProcessor 'org.projectlombok:lombok'
062
063     // JUnit 5를 이용한 테스트를 위한 의존성을 추가합니다.
064     testImplementation 'org.springframework.boot:spring-boot-starter-test'
065
```

```
066     // Spring Security 테스트를 위한 의존성을 추가합니다.
067     testImplementation 'org.springframework.security:spring-security-test'
068
069     // Import TestContainers for JUnit 5
070     // 임시 MySQL 컨테이너를 생성하여 유닛테스트를 수행하기 위한 의존성을 추가합니다.
071     testImplementation 'org.testcontainers:junit-jupiter:1.20.1'
072     testImplementation 'org.testcontainers:testcontainers:1.20.1'
073     testImplementation 'org.testcontainers:mysql:1.20.1'
074
075     // JUnit 5 테스트를 실행하기 위한 런타임 의존성을 추가합니다.
076     testRuntimeOnly 'org.junit.platform:junit-platform-launcher'
077
078     // JWT 라이브러리의 구현체를 추가합니다.
079     runtimeOnly 'io.jsonwebtoken:jjwt-impl:0.11.5'
080     runtimeOnly 'io.jsonwebtoken:jjwt-jackson:0.11.5'
081 }
082
083 // 테스트 태스크를 구성합니다.
084 tasks.named('test') {
085     useJUnitPlatform()
086
087     // 테스트 실행 시 상세한 결과 출력 활성화
088     testLogging {
089         // 테스트 이벤트 중 어떤 것을 로그로 출력할지 설정
090         events "passed", "skipped", "failed"
091         // 테스트 케이스 별 결과를 항상 출력하도록 설정
092         outputs.upToDateWhen { false }
093         // Java Agent 경고 메시지 억제
094         jvmArgs '-XX:+EnableDynamicAgentLoading'
095     }
096 }
097
098 // Spotless 플러그인을 사용하여 코드 양식을 자동으로 맞춰줍니다.
099 spotless {
100     // Java 파일에 대한 포맷팅 설정을 추가합니다.
```

```
101    java {
102        // Google Java Format 적용
103        googleJavaFormat('1.22.0').reflowLongStrings()
104    }
105 }
106
107 // build 할 때 spotlessApply를 실행하여 자동으로 코드의 양식을 맞춥니다.
108 build.dependsOn 'spotlessApply'
```

application.properties 수정

01 JWT를 생성하고 검증할 때 사용할 **비밀 키**secret key는 충분히 안전하고 강력해야 합니다. 비밀 키를 생성한 후 application.properties 파일에 다음과 같이 추가합니다.

```
jwt.secret=여기에_비밀키_입력
```

> **NOTE** 비밀키는 최소 256비트(32바이트) 이상이어야 하며, 랜덤성과 예측 불가능성을 갖춰야 합니다. 일반적으로 Base64로 인코딩된 키를 사용하는 것이 좋으며, HMAC-SHA256 같은 서명 알고리즘과 호환되도록 설정해야 합니다. 키가 짧거나 단순한 경우, 서명 검증 실패나 보안 취약점이 발생할 수 있습니다. OpenSSL(openssl rand -base64 32)이나 Java의 SecureRandom을 사용해 랜덤한 키를 생성하는 것이 권장됩니다. 본 가이드에서는 openssl 명령어를 사용하겠습니다.

02 WSL2 터미널을 실행하고 다음 명령어를 입력해서 여러분만의 비밀키를 생성하세요.

```
openssl rand -base64 32
```

03 실행 예시는 다음과 같습니다.

```
eog@hanbit:~/eog-springboot3$ openssl rand -base64 32
9HG259ijLZwIZtJjmWhlaZsAyur+QerUNa/lGxbC+Kk=
eog@hanbit:~/eog-springboot3$
```

04 이제 이 값을 application.properties의 jwt.secret 항목에 지정합니다. 다음 코드를 참고하여 application.preoperties를 수정하세요.

minilog-jpa-with-auth/src/main/resources/application.properties

```
01  # 로깅 및 관리 도구에서 애플리케이션을 식별할 수 있도록
02  # 애플리케이션 이름을 설정합니다.
03  spring.application.name=minilog-jpa-with-auth
04
05  # 스프링 부트 애플리케이션이 MySQL 데이터베이스에 접근할 수 있도록
06  # 데이터베이스 URL을 설정합니다.
07  spring.datasource.url=jdbc:mysql://localhost:3307/minilog_db
08
09  # 데이터베이스에 접근할 사용자 이름(minilog_user)을 설정합니다.
10  spring.datasource.username=minilog_user
11
12  # 데이터베이스 사용자(minilog_user)를 위한
13  # 비밀번호(dev_password)를 설정합니다.
14  spring.datasource.password=dev_password
15
16  # JDBC 드라이버를 사용해 MySQL 데이터베이스에 접근하도록 설정합니다.
17  spring.datasource.driver-class-name=com.mysql.cj.jdbc.Driver
18
19  # Hibernate가 데이터베이스 스키마를 자동으로 업데이트하도록 설정합니다.
20  # 이 옵션을 통해 개발 중에 테이블 및 컬럼 구조가 자동으로 업데이트됩니다.
21  spring.jpa.hibernate.ddl-auto=update
22
23  # SQL 쿼리를 출력하도록 설정합니다.
24  spring.jpa.show-sql=true
25
26  # JWT를 생성 및 검증하는 데 사용할 비밀키
27  jwt.secret=HX/ENcm+Rm847Y6sVh/eEEOPwnCmloCKe3Yrimoatbc=
```

> 🔍 **여기서 잠깐** | **실무에서는 비밀키를 application.properties에 하드코딩하지 마세요.**
>
> 현업에서는 비밀키를 application.properties에 하드코딩하는 것을 엄격히 금지합니다. 이 가이드에서는 편의상 application.properties에 하드코딩된 예제를 보여주었지만, 실제로 이렇게 하면 비밀키가 코드 저장소를 통해 권한이 없는 개발자나 외부인에게 노출될 위험이 있습니다. 비밀키 노출은 매우 높은 확률로 보안 사고로 이어집니다.
>
> 생성된 비밀키는 반드시 온프레미스 HSM^Hardware Security Module, AWS Secrets Manager, Azure Key Vault, Google Cloud HSM과 같은 비밀 관리 도구를 사용해 안전하게 저장해야 합니다. 비밀키는 코드에 포함하지 않고, 런타임에 애플리케이션이 안전하게 가져올 수 있도록 설정해야 합니다. 예를 들어 환경 변수 또는 비밀 관리 도구 API를 통해 애플리케이션이 키를 동적으로 불러오도록 구현할 수 있습니다.
>
> HSM을 이용한 비밀키 관리 방법은 본 가이드의 범위를 벗어나지만, 더 깊이 있는 이해가 필요하다면 다음 자료를 참고하세요.
>
> - AWS Secrets Manager 문서: https://aws.amazon.com/ko/secrets-manager/
> - Azure Key Vault 문서: https://learn.microsoft.com/ko-kr/azure/key-vault/
> - Google Cloud HSM 문서: https://cloud.google.com/kms/docs/hsm?hl=ko

6.3 Minilog에 인증 기능 더하기

스프링 시큐리트의 도움을 받아 JWT를 생성하는 코드를 작성하고, 주어진 토큰이 유효한지 검증하는 코드를 작성해 보겠습니다.

JWT 생성 및 검증 구현하기

JWT를 생성하고 검증하는 부분은 이번 절에서 가장 많은 지면을 차지합니다. 먼저 스프링 시큐리티의 도움을 받아 JWT를 생성하는 코드를 작성하고, 그 다음에 주어진 토큰이 유효한지를 검증하는 코드를 작성하겠습니다. 이번 작업 순서는 다음과 같습니다.

1. GrantedAuthority를 상속하는 MinilogGrantedAuthority 정의하기
2. UserDetails 및 UserDetailsService를 각각 상속하여 MinilogUserDetails와 MinilogUserDetailsService 정의하기
3. 인증 처리 구현하기
4. SecurityFilterChain 설정하기
5. SecurityContext 보안 컨텍스트 설정하기
6. 엔드포인트에 대한 보안 설정하기

GrantedAuthority를 상속하는 MinilogGrantedAuthority 정의하기

스프링 시큐리티의 GrantedAuthority 인터페이스는 사용자에게 부여된 권한(예: ROLE_USER, ROLE_ADMIN)을 나타냅니다. 스프링 시큐리티가 기본적으로 제공하는 SimpleGrantedAuthority를 사용할 수도 있지만, 우리는 MinilogGrantedAuthority를 직접 정의하겠습니다. GrantedAuthority를 직접 구현할 때의 장점은 다음과 같습니다.

- **커스텀 권한 로직 구현:** 애플리케이션의 특성에 맞게 권한 정보를 세밀하게 관리할 수 있습니다. 기본 클래스보다 유연한 구조를 가지며, 필요한 추가 메서드나 필드를 포함할 수 있습니다.
- **도메인 객체와의 통합:** 권한 정보를 애플리케이션의 도메인 객체(Role 등)와 직접 연결하여 일관성을 유지할 수 있습니다.
- **확장성:** 향후 권한 체계가 복잡해지거나 추가 요구사항이 생길 때 유연하게 대처할 수 있습니다.

01 우선, 역할을 나타내는 Role 타입을 정의하겠습니다. Role은 다음 두 가지 권한을 enum으로 정의합니다.

- **ROLE_AUTHOR:** User와 Article에 관한 CRUD와 다른 사용자에 대한 팔로우/언팔로우 권한을 가집니다. 단, 다른 사용자의 User와 Article은 수정/삭제할 수 없습니다.
- **ROLE_ADMIN:** 모든 사용자에 대한 수정과 삭제 권한을 가집니다.

minilog-jpa-with-auth/src/main/java/com/asdf/minilog/entity/Role.java

```
01  package com.asdf.minilog.entity;
02
03  public enum Role {
04      ROLE_ADMIN,
05      ROLE_AUTHOR
06  }
```

02 Role을 추가했다면 GrantedAuthority를 상속하는 MinilogGrantedAuthority를 다음과 같이 구현합니다. MinilogGrantedAuthority 클래스는 앞서 선언한 Role을 사용하여 권한을 관리하며, getAuthority() 메서드를 통해 권한 이름을 반환합니다.

minilog-jpa-with-auth/src/main/java/com/asdf/minilog/security/MinilogGrantedAuthority.java

```
01  package com.asdf.minilog.security;
02
03  import com.asdf.minilog.entity.Role;
04  import org.springframework.security.core.GrantedAuthority;
05
```

```
06  public class MinilogGrantedAuthority implements GrantedAuthority {
07      private final Role role;
08
09      public MinilogGrantedAuthority(Role role) {
10          this.role = role;
11      }
12
13      @Override
14      public String getAuthority() {
15          return role.name();
16      }
17
18      @Override
19      public boolean equals(Object obj) {
20          if (this == obj) {
21              return true;
22          }
23          if (obj instanceof MinilogGrantedAuthority) {
24              return role.equals(((MinilogGrantedAuthority) obj).role);
25          }
26          return false;
27      }
28
29      @Override
30      public int hashCode() {
31          return role.hashCode();
32      }
33
34      @Override
35      public String toString() {
36          return this.role.name();
37      }
38  }
```

UserDetails 및 UserDetailsService를 각각 상속하여 MinilogUserDetails와 MinilogUserDetailsService 정의하기

스프링 시큐리티에서 UserDetails와 UserDetailsService는 사용자 인증 정보를 처리하는 핵심 인터페이스입니다.

- **UserDetails:** 사용자 정보를 캡슐화하는 인터페이스로, 사용자명, 비밀번호, 권한 등의 정보를 제공합니다.
- **UserDetailsService:** UserDetails를 로드하는 서비스 인터페이스로, 사용자 인증 시 필요한 사용자 정보를 제공합니다.

우리는 Minilog 애플리케이션에 맞게 UserDetails와 UserDetailsService를 상속하는 MinilogUserDetails와 MinilogUserDetailsService를 구현하여 사용자 인증 로직을 정의하겠습니다.

minilog-jpa-with-auth/src/main/java/com/asdf/minilog/security/MinilogUserDetails.java

```java
01  package com.asdf.minilog.security;
02
03  import java.util.Collection;
04  import lombok.AllArgsConstructor;
05  import lombok.Data;
06  import lombok.NoArgsConstructor;
07  import org.springframework.security.core.GrantedAuthority;
08  import org.springframework.security.core.userdetails.UserDetails;
09
10  @Data
11  @NoArgsConstructor
12  @AllArgsConstructor
13  public class MinilogUserDetails implements UserDetails {
14      private Long id;
15      private String username;
16      private String password;
17      private Collection<? extends GrantedAuthority> authorities;
18  }
```

MinilogUserDetailsService 클래스는 UserDetailsService 인터페이스를 구현하여 사용자 정보를 로드합니다. 여기에서 주목해야 할 것은 loadUserByUsername 메서드입니다. 이 메서드는 사용자명을 기반으로 UserRepository를 이용하여 사용자 정보를 조회하고, 해당 사용자가 존재하지 않을 경우 UsernameNotFoundException을 발생시킵니다. 해당 사용자가 존재하는 경우에는 앞서 선언한 MinilogUserDetails의 인스턴스를 생성하여 반환합니다.

다음과 같이 MinilogUserDetailsService를 정의하세요.

minilog-jpa-with-auth/src/main/java/com/asdf/minilog/service/MinilogUserDetailsService.java

```
01  package com.asdf.minilog.service;
02
03  import com.asdf.minilog.entity.User;
04  import com.asdf.minilog.repository.UserRepository;
05  import com.asdf.minilog.security.MinilogGrantedAuthority;
06  import com.asdf.minilog.security.MinilogUserDetails;
07  import java.util.List;
08  import java.util.stream.Collectors;
09  import org.springframework.beans.factory.annotation.Autowired;
10  import org.springframework.security.core.GrantedAuthority;
11  import org.springframework.security.core.userdetails.UserDetails;
12  import org.springframework.security.core.userdetails.UserDetailsService;
13  import org.springframework.security.core.userdetails.UsernameNotFoundException;
14  import org.springframework.stereotype.Service;
15
16  @Service
17  public class MinilogUserDetailsService implements UserDetailsService {
18
19      private final UserRepository userRepository;
20
21      @Autowired
22      public MinilogUserDetailsService(UserRepository userRepository) {
23          this.userRepository = userRepository;
24      }
25
26      @Override
```

```
27    public UserDetails loadUserByUsername(String username) throws
            UsernameNotFoundException {
28        User user =
29            userRepository
30                .findByUsername(username)
31                .orElseThrow(
32                    () -> new UsernameNotFoundException("User not found with
                        username: " + username));
33
34        List<GrantedAuthority> authorities =
35            user.getRoles().stream().map(MinilogGrantedAuthority::new).
                collect(Collectors.toList());
36
37        return new MinilogUserDetails(user.getId(), username, user.getPassword(),
            authorities);
38    }
39  }
```

JWT 인증 처리 구현하기

JWT를 사용하여 인증을 처리하기 위해서는 토큰의 생성, 검증, 인증 절차를 구현해야 합니다. 이번에는 다음 네 가지 파일을 구현합니다.

- **JwtUtil:** JWT를 생성하고 검증하는 유틸리티 클래스
- **JwtRequestFilter:** JWT를 활용하여 요청을 필터링하는 필터
- **JwtAuthenticationEntryPoint:** 인증 실패 시의 동작을 정의
- **AuthenticationController:** 클라이언트로부터의 로그인 요청 처리

JwtUtil

JwtUtil 클래스는 JWT의 생성과 검증을 담당하는 유틸리티 클래스입니다. 이 클래스는 JWT에서 사용자와 권한 정보를 추출하거나 새로운 토큰을 생성하며, 토큰의 유효성을 검사하는 메서드를

제공하는 등의 역할을 수행합니다. JwtUtil 클래스에서 주목해야 할 부분은 다음과 같습니다.

- 비밀 키 관리: @Value("${jwt.secret}")를 통해 application.properties 파일에서 비밀 키를 주입받습니다.

- 토큰에서 정보 추출
    - getUsernameFromToken: 토큰에서 사용자명을 추출합니다.
    - getUserIdFromToken: 토큰에서 사용자 ID를 추출합니다. "Bearer " 접두사를 제거한 후 클레임에서 userId를 가져옵니다.
    - getExpirationDateFromToken: 토큰의 만료 시간을 추출합니다.

- 토큰 유효성 검사
    - isTokenExpired: 토큰의 만료 여부를 확인합니다.
    - validateToken: 토큰의 사용자명과 만료 여부를 확인하여 토큰의 유효성을 검증합니다.

- 토큰 생성
    - generateToken: 사용자 정보를 기반으로 JWT를 생성합니다. 클레임에 userId를 포함하고, 토큰의 만료 시간과 서명 알고리즘을 설정합니다.

- 토큰 파싱
    - getAllClaimsFromToken: 토큰을 파싱하여 모든 클레임을 반환합니다. 이때 서명 키를 사용하여 토큰의 무결성을 확인합니다.

- 서명 키 생성
    - SecretKeySpec을 사용하여 HS256 알고리즘에 맞는 서명 키를 생성합니다.

다음 코드를 참조하여 JwtUtil 클래스를 작성하세요.

minilog-jpa-with-auth/src/main/java/com/asdf/minilog/security/JwtUtil.java

```
01  package com.asdf.minilog.security;
02
03  import io.jsonwebtoken.Claims;
04  import io.jsonwebtoken.Jwts;
05  import io.jsonwebtoken.SignatureAlgorithm;
06  import java.io.Serializable;
07  import java.security.Key;
```

```java
08  import java.util.Base64;
09  import java.util.Date;
10  import java.util.HashMap;
11  import java.util.Map;
12  import java.util.function.Function;
13  import javax.crypto.spec.SecretKeySpec;
14  import org.springframework.beans.factory.annotation.Value;
15  import org.springframework.security.core.userdetails.UserDetails;
16  import org.springframework.stereotype.Component;
17
18  @Component
19  public class JwtUtil implements Serializable {
20      private static final long serialVersionUID = -2550185165626007488L;
21      public static final long JWT_VALIDITY = 5 * 60 * 60;
22
23      @Value("${jwt.secret}")
24      private String secret;
25
26      public String getUsernameFromToken(String token) {
27          return getClaimFromToken(token, Claims::getSubject);
28      }
29
30      public Long getUserIdFromToken(String token) {
31          String jwt;
32          if (token.startsWith("Bearer ")) {
33              jwt = token.substring(7); // "Bearer " 접두사 제거
34          } else {
35              jwt = token; // "Bearer " 접두사가 없는 경우
36          }
37
38          return getClaimFromToken(jwt, claims -> claims.get("userId",
                  Long.class));
39      }
40
41      public Date getExpirationDateFromToken(String token) {
42          return getClaimFromToken(token, Claims::getExpiration);
```

```java
43      }
44
45      public <T> T getClaimFromToken(String token, Function<Claims,
            T> claimsResolver) {
46          Claims claims = getAllClaimsFromToken(token);
47          return claimsResolver.apply(claims);
48      }
49
50      private Claims getAllClaimsFromToken(String token) {
51          Key signingKey =
52              new SecretKeySpec(
53                  Base64.getDecoder().decode(secret),
                    SignatureAlgorithm.HS256.getJcaName());
54          return Jwts.parserBuilder().setSigningKey(signingKey).build().
                parseClaimsJws(token).getBody();
55      }
56
57      private Boolean isTokenExpired(String token) {
58          Date expiration = getExpirationDateFromToken(token);
59          return expiration.before(new Date());
60      }
61
62      public String generateToken(UserDetails userDetails, Long userId) {
63          // Cliams은 JWT의 payload에 저장되는 정보를 담는 객체
64          Map<String, Object> claims = new HashMap<>();
65          claims.put("userId", userId);
66
67          // JWT 생성
68          return Jwts.builder()
69              .setClaims(claims)
70              .setSubject(userDetails.getUsername())
71              .setIssuedAt(new Date(System.currentTimeMillis()))
72              .setExpiration(new Date(System.currentTimeMillis() +
                    JWT_VALIDITY * 1000))
73              .signWith(
74                  new SecretKeySpec(
```

```
75                        Base64.getDecoder().decode(secret),
                          SignatureAlgorithm.HS256.getJcaName()))
76              .compact();
77      }
78
79      public Boolean validateToken(String token, UserDetails userDetails) {
80          String username = getUsernameFromToken(token);
81          return (username.equals(userDetails.getUsername()) &&
                  !isTokenExpired(token));
82      }
83  }
```

JwtRequestFilter

JwtRequestFilter 클래스는 모든 요청에 대해 매번 실행되는 필터로, 요청 헤더에 포함된 JWT을 검증하고, 유효한 토큰일 경우 해당 사용자를 인증된 상태로 설정합니다. JwtRequestFilter 클래스의 구현에서 주목할 부분은 다음과 같습니다.

- OncePerRequestFilter 상속: OncePerRequestFilter는 필터 로직이 '요청 한 번에 한 번만 실행되도록' 보장하는 안전장치이자, 스프링 시큐리티 필터들의 공통 기반 클래스입니다. JwtRequestFilter는 OncePerRequestFilter를 상속함으로써 요청 하나당 각 필터가 한번씩만 실행될 것을 보장받습니다.

- 토큰 추출 및 검증
  - Authorization 헤더에서 JWT를 추출합니다.
  - 토큰이 "Bearer "로 시작하는지 확인하고, 접두사를 제거하여 실제 토큰 값을 얻습니다.
  - JwtUtil을 사용하여 토큰에서 사용자명을 추출하고, 토큰의 유효성을 검증합니다.

- SecurityContext 설정
  - 유효한 토큰인 경우 UsernamePasswordAuthenticationToken을 생성하여 SecurityContextHolder에 설정함으로써 인증된 사용자로 처리됩니다.
  - 이로써 애플리케이션 내에서 인증 정보를 사용할 수 있게 됩니다.

- 예외 처리
  - 토큰이 없거나 유효하지 않은 경우, 예외를 로깅하고 필터 체인을 계속 진행합니다.
  - 만료된 토큰이나 잘못된 토큰에 대한 예외를 처리합니다.
- 로그 메시지: 디버깅과 모니터링 용도로 로그를 통해 토큰 검증 과정에서 발생하는 이벤트를 기록합니다.

다음 코드를 참조하여 JwtRequestFilter를 작성하세요.

minilog-jpa-with-auth/src/main/java/com/asdf/minilog/security/JwtRequestFilter.java

```
01  package com.asdf.minilog.security;
02
03  import io.jsonwebtoken.ExpiredJwtException;
04  import java.io.IOException;
05  import org.slf4j.Logger;
06  import org.slf4j.LoggerFactory;
07  import org.springframework.beans.factory.annotation.Autowired;
08  import org.springframework.security.authentication.UsernamePasswordAuthentication
        Token;
09  import org.springframework.security.core.context.SecurityContextHolder;
10  import org.springframework.security.core.userdetails.UserDetails;
11  import org.springframework.security.core.userdetails.UserDetailsService;
12  import org.springframework.security.web.authentication.
        WebAuthenticationDetailsSource;
13  import org.springframework.stereotype.Component;
14  import org.springframework.web.filter.OncePerRequestFilter;
15
16  @Component
17  public class JwtRequestFilter extends OncePerRequestFilter {
18      private static final Logger logger = LoggerFactory.getLogger(
            JwtRequestFilter.class);
19
20      @Autowired private UserDetailsService jwtUserDetailsService;
21
22      @Autowired private JwtUtil jwtTokenUtil;
```

```
23
24      @Override
25      protected void doFilterInternal(
26              jakarta.servlet.http.HttpServletRequest request,
27              jakarta.servlet.http.HttpServletResponse response,
28              jakarta.servlet.FilterChain filterChain)
29              throws jakarta.servlet.ServletException, IOException {
30
31          String requestTokenHeader = request.getHeader("Authorization");
32          String username = null;
33          String jwt = null;
34
35          if (requestTokenHeader != null && requestTokenHeader.startsWith(
                    "Bearer ")) {
36              jwt = requestTokenHeader.substring(7);
37              try {
38                  username = jwtTokenUtil.getUsernameFromToken(jwt);
39              } catch (IllegalArgumentException e) {
40                  logger.error("Unable to get JWT", e);
41              } catch (ExpiredJwtException e) {
42                  logger.warn("JWT has expired", e);
43              }
44          } else {
45              logger.warn("JWT does not begin with Bearer String");
46          }
47
48          if (username != null && SecurityContextHolder.getContext().
                    getAuthentication() == null) {
49              UserDetails userDetails = this.jwtUserDetailsService.
                    loadUserByUsername(username);
50
51              if (jwtTokenUtil.validateToken(jwt, userDetails)) {
52                  UsernamePasswordAuthenticationToken
                        usernamePasswordAuthenticationToken =
53                      new UsernamePasswordAuthenticationToken(
```

```
54                        userDetails, null, userDetails.getAuthorities());
55
56                usernamePasswordAuthenticationToken.setDetails(
57                    new WebAuthenticationDetailsSource().buildDetails(request));
58
59                SecurityContextHolder.getContext().setAuthentication(
                        usernamePasswordAuthenticationToken);
60            } else {
61                logger.warn("JWT is not valid");
62            }
63        }
64        filterChain.doFilter(request, response);
65    }
66 }
```

JwtAuthenticationEntryPoint

JwtAuthenticationEntryPoint 클래스는 인증이 필요한 엔드포인트에 비인증 상태로 접근할 때 발생하는 예외를 처리합니다. 스프링 시큐리티에서 제공하는 AuthenticationEntryPoint 인터페이스를 구현하여 인증 오류에 대한 응답을 커스터마이징합니다. AuthenticationEntryPoint는 스프링 시큐리티에서 '인증되지 않은 사용자가 보호된 리소스에 접근했을 때, 인증 절차를 어떻게 시작할 것인지'를 정의하는 인터페이스입니다.

즉, 인증이 필요한 요청이 인증 없이 들어왔을 때 가장 먼저 호출되는 **진입점**entry point입니다. JwtAuthenticationEntryPoint 클래스에서 주목할 부분은 다음과 같습니다.

- commence 메서드 구현:
    - commence는 영어로 "개시하다"라는 뜻이 있습니다. 인증 절차를 개시하는 메서드라고 생각하면 이해가 쉽습니다.
    - 인증 예외 발생 시 호출되며, HTTP 상태 코드 401(Unauthorized)와 함께 JSON 형식의 에러 메시지를 응답으로 보냅니다.
    - response.setStatus(HttpServletResponse.SC_UNAUTHORIZED)를 통해 상태 코드를 설정합니다.

- 에러 메시지 설정:
    - Map을 사용하여 응답 본문에 포함할 데이터를 구성합니다.
    - ObjectMapper를 사용하여 맵을 JSON 문자열로 변환합니다.
- Content-Type 설정:
    - response.setContentType("application/json")를 통해 응답의 콘텐츠 타입을 JSON으로 지정합니다.
    - 클라이언트가 JSON 형식의 에러 메시지를 적절히 처리할 수 있도록 합니다.

다음 코드를 참조하여 JwtAuthenticationEntryPoint를 작성하세요.

minilog-jpa-with-auth/src/main/java/com/asdf/minilog/security/JwtAuthenticationEntryPoint.java

```
01  package com.asdf.minilog.security;
02
03  import com.fasterxml.jackson.databind.ObjectMapper;
04  import jakarta.servlet.ServletException;
05  import jakarta.servlet.http.HttpServletResponse;
06  import java.io.IOException;
07  import java.util.HashMap;
08  import java.util.Map;
09  import org.springframework.security.core.AuthenticationException;
10  import org.springframework.security.web.AuthenticationEntryPoint;
11  import org.springframework.stereotype.Component;
12
13  @Component
14  public class JwtAuthenticationEntryPoint implements AuthenticationEntryPoint {
15
16      @Override
17      public void commence(
18              jakarta.servlet.http.HttpServletRequest request,
19              jakarta.servlet.http.HttpServletResponse response,
20              AuthenticationException authException)
21              throws IOException, ServletException {
22          response.setStatus(HttpServletResponse.SC_UNAUTHORIZED);
23          response.setContentType("application/json");
24
```

```
25          Map<String, String> responseBody = new HashMap<>();
26          responseBody.put("message", "Unauthorized");
27
28          ObjectMapper objectMapper = new ObjectMapper();
29          String jsonResponse = objectMapper.writeValueAsString(responseBody);
30
31          response.getWriter().write(jsonResponse);
32      }
33  }
```

AuthenticationController

AuthenticationController 클래스는 클라이언트의 인증 요청을 처리하는 REST 컨트롤러입니다. 로그인 요청을 받아서 사용자를 인증하고, 성공 시 JWT를 발급하여 클라이언트에게 반환합니다. AuthenticationController 컨트롤러의 구현에서 주목해야 하는 부분은 다음과 같습니다.

- 엔드포인트 설정:
  - @RestController와 @RequestMapping("/api/v2/auth")를 사용하여 컨트롤러와 기본 URL을 설정합니다.
  - /login 엔드포인트는 @PostMapping("/login")으로 매핑되어 있습니다.
- 의존성 주입:
  - AuthenticationManager, JwtUtil, UserDetailsService, UserService를 생성자를 통해 주입받습니다.
- 인증 처리:
  - authenticationManager.authenticate를 사용하여 사용자명과 비밀번호로 인증을 시도합니다.
  - 인증이 성공하면 UserDetailsService를 통해 사용자 세부 정보를 로드합니다.
- JWT 생성 및 반환:
  - JwtUtil의 generateToken 메서드를 사용하여 JWT를 생성합니다.
  - 생성된 토큰은 AuthenticationResponse 객체에 담겨 클라이언트에게 반환됩니다.
- 예외 처리:
  - BadCredentialsException을 캐치하여 인증 실패 시 401 Unauthorized 상태와 함께 에러 메시지를 반환합니다.
  - 기타 예외는 500 Internal Server Error로 처리하여 예상치 못한 오류를 클라이언트에게 알립니다.

- 응답 구조:
    - 성공적인 인증 시 JWT를 포함한 응답을 반환하여 클라이언트가 이후 요청에 이 토큰을 사용할 수 있도록 합니다.

다음 코드를 참조하여 AuthenticationController를 작성하세요.

minilog-jpa-with-auth/src/main/java/com/asdf/minilog/controller/AuthenticationController.java

```
01  package com.asdf.minilog.controller;
02
03  import com.asdf.minilog.dto.AuthenticationRequestDto;
04  import com.asdf.minilog.dto.AuthenticationResponseDto;
05  import com.asdf.minilog.dto.UserResponseDto;
06  import com.asdf.minilog.security.JwtUtil;
07  import com.asdf.minilog.service.UserService;
08  import org.slf4j.Logger;
09  import org.slf4j.LoggerFactory;
10  import org.springframework.beans.factory.annotation.Autowired;
11  import org.springframework.http.HttpStatus;
12  import org.springframework.http.ResponseEntity;
13  import org.springframework.security.authentication.AuthenticationManager;
14  import org.springframework.security.authentication.BadCredentialsException;
15  import org.springframework.security.authentication.
        UsernamePasswordAuthenticationToken;
16  import org.springframework.security.core.userdetails.UserDetails;
17  import org.springframework.security.core.userdetails.UserDetailsService;
18  import org.springframework.web.bind.annotation.*;
19
20  @RestController
21  @RequestMapping("/api/v2/auth")
22  public class AuthenticationController {
23      private static final Logger logger =
            LoggerFactory.getLogger(AuthenticationController.class);
24
25      private AuthenticationManager authenticationManager;
26      private JwtUtil jwtTokenUtil;
```

```java
27      private UserDetailsService userDetailService;
28      private UserService userService;
29
30      @Autowired
31      public AuthenticationController(
32              AuthenticationManager authenticationManager,
33              JwtUtil jwtTokenUtil,
34              UserDetailsService userDetailService,
35              UserService userService) {
36          this.authenticationManager = authenticationManager;
37          this.jwtTokenUtil = jwtTokenUtil;
38          this.userDetailService = userDetailService;
39          this.userService = userService;
40      }
41
42      @PostMapping("/login")
43      public ResponseEntity<?> createAuthenticationToken(
44              @RequestBody AuthenticationRequestDto authRequest) {
45          try {
46              authenticationManager.authenticate(
47                  new UsernamePasswordAuthenticationToken(
48                      authRequest.getUsername(), authRequest.getPassword()));
49              UserDetails userDetails = userDetailService.loadUserByUsername(
50                      authRequest.getUsername());
51              UserResponseDto userResponseDto =
52                      userService.getUserByUsername(userDetails.getUsername());
53              return ResponseEntity.ok(
54                  AuthenticationResponseDto.builder()
55                      .jwt(jwtTokenUtil.generateToken(userDetails,
56                          userResponseDto.getId()))
57                      .build());
58
59          } catch (BadCredentialsException e) {
60              logger.error("Authentication failed: {}", e.getMessage());
61              return ResponseEntity.status(HttpStatus.UNAUTHORIZED).body(
62                      "Invalid credentials");
```

```
59          } catch (Exception e) {
60              return ResponseEntity.status(HttpStatus.INTERNAL_SERVER_ERROR)
61                  .body("An error occurred during authentication");
62          }
63      }
64  }
```

PasswordEncoder, AuthenticationManager, SecurityFilterChain 빈 설정하기

스프링 시큐리티의 PasswordEncoder, AuthenticationManager, SecurityFilterChain는 각각 사용자 암호를 인코딩하고, 자격 증명을 검증하며, 보안 정책을 설정하는 역할을 합니다. 이번 섹션에서는 SecurityConfig 클래스를 통해 이들 빈을 등록하겠습니다.

다음 코드를 작성하세요. 코드에 대한 설명은 다소 길기 때문에 코드 다음 부분에 추가하였습니다.

minilog-jpa-with-auth/src/main/java/com/asdf/minilog/config/SecurityConfig.java

```
01  package com.asdf.minilog.config;
02
03  import com.asdf.minilog.security.JwtAuthenticationEntryPoint;
04  import com.asdf.minilog.security.JwtRequestFilter;
05  import org.springframework.beans.factory.annotation.Autowired;
06  import org.springframework.context.annotation.Bean;
07  import org.springframework.context.annotation.Configuration;
08  import org.springframework.http.HttpMethod;
09  import org.springframework.security.authentication.AuthenticationManager;
10  import org.springframework.security.config.annotation.authentication.
        configuration.AuthenticationConfiguration;
11  import org.springframework.security.config.annotation.method.configuration.
        EnableMethodSecurity;
12  import org.springframework.security.config.annotation.web.builders.HttpSecurity;
13  import org.springframework.security.config.annotation.web.configuration.
        EnableWebSecurity;
```

```java
14  import org.springframework.security.config.annotation.web.configurers.
        AbstractHttpConfigurer;
15  import org.springframework.security.config.http.SessionCreationPolicy;
16  import org.springframework.security.crypto.bcrypt.BCryptPasswordEncoder;
17  import org.springframework.security.crypto.password.PasswordEncoder;
18  import org.springframework.security.web.SecurityFilterChain;
19  import org.springframework.security.web.authentication.
        UsernamePasswordAuthenticationFilter;
20
21  @Configuration
22  @EnableWebSecurity
23  @EnableMethodSecurity(prePostEnabled = true)
24  public class SecurityConfig {
25
26      private JwtAuthenticationEntryPoint jwtAuthenticationEntryPoint;
27      private JwtRequestFilter jwtRequestFilter;
28
29      @Autowired
30      public SecurityConfig(
31              JwtAuthenticationEntryPoint jwtAuthenticationEntryPoint,
                JwtRequestFilter jwtRequestFilter) {
32          this.jwtAuthenticationEntryPoint = jwtAuthenticationEntryPoint;
33          this.jwtRequestFilter = jwtRequestFilter;
34      }
35
36      @Bean
37      public PasswordEncoder passwordEncoder() {
38          return new BCryptPasswordEncoder();
39      }
40
41      @Bean
42      public AuthenticationManager authenticationManagerBean(
                AuthenticationConfiguration configuration)
43              throws Exception {
44          return configuration.getAuthenticationManager();
```

```
45      }
46
47      @Bean
48      public SecurityFilterChain filterChain(HttpSecurity httpSecurity) throws
        Exception {
49          httpSecurity
50              .csrf(AbstractHttpConfigurer::disable)
51              .authorizeHttpRequests(
52                  (requests) ->
53                      requests
54                          .requestMatchers("/api/v2/auth/login", "/swagger-ui/**",
                                "/v3/api-docs/**")
55                          .permitAll()
56                          // 사용자 생성, 조회는 인증 없이 가능
57                          .requestMatchers(HttpMethod.POST, "/api/v2/user")
58                          .permitAll()
59                          .requestMatchers(HttpMethod.GET, "/api/v2/user/{userId}")
60                          .permitAll()
61                          // 사용자 삭제는 ADMIN 권한이 필요
62                          .requestMatchers(HttpMethod.DELETE, "/api/v2/user/
                                {userId}")
63                          .hasRole("ADMIN")
64                          .anyRequest()
65                          .authenticated())
66              .exceptionHandling(
67                  exceptionHandling ->
68                      exceptionHandling.authenticationEntryPoint(
                            jwtAuthenticationEntryPoint))
69              .sessionManagement(
70                  sessionManagement ->
71                      sessionManagement.sessionCreationPolicy(
                            SessionCreationPolicy.STATELESS));
72          httpSecurity.addFilterBefore(jwtRequestFilter,
                UsernamePasswordAuthenticationFilter.class);
73          return httpSecurity.build();
```

```
74      }
75    }
```

위 코드를 순서대로 하나씩 살펴보겠습니다.

@Configuration과 @EnableWebSecurity 애노테이션

- @Configuration은 애플리케이션 컨텍스트에 빈을 등록하고 관리하는 역할을 하므로, SecurityConfig처럼 빈을 등록하는 설정 클래스를 정의할 때는 반드시 해당 애노테이션을 사용해야 합니다.

- @EnableWebSecurity는 웹 보안을 활성화하고 스프링 시큐리티의 기본 설정을 적용합니다. Spring Boot 2.7 이후부터 WebSecurityConfigurerAdapter가 폐기되었기 때문에, 새로운 보안 설정을 적용하기 위해서는 이 애노테이션을 명시해줘야 합니다.

의존성 주입(SecurityConfig 생성자)

- 이전 단계에서 작성한 JwtAuthenticationEntryPoint와 JwtRequestFilter를 생성자를 통해 주입받습니다.

- JwtAuthenticationEntryPoint는 인증 실패를 어떻게 처리할 지에 대한 로직을 정의하고, JwtRequestFilter는 요청을 가로채어 JWT를 검증합니다.

PasswordEncoder 빈 설정(passwordEncoder 메서드)

- PasswordEncoder 빈은 사용자의 비밀번호를 안전하게 암호화하고 검증하기 위한 컴포넌트입니다. 이 빈은 UserDetailsService의 구현체(MinilogUserDetailsService)와 AuthenticationManager가 사용자의 비밀번호를 저장하거나 로그인 시 비교할 때 사용됩니다. 스프링 시큐리티에서는 비밀번호를 평문으로 저장하거나 비교하지 않기 때문에, 항상 PasswordEncoder를 빈으로 등록해 사용해야 합니다. 이 빈을 등록하지 않으면 인증 과정에서 No PasswordEncoder mapped for the id 예외가 발생합니다.

- passwordEncoder( ) 메서드는 BCryptPasswordEncoder를 사용하여 강력한 해시 함수를 제공합니다. BCryptPasswordEncoder는 비밀번호를 단방향 해시 함수로 암호화하며, 같은 비밀번호라도 매번 다른 해시 값을 생성하기 때문에 무차별 대입 공격이나 무작위 해시 대조 공격에 강력한 보안성을 제공합니다.

AuthenticationManager 빈 설정 (authenticationManagerBean 메서드)

- AuthenticationManager는 스프링 시큐리티의 인증 과정을 총괄하는 핵심 인터페이스입니다. 사용자의 자격 증명(username과 password 등)을 확인하여 이를 기반으로 사용자가 애플리케이션에 접근할 수 있는지 여부를 결정합니다.
- SecurityConfig에서는 authenticationManagerBean() 메서드를 통해 해당 빈을 생성합니다. 우리는 AuthenticationConfiguration을 통해 기본적으로 제공되는 DaoAuthenticationProvider를 사용하는데, DaoAuthenticationProvider는 UserDetailsService를 통해 사용자 정보를 로딩하고 PasswordEncoder를 사용하여 비밀번호를 검증합니다.

SecurityFilterChain 빈 설정 (filterChain 메서드)

- SecurityFilterChain 빈은 여러 보안 필터로 구성된 **시큐리티 필터 체인**(Security Filter Chain)을 정의하며, HTTP 요청이 들어오면 이 필터 체인을 통해 인증 및 인가 절차가 순차적으로 수행됩니다.
- SecurityConfig에서는 filterChain() 메서드를 통해 해당 빈을 설정합니다.
- CSRF 보호 비활성화
    - CSRF(AbstractHttpConfigurer::disable)를 통해 CSRF 보호를 비활성화합니다.
    - REST API는 일반적으로 세션 기반이 아니며, CSRF 토큰을 사용하는 폼 요청이 없기 때문에 CSRF 공격의 노출 가능성이 낮습니다. 따라서 CSRF 보호 기능을 비활성화합니다.
- 요청 인증 설정
    - /api/v2/auth/login, /swagger-ui/**, /v3/api-docs/** 엔드포인트는 인증 없이 접근할 수 있도록 합니다.
    - 사용자 생성 및 조회 역시 인증 없이 가능하도록 허용합니다:
      - POST /api/v2/user (사용자 생성)과 GET /api/v2/user/{userId} (사용자 조회)는 인증 없이 접근 가능하도록 허용합니다.
    - 사용자 삭제 제한:
      - DELETE /api/v2/user/{userId}는 ADMIN 역할을 가진 사용자만 접근할 수 있도록 제한합니다.
- 기타 요청 인증 필요
    - anyRequest().authenticated()를 통해 나머지 모든 요청은 인증된 사용자만 접근할 수 있도록 설정합니다.
- 예외 처리 설정
    - exceptionHandling()을 통해 인증 실패 시 JwtAuthenticationEntryPoint를 사용하여 처리하도록 설정합니다. 인증되지 않은 사용자가 보호된 리소스에 접근하려면 JwtAuthenticationEntryPoint가 호출되어 401 Unauthorized 또는 403 Forbidden 응답을 반환합니다.

- 세션 관리 설정
  - JWT를 사용하는 경우 서버 측 세션이 필요 없기 때문에, sessionManagement()에서 SessionCreationPolicy.STATELESS를 설정하여 서버가 세션을 생성하거나 유지하지 않도록 합니다.
- JWT 필터 추가
  - httpSecurity.addFilterBefore(jwtRequestFilter, UsernamePasswordAuthenticationFilter.class);를 통해 JWT 기반 인증jwtRequestFilter을 기존 인증 필터UsernamePasswordAuthenticationFilter보다 앞에서 수행하도록 설정합니다. 이렇게 하면 요청 헤더의 토큰 검증이 먼저 이루어지고, 유효한 토큰의 경우 사용자 정보가 SecurityContext에 설정되어 컨트롤러 접근 시 인증된 사용자로 인식됩니다.

NotAuthorizedException 예외 클래스 추가하기

인증에 실패했을 때 사용할 NotAuthorizedException를 추가하겠습니다. 다음과 같이 NotAuthorizedException.java를 작성하세요.

```
minilog-jpa-with-auth/src/main/java/com/asdf/minilog/exception/NotAuthorizedException.java
01  package com.asdf.minilog.exception;
02
03  public class NotAuthorizedException extends RuntimeException {
04      public NotAuthorizedException(String message) {
05          super(message);
06      }
07  }
```

엔티티, DTO 수정하기

이제 기존의 minilog 엔티티와 DTO를 수정해 보겠습니다. 변경해야 할 엔티티는 User 하나뿐입니다.

User 엔티티 수정하기

이번 변경의 목적은 역할Role 필드를 추가하고, 평문으로 저장하던 비밀번호를 자동으로 암호화하여 저장하도록 하여 보안성을 높이는 데 있습니다. 주요 변경 사항은 다음 세 가지입니다.

1. roles 필드 도입

- roles 필드는 사용자의 권한 정보를 저장하기 위해 새롭게 추가되었습니다.
- @ElementCollection(fetch = FetchType.EAGER)와 @Enumerated(EnumType.STRING) 애노테이션을 사용하여, 역할 정보를 데이터베이스의 user_roles 테이블에 문자열로 저장하고 즉시 로드할 수 있도록 설정하였습니다.

2. PasswordEncoder의 적용

- 사용자 비밀번호를 안전하게 저장하기 위해 JWT 인증에 BCryptPasswordEncoder를 사용하여 비밀번호를 암호화하는 방식이 적용되었습니다.
- PasswordEncoder는 User 클래스에서 정적 필드로 선언되어, 모든 비밀번호 설정 로직에서 일관되게 사용됩니다.
- 비밀번호 설정 로직(setPassword() 메서드와 빌더 패턴 내 password() 메서드)에서는 항상 passwordEncoder를 통해 비밀번호를 해시한 후 저장하도록 변경되었습니다. 사용자 비밀번호를 안전하게 보호하고, 인증 과정에서 해싱된 비밀번호와 비교하기 위함입니다.

3. lombok.Builder 애노테이션 제거 및 UserBuilder 클래스 직접 구현

- User 엔티티에서 @Builder 애노테이션을 제거하고, 사용자 정의 빌더 클래스 UserBuilder를 직접 구현합니다. 이렇게 수정하는 이유는 빌더 패턴 내에서 사용자 정의 로직을 수행할 수 있도록 하기 위함입니다.
- Lombok의 @Builder는 편리하지만, 각 필드를 단순히 할당하는 수준만 지원하기 때문에 비밀번호 암호화 Password Encoding와 같은 커스텀 로직을 추가하기 어렵습니다. 다소 번거롭더라도 UserBuilder를 직접 구현하면, password 필드를 설정할 때 PasswordEncoder를 사용하여 비밀번호를 자동으로 암호화하도록 제어할 수 있습니다.
- 이 변경을 통해 새로운 사용자를 생성할 때 평문 비밀번호를 직접 다루지 않고, UserBuilder가 내부적으로 passwordEncoder.encode(password)를 호출하여 안전하게 해시된 값으로 변환할 수 있게 됩니다.

다음 코드를 참조하여 User.java를 수정하세요. 이전과 달라진 부분은 배경색으로 강조하였습니다.

minilog-jpa-with-auth/src/main/java/com/asdf/minilog/entity/User.java

```
001 package com.asdf.minilog.entity;
002
003 import jakarta.persistence.CascadeType;
004 import jakarta.persistence.CollectionTable;
005 import jakarta.persistence.Column;
006 import jakarta.persistence.ElementCollection;
007 import jakarta.persistence.Entity;
008 import jakarta.persistence.EntityListeners;
009 import jakarta.persistence.EnumType;
010 import jakarta.persistence.Enumerated;
011 import jakarta.persistence.FetchType;
012 import jakarta.persistence.GeneratedValue;
013 import jakarta.persistence.GenerationType;
014 import jakarta.persistence.Id;
015 import jakarta.persistence.JoinColumn;
016 import jakarta.persistence.OneToMany;
017 import jakarta.persistence.Table;
018 import java.time.LocalDateTime;
019 import java.util.List;
020 import java.util.Set;
021 import lombok.AllArgsConstructor;         ········ import lombok.Builder; 삭제
022 import lombok.Data;
023 import lombok.NoArgsConstructor;
024 import org.springframework.data.annotation.CreatedDate;
025 import org.springframework.data.annotation.LastModifiedDate;
026 import org.springframework.data.jpa.domain.support.AuditingEntityListener;
027 import org.springframework.security.crypto.bcrypt.BCryptPasswordEncoder;
028 import org.springframework.security.crypto.password.PasswordEncoder;
029
030 @Entity
031 @Table(name = "users")
032 @Data         ········ @Builder 애노테이션 삭제
033 @NoArgsConstructor
034 @AllArgsConstructor
```

```
035    @EntityListeners(AuditingEntityListener.class)
036    public class User {
037
038        private static PasswordEncoder passwordEncoder = new BCryptPasswordEncoder();
039
040        @Id
041        @GeneratedValue(strategy = GenerationType.IDENTITY)
042        private Long id;
043
044        @Column(nullable = false, unique = true)
045        private String username;
046
047        @Column(nullable = false)
048        private String password;
049
050        @CreatedDate
051        @Column(name = "created_at", nullable = false, updatable = false)
052        private LocalDateTime createdAt;
053
054        @LastModifiedDate
055        @Column(name = "updated_at", nullable = false)
056        private LocalDateTime updatedAt;
057
058        @ElementCollection(fetch = FetchType.EAGER)
059        @CollectionTable(name = "user_roles", joinColumns = @JoinColumn
               (name = "user_id"))
060        @Enumerated(EnumType.STRING)
061        @Column(name = "role")
062        private Set<Role> roles;
063
064        @OneToMany(
065                mappedBy = "author",
066                cascade = CascadeType.ALL,
067                orphanRemoval = true,
068                fetch = FetchType.LAZY)
```

> 해당 'role' 컬럼은 user_roles 테이블에 생성됩니다.

```java
069    private List<Article> articles;
070
071    public static UserBuilder builder() {
072        return new UserBuilder();
073    }
074
075    public void setPassword(String password) {
076        this.password = passwordEncoder.encode(password);
077    }
078
079    public static class UserBuilder {
080        private Long id;
081        private String username;
082        private String password;
083        private LocalDateTime createdAt;
084        private LocalDateTime updatedAt;
085        private List<Article> articles;
086        private static PasswordEncoder passwordEncoder = User.passwordEncoder;
087        private Set<Role> roles;
088
089        public UserBuilder id(Long id) {
090            this.id = id;
091            return this;
092        }
093
094        public UserBuilder username(String username) {
095            this.username = username;
096            return this;
097        }
098
099        public UserBuilder password(String password) {
100            this.password = passwordEncoder.encode(password);
101            return this;
102        }
103
```

```java
104        public UserBuilder createdAt(LocalDateTime createdAt) {
105            this.createdAt = createdAt;
106            return this;
107        }
108
109        public UserBuilder updatedAt(LocalDateTime updatedAt) {
110            this.updatedAt = updatedAt;
111            return this;
112        }
113
114        public UserBuilder articles(List<Article> articles) {
115            this.articles = articles;
116            return this;
117        }
118
119        public UserBuilder roles(Set<Role> roles) {
120            this.roles = roles;
121            return this;
122        }
123
124        public User build() {
125            User user = new User();
126            user.id = this.id;
127            user.username = this.username;
128            user.password = this.password;
129            user.createdAt = this.createdAt;
130            user.updatedAt = this.updatedAt;
131            user.articles = this.articles;
132            user.roles = this.roles;
133            return user;
134        }
135    }
136 }
```

DTO 클래스 추가 및 수정하기

우리는 JwtUtil 클래스에서 generateToken() 메서드를 구현할 때 JWT에 userId를 포함하도록 변경했습니다. 따라서 인증된 사용자는 요청 시 포함된 JWT 안에 userId를 제공하게 됩니다. 이 변경으로 인해 기존의 DTO에서 userId 필드를 제거하거나 더 이상 사용되지 않음을 명시할 수 있습니다. 이번 섹션에서는 변경사항이 반영된 DTO 클래스들을 수정하고, 새롭게 인증 요청 및 응답에 사용될 DTO를 추가합니다.

ArticleRequestDto 수정하기

ArticleRequestDto에서 authorId 필드는 더 이상 사용되지 않으므로 @Deprecated 애노테이션을 사용해 비활성화를 명시하고, 대신 JWT에서 userId를 추출하는 방식으로 처리합니다. 또한 @Schema 애노테이션을 이용하여 Swagger 문서에서도 해당 필드가 더 이상 사용되지 않음을 확인할 수 있게 합니다.

수정된 ArticleRequestDto는 다음과 같습니다. 변경된 내용은 배경색으로 강조했습니다.

```
minilog-jpa-with-auth/src/main/java/com/asdf/minilog/dto/ArticleResquestDto.java
01  package com.asdf.minilog.dto;
02
03  import io.swagger.v3.oas.annotations.media.Schema;
04  import lombok.Builder;
05  import lombok.Data;
06  import lombok.NonNull;
07
08  @Data
09  @Builder
10  public class ArticleRequestDto {
11      @NonNull private String content;
12
13      @Deprecated(since = "2.0", forRemoval = true)
14      @Schema(
15          description = "작성자 ID (이 필드는 더 이상 사용되지 않습니다.)",
16          example = "0",
```

```
17            required = true,
18            deprecated = true)
19    private Long authorId;
20 }
```

FollowRequestDto 수정하기

FollowRequestDto에서도 followerId 필드는 더 이상 사용되지 않습니다. @Deprecated 애노테이션을 이용하여 해당 필드가 더 이상 사용되지 않는다는 컴파일러 경고를 활성화하고, @Schema 애노테이션을 통해 Swagger 문서에 같은 내용을 명시합니다.

수정된 FollowRequestDto는 다음과 같습니다. 변경된 내용은 배경색으로 강조했습니다.

minilog-jpa-with-auth/src/main/java/com/asdf/minilog/dto/FollowRequestDto.java

```
01 package com.asdf.minilog.dto;
02
03 import io.swagger.v3.oas.annotations.media.Schema;
04 import lombok.Data;
05 import lombok.NonNull;
06
07 @Data
08 public class FollowRequestDto {
09
10     @Deprecated(since = "2.0", forRemoval = true)
11     @Schema(
12         description = "팔로워 ID (이 필드는 더 이상 사용되지 않습니다.)",
13         example = "0",
14         required = true,
15         deprecated = true)
16     private Long followerId;
17
18     @NonNull private Long followeeId;
19 }
```

AuthenticationRequestDto 작성하기

AuthenticationRequestDto는 클라이언트로부터 인증 요청을 수신할 때 사용됩니다. 다음 코드를 참조하여 프로젝트에 AuthenticationRequestDto 클래스를 추가하세요.

```
minilog-jpa-with-auth/src/main/java/com/asdf/minilog/dto/AuthenticationRequestDto.java
01  package com.asdf.minilog.dto;
02
03  import lombok.AllArgsConstructor;
04  import lombok.Data;
05  import lombok.NoArgsConstructor;
06
07  @Data
08  @NoArgsConstructor
09  @AllArgsConstructor
10  public class AuthenticationRequestDto {
11      private String username;
12      private String password;
13  }
```

AuthenticationResponseDto 작성하기

AuthenticationResponseDto는 인증 성공 후 JWT를 반환하기 위해 사용됩니다. 다음 코드를 참조하여 프로젝트에 AuthenticationResponseDto 클래스를 추가하세요.

```
minilog-jpa-with-auth/src/main/java/com/asdf/minilog/dto/AuthenticationResponseDto.java
01  package com.asdf.minilog.dto;
02
03  import lombok.Builder;
04  import lombok.Data;
05  import lombok.NonNull;
06
```

```
07  @Data
08  @Builder
09  public class AuthenticationResponseDto {
10      @NonNull private String jwt;
11  }
```

리포지토리 레이어 수정하기

리포지토리 레이어는 변경 사항이 없으므로, 해당 빈은 수정할 필요가 없습니다.

서비스 레이어 수정하기

서비스 레이어에서는 인증 및 권한 관리 기능 추가로 인해 UserService와 ArticleService의 변경이 필요합니다.

UserService 수정하기

UserService에서는 createUser()와 updateUser() 메서드를 수정하고, AuthenticationController의 createAuthenticationToken() 메서드에서 사용할 getUserByUsername()를 추가해야 합니다.

- **createUser( )**: 사용자 이름이 "admin"일 때는 ROLE_ADMIN 권한을 부여하도록 개선합니다.
- **updateUser( )**: 자신, 또는 ROLE_ADMIN 권한을 가진 사용자만 사용자 정보를 수정할 수 있도록 개선합니다.
- **getUserByUsername( )**: UserRepository의 findByUsername() 메서드의 결과를 DTO로 변환하여 반환합니다.

```
minilog-jpa-with-auth/src/main/java/com/asdf/minilog/service/UserService.java

001  package com.asdf.minilog.service;
002
003  import com.asdf.minilog.dto.UserRequestDto;
```

```
004 import com.asdf.minilog.dto.UserResponseDto;
005 import com.asdf.minilog.entity.Role;
006 import com.asdf.minilog.entity.User;
007 import com.asdf.minilog.exception.NotAuthorizedException;
008 import com.asdf.minilog.exception.UserNotFoundException;
009 import com.asdf.minilog.repository.UserRepository;
010 import com.asdf.minilog.security.MinilogUserDetails;
011 import com.asdf.minilog.util.EntityDtoMapper;
012 import java.util.HashSet;
013 import java.util.List;
014 import java.util.Optional;
015 import java.util.stream.Collectors;
016 import org.springframework.beans.factory.annotation.Autowired;
017 import org.springframework.stereotype.Service;
018 import org.springframework.transaction.annotation.Transactional;
019
020 @Service
021 @Transactional
022 public class UserService {
023
        // 중략

042
043     public UserResponseDto createUser(UserRequestDto userRequestDto) {
044         if (userRepository.findByUsername(userRequestDto.getUsername()).
                isPresent()) {
045             throw new IllegalArgumentException("이미 존재하는 사용자 이름입니다.");
046         }
047
048         // 사용자 생성 시 ROLE_USER 권한을 부여합니다.
049         HashSet<Role> roles = new HashSet<>();
050         roles.add(Role.ROLE_AUTHOR);
051
052         // 사용자 이름이 admin인 경우 ROLE_ADMIN 권한을 추가합니다.
```

```
053        // NOTE: 실제로는 이렇게 하면 안됩니다.
054        // 하드코딩한 부분은 예제의 단순화를 위한 것입니다.
055        if (userRequestDto.getUsername().equals("admin")) {
056            roles.add(Role.ROLE_ADMIN);
057        }
058
059        User savedUser =
060            userRepository.save(
061                User.builder()
062                    .username(userRequestDto.getUsername())
063                    .password(userRequestDto.getPassword())
064                    .roles(roles)
065                    .build());
066        return EntityDtoMapper.toDto(savedUser);
067    }
068
069    public UserResponseDto updateUser(
070        MinilogUserDetails userdetails, Long userId,
            UserRequestDto userRequestDto) {
071
072        if (!userdetails.getAuthorities().stream()
073                .anyMatch(authority -> authority.getAuthority().equals(
                    Role.ROLE_ADMIN.name()))
074            && !userdetails.getId().equals(userId)) {
075            throw new NotAuthorizedException("권한이 없습니다.");
076        }
077
    // 중략

103
104    public UserResponseDto getUserByUsername(String username) {
105        return userRepository
106            .findByUsername(username)
107            .map(EntityDtoMapper::toDto)
```

```
108            .orElseThrow(
109                () ->
110                    new UserNotFoundException(
111                        String.format("해당 이름(%s)을 가진 사용자를 찾을 수 없습니다.",
                                username)));
112    }
113 }
```

ArticleService 수정하기

5장에서 작성한 ArticleController는 작성자 ID나 이름을 입력받지 않았습니다. 하지만 우리는 이제 컨트롤러에서 JWT를 통해 작성자 본인의 ID를 얻을 수 있고, 이렇게 추출한 사용자 ID를 이용해서 본인 외에는 자신의 글을 수정하거나 삭제하지 못하도록 조치할 수 있습니다. 구체적으로 ArticleService의 다음 두 가지 메서드가 변경되어야 합니다.

- **deleteArticle( ):** authorId 매개변수를 입력받아 게시글의 작성자와 다른 경우 NotAuthorizedException을 던지도록 개선합니다.
- **updateArticle( ):** authorId 매개변수를 입력받아 게시글의 작성자와 다른 경우 NotAuthorizedException을 던지도록 개선합니다.

```
minilog-jpa-with-auth/src/main/java/com/asdf/minilog/service/ArticleService.java
01  package com.asdf.minilog.service;
02
03  import com.asdf.minilog.dto.ArticleResponseDto;
04  import com.asdf.minilog.entity.Article;
05  import com.asdf.minilog.entity.User;
06  import com.asdf.minilog.exception.ArticleNotFoundException;
07  import com.asdf.minilog.exception.NotAuthorizedException;
08  import com.asdf.minilog.exception.UserNotFoundException;

    // 중략
```

```
45
46      public void deleteArticle(Long authorId, Long articleId) {
47          Article article =
48          articleRepository
49              .findById(articleId)
50              .orElseThrow(
51                  () ->
52                      new ArticleNotFoundException(
53                          String.format("해당 아이디(%d)를 가진 게시글을 찾을 수 없습니다.",
                                articleId)));
54
55          if (!article.getAuthor().getId().equals(authorId)) {
56              throw new NotAuthorizedException("게시글 작성자만 삭제할 수 있습니다.");
57          }
58
59          articleRepository.deleteById(articleId);
60      }
61
62      public ArticleResponseDto updateArticle(Long authorId, Long articleId,
            String content) {
63          Article article =
64              articleRepository
65                  .findById(articleId)
66                  .orElseThrow(
67                      () ->
68                          new ArticleNotFoundException(
69                              String.format("해당 아이디(%d)를 가진 게시글을 찾을 수
                                    없습니다.", articleId)));
70
71          if (!article.getAuthor().getId().equals(authorId)) {
72              throw new NotAuthorizedException("게시글 작성자만 수정할 수 있습니다.");
73          }
74
// 후략
```

컨트롤러 레이어 수정하기

앞서 JWT 인증 기능을 추가함으로써, 이제 컨트롤러 레이어가 @AuthenticationPrincipal 애노테이션을 통해 인증된 사용자 정보를 가져올 수 있게 됐습니다. 기존에는 요청 DTO에서 사용자 정보를 전달받아야 했지만, 이제는 JWT에서 인증 정보를 추출하여 사용할 수 있게 된 것이죠. 이를 이용하여 각 컨트롤러의 엔드포인트의 보안을 강화하겠습니다.

UserController 빈 수정하기

UserController에서 변경할 메서드는 다음 두 가지입니다.

- **updateUser( ):** @AuthenticationPrincipal을 사용하여 JWT를 통해 인증된 사용자의 정보를 가져옵니다. MinilogUserDetails 객체로 인증된 사용자 정보를 주입받아 업데이트 작업에서 활용합니다.

- **deleteUser( ):** @PreAuthorize를 통해 관리자 권한(ADMIN)이 있는 사용자만 접근 가능하도록 설정했습니다. 우리는 이미 SecurityFilterChain에서 기본적인 기본적인 접근 제어를 설정했지만, deleteUser()의 예에서처럼 @PreAuthorize를 이용하면 메서드별로 세부적인 보안 설정을 추가할 수 있습니다.

> 🔍 **여기서 잠깐** @PreAuthorize가 필요한 경우
>
> SecurityFilterChain은 URL 패턴을 기반으로 동작하지만, 메서드 수준의 권한 제어를 적용하면 보다 세밀한 비즈니스 로직 기반의 접근 제어를 구현할 수 있습니다. 즉, 단순히 요청 경로별로 보안을 설정하는 것을 넘어, 서비스나 컨트롤러의 메서드에 직접 보안 규칙을 명시함으로써 권한 로직을 코드 안에서 구체적으로 정의할 수 있습니다. 메서드 수준 권한 제어는 복잡한 접근 조건이 필요한 경우 특히 유용합니다. 다음과 같이 SpEL^{Expression Language}을 이용하여 메서드 수준 권한 제어를 구현하면, 비즈니스 로직과 권한 검증을 함께 정의할 수 있습니다.
>
> ```
> @PreAuthorize("hasRole('ADMIN') or #user.id == authentication.principal.id")
> public ResponseEntity<Void> deleteUser( // ...
> ```

다음 코드를 참조하여 UserController를 수정하세요. 수정이 필요한 부분은 배경색으로 강조하였습니다.

minilog-jpa-with-auth/src/main/java/com/asdf/minilog/controller/UserController.java

```
01  package com.asdf.minilog.controller;
02
03  import com.asdf.minilog.dto.UserRequestDto;
04  import com.asdf.minilog.dto.UserResponseDto;
05  import com.asdf.minilog.security.MinilogUserDetails;
06  import com.asdf.minilog.service.UserService;
07  import io.swagger.v3.oas.annotations.Operation;
08  import io.swagger.v3.oas.annotations.responses.ApiResponse;
09  import io.swagger.v3.oas.annotations.responses.ApiResponses;
10  import java.util.Optional;
11  import org.springframework.beans.factory.annotation.Autowired;
12  import org.springframework.http.ResponseEntity;
13  import org.springframework.security.access.prepost.PreAuthorize;
14  import org.springframework.security.core.annotation.AuthenticationPrincipal;
15  import org.springframework.web.bind.annotation.*;
16
17  @RestController
18  @RequestMapping("/api/v2/user")
19  public class UserController {
20

    // 중략

53
54      @PutMapping("/{userId}")
55      @Operation(summary = "사용자 수정")
56      @ApiResponses({
57          @ApiResponse(responseCode = "200", description = "성공"),
58          @ApiResponse(responseCode = "404", description = "사용자 없음")
59      })
60      public ResponseEntity<UserResponseDto> updateUser(
```

```
61                @AuthenticationPrincipal MinilogUserDetails userDetails,
62                @PathVariable Long userId,
63                @RequestBody UserRequestDto updatedUser) {
64
65        UserResponseDto user = userService.updateUser(userDetails, userId,
              updatedUser);
66        return ResponseEntity.ok(user);
67    }
68
69    @DeleteMapping("/{userId}")
70    @PreAuthorize("hasRole('ADMIN')") // ADMIN 권한이 있을 때만 삭제 가능
71    @Operation(summary = "사용자 삭제")
72    @ApiResponses({
73        @ApiResponse(responseCode = "204", description = "성공"),
74    @ApiResponse(responseCode = "404", description = "사용자 없음")
75    })
76    public ResponseEntity<Void> deleteUser(@PathVariable Long userId) {
77        userService.deleteUser(userId);
78        return ResponseEntity.noContent().build();
79    }
80 }
```

ArticleController 빈 수정하기

ArticleController의 주요 변경사항은 다음과 같습니다.

- **createArticle():** 인증된 사용자 ID를 받아 각 사용자는 자신의 ID로만 게시글을 작성하도록 보장합니다.
- **updateArticle() 및 deleteArticle():** 인증된 사용자의 ID와 게시글의 작성자 ID를 대조하여 작성자 본인의 요청만 처리하도록 합니다.

다음 코드를 참조하여 ArticleController를 수정하세요. 수정이 필요한 부분은 배경색으로 강조하였습니다.

```
minilog-jpa-with-auth/src/main/java/com/asdf/minilog/controller/ArticleController.java
```

```java
01  package com.asdf.minilog.controller;
02
03  import com.asdf.minilog.dto.ArticleRequestDto;
04  import com.asdf.minilog.dto.ArticleResponseDto;
05  import com.asdf.minilog.security.MinilogUserDetails;
06  import com.asdf.minilog.service.ArticleService;
07  import io.swagger.v3.oas.annotations.Operation;
08  import io.swagger.v3.oas.annotations.responses.ApiResponse;
09  import io.swagger.v3.oas.annotations.responses.ApiResponses;
10  import java.util.List;
11  import org.springframework.beans.factory.annotation.Autowired;
12  import org.springframework.http.ResponseEntity;
13  import org.springframework.security.core.annotation.AuthenticationPrincipal;
14  import org.springframework.web.bind.annotation.*;
15
16  @RestController
17  @RequestMapping("/api/v2/article")
18  public class ArticleController {

    // 중략

27      @PostMapping
28      @Operation(summary = "포스트 생성")
29      @ApiResponses({
30          @ApiResponse(responseCode = "200", description = "성공"),
31          @ApiResponse(responseCode = "404", description = "사용자 없음")
32      })
33      public ResponseEntity<ArticleResponseDto> createArticle(
34          @AuthenticationPrincipal MinilogUserDetails userDetails,
35          @RequestBody ArticleRequestDto article) {
36          ArticleResponseDto createdArticle =
37              articleService.createArticle(article.getContent(),
                    userDetails.getId());
38          return ResponseEntity.ok(createdArticle);
```

```
39      }
40

    // 중략

51
52      @PutMapping("/{articleId}")
53      @Operation(summary = "포스트 수정")
54      @ApiResponses({
55          @ApiResponse(responseCode = "200", description = "성공"),
56          @ApiResponse(responseCode = "404", description = "포스트 없음")
57      })
58      public ResponseEntity<ArticleResponseDto> updateArticle(
59              @AuthenticationPrincipal MinilogUserDetails userDetails,
60              @PathVariable Long articleId,
61              @RequestBody ArticleRequestDto article) {
62          ArticleResponseDto updatedArticle =
63              articleService.updateArticle(userDetails.getId(), articleId,
                    article.getContent());
64          return ResponseEntity.ok(updatedArticle);
65      }
66
67      @DeleteMapping("/{articleId}")
68      @Operation(summary = "포스트 삭제")
69      @ApiResponses({
70          @ApiResponse(responseCode = "204", description = "삭제됨"),
71          @ApiResponse(responseCode = "404", description = "포스트 없음")
72      })
73      public ResponseEntity<Void> deleteArticle(
74          @AuthenticationPrincipal MinilogUserDetails userDetails,
            @PathVariable Long articleId) {
75          articleService.deleteArticle(userDetails.getId(), articleId);
76          return ResponseEntity.noContent().build();
77      }
78
    // 후략
```

FollowController 빈 수정하기

팔로우 및 언팔로우 요청에 대해서도 인증된 사용자 정보를 기반으로 작업을 수행도록 수정하겠습니다. 이전 버전에서는 단순히 요청 데이터를 통해 관계를 설정했으나, 이번 버전에서는 인증된 사용자만이 요청을 수행하도록 보장합니다. 주요 변경 사항은 다음과 같습니다.

- **Follow( )**: 인증된 사용자의 ID를 추출하여 팔로우 관계를 설정합니다.
- **Unfollow( )**: 동일한 방식으로 인증된 사용자의 ID를 사용하여 언팔로우를 처리합니다.

다음 코드를 참조하여 FollowController를 수정하세요. 수정이 필요한 부분은 배경색으로 강조하였습니다.

```
minilog-jpa-with-auth/src/main/java/com/asdf/minilog/controller/FollowController.java
01  package com.asdf.minilog.controller;
02
03  import com.asdf.minilog.dto.FollowRequestDto;
04  import com.asdf.minilog.dto.FollowResponseDto;
05  import com.asdf.minilog.security.MinilogUserDetails;
06  import com.asdf.minilog.service.FollowService;
07  import io.swagger.v3.oas.annotations.Operation;
08  import io.swagger.v3.oas.annotations.responses.ApiResponse;
09  import io.swagger.v3.oas.annotations.responses.ApiResponses;
10  import java.util.List;
11  import org.springframework.beans.factory.annotation.Autowired;
12  import org.springframework.http.ResponseEntity;
13  import org.springframework.security.core.annotation.AuthenticationPrincipal;
14  import org.springframework.web.bind.annotation.*;
15
16  @RestController
17  @RequestMapping("/api/v2/follow")
18  public class FollowController {
19
20      private final FollowService followService;
21
```

```java
22      @Autowired
23      public FollowController(FollowService followService) {
24          this.followService = followService;
25      }
26
27      @PostMapping
28      @Operation(summary = "팔로우")
29      @ApiResponses({
30          @ApiResponse(responseCode = "200", description = "성공"),
31          @ApiResponse(responseCode = "404", description = "사용자 없음")
32      })
33      public ResponseEntity<FollowResponseDto> follow(
34              @AuthenticationPrincipal MinilogUserDetails userDetails,
35              @RequestBody FollowRequestDto request) {
36          Long followerId = userDetails.getId();
37          Long followeeId = request.getFolloweeId();
38
39          FollowResponseDto follow = followService.follow(followerId, followeeId);
40          return ResponseEntity.ok(follow);
41      }
42
43      @DeleteMapping("/{followeeId}")
44      @Operation(summary = "언팔로우")           // Path에서 {followerId} 삭제
45      @ApiResponses({
46          @ApiResponse(responseCode = "200", description = "성공"),
47          @ApiResponse(responseCode = "404", description = "사용자 없음")
48      })
49      public ResponseEntity<Void> unfollow(
50              @AuthenticationPrincipal MinilogUserDetails userDetails,
                @PathVariable Long followeeId) {
51          followService.unfollow(userDetails.getId(), followeeId);
52          return ResponseEntity.ok().build();
53      }
54
// 후략
```

FeedController 빈 수정하기

FeedController는 이번 업데이트에서 특별한 변경 사항이 없습니다. 단, 다른 컨트롤러와의 일관성을 위해 엔드포인트를 /api/v2/feed로 수정했습니다.

```
minilog-jpa-with-auth/src/main/java/com/asdf/minilog/controller/FeedController.java
```

```
     // ... 생략
15
16   @RestController
17   @RequestMapping("/api/v2/feed")
18   public class FeedController {
19       private final ArticleService articleService;
     // ... 후략
```

빌드

WSL2 터미널을 열고 프로젝트 루트 디렉토리로 이동하여 다음 명령을 수행합니다.

```
gradle build
```

빌드가 성공한 뒤 모든 유닛 테스트 케이스의 결과가 다음과 같이 PASSED로 나타나야 합니다.

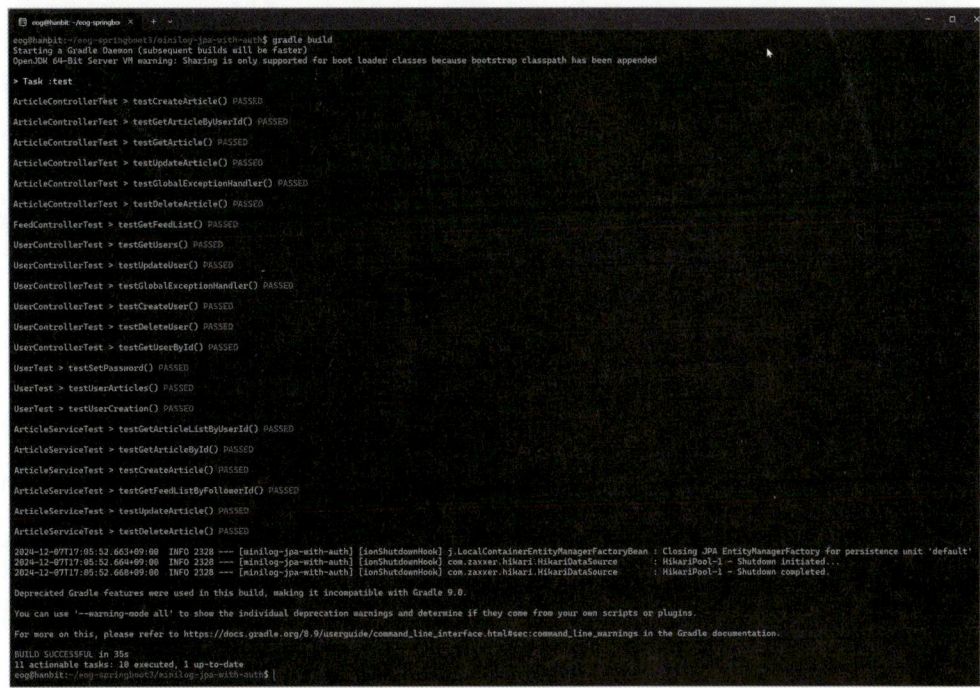

> 🔍 **여기서 잠깐** 유닛 테스트를 언제 작성했는데요?
>
> 지면을 절약하기 위해 이번 장의 유닛테스트는 온라인 예제 소스코드로만 제공합니다. 온라인 예제 소스코드를 다운로드 하여 minilog-jpa-with-auth 프로젝트의 유닛 테스트를 참고하세요.

6.4 실행 및 Swagger-UI를 이용한 API 테스트

프로젝트를 실행해서 테스트를 진행해 보겠습니다.

minlog-jpa-with-auth 실행

WSL2 터미널을 열고 프로젝트 루트 디렉토리로 이동하여 다음 명령을 수행합니다(도커 데스크탑을 이용해서 mysql-minilog가 실행 중인지 반드시 확인하세요).

```
gradle bootRun
```

다음은 정상적인 실행 예시입니다.

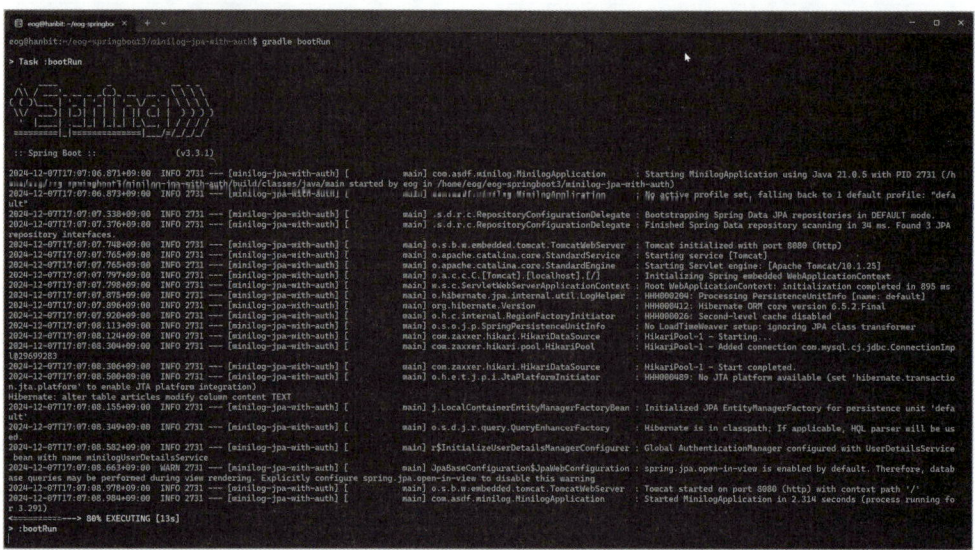

이제 브라우저를 실행하고 다음 주소에 접속하세요.

- http://localhost:8080/swagger-ui/index.html

다음과 같이 Swagger UI가 열렸나요? 다음 그림에서 보이는 것처럼, JWT를 입력하는 [Authorize] 버튼과 인증을 통해 JWT를 생성하는 /api/v2/auth/login 엔드포인트가 추가되었음을 볼 수 있을 것입니다.

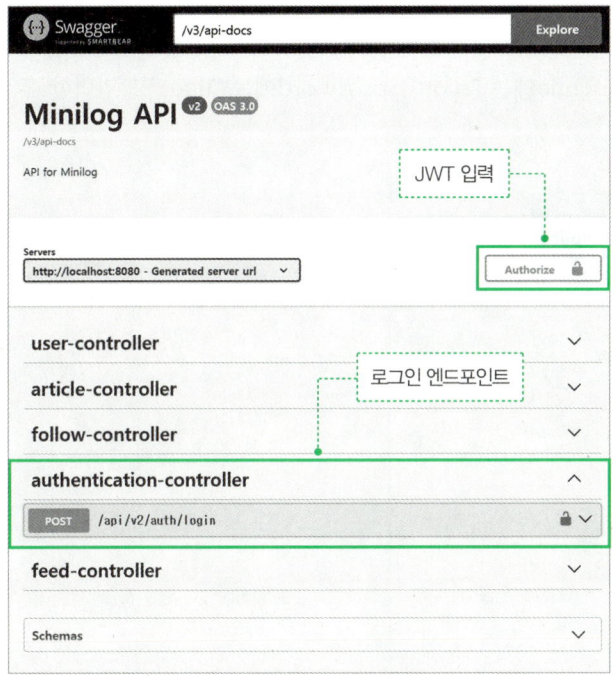

> 🔍 **여기서 잠깐** | **user 테이블의 기존 레코드는 삭제해 주세요.**
>
> 기존의 user 데이터는 비밀번호가 암호화 되어있지 않기 때문에 이 프로젝트에서는 사용할 수 없습니다. user 테이블의 기존 레코드는 삭제하고, 사용자를 새로 추가해서 테스트 하세요.

이제 신규 사용자를 추가하고, 인증을 수행한 뒤, 변경된 기능들을 테스트해 보겠습니다.

신규 사용자 추가

01 user-controller 항목의 POST /api/v2/user 섹션에서 [Try it out] 버튼을 클릭하세요.

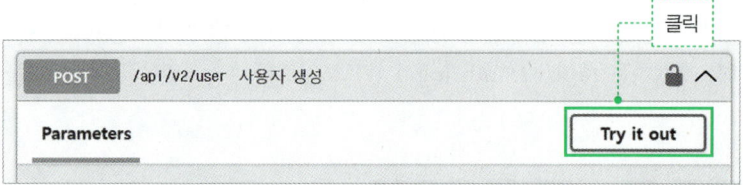

02 [Request Body] 섹션에서 username에는 "scott", password에는 "tiger"를 입력한 후, [Execute] 버튼을 클릭하세요.

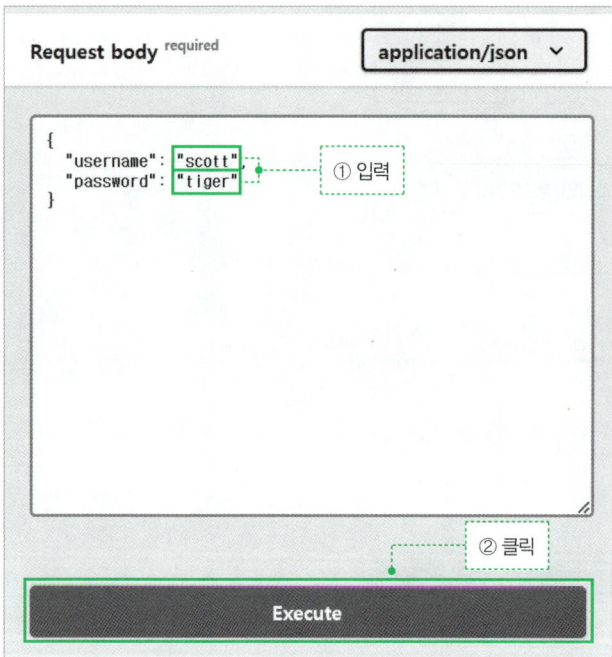

03 다음과 같이 200 응답 코드와 함께 Response Body가 반환되면 성공적으로 사용자가 생성된 것입니다. 여러분의 실행결과와 예시에 있는 Response Body의 Id는 다를 수 있습니다.

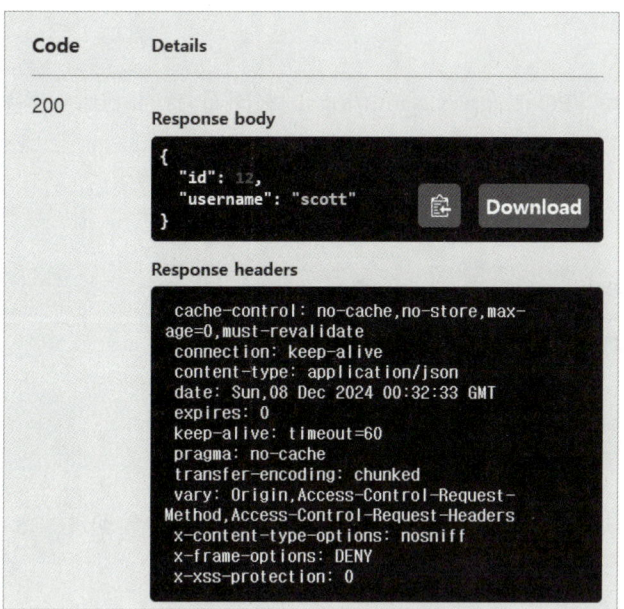

04 minilog_jpa 데이터베이스에 접속해서 users 테이블을 확인해보면 다음과 같이 비밀번호가 암호화되어 저장되어 있음을 확인할 수 있습니다.

```
mysql> select username, password from users;
+----------+--------------------------------------------------------------+
| username | password                                                     |
+----------+--------------------------------------------------------------+
| scott    | $2a$10$pBfn2iuQiw4hrn0LaIpzluFy6Gvjp2LDxfWWVxkI7Wy7ibpQcZjL6 |
+----------+--------------------------------------------------------------+
1 row in set (0.00 sec)
```

Minilog 로그인 및 Swagger UI 인증

앞서 생성한 scott 계정으로 로그인을 하여 JWT를 생성하고, 이 값을 Swagger UI에 입력하도록 하겠습니다. 다음 순서를 따라하세요.

01 authentication-controller 항목의 POST /api/v2/auth/login 섹션에서 [Try it out] 버튼을 클릭하세요.

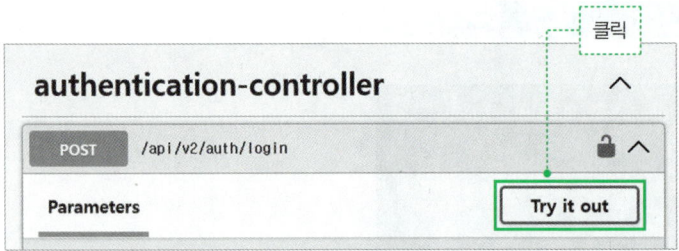

02 [Request Body] 섹션에서 username에는 "scott", password에는 "tiger"를 입력한 후, [Execute] 버튼을 클릭하세요.

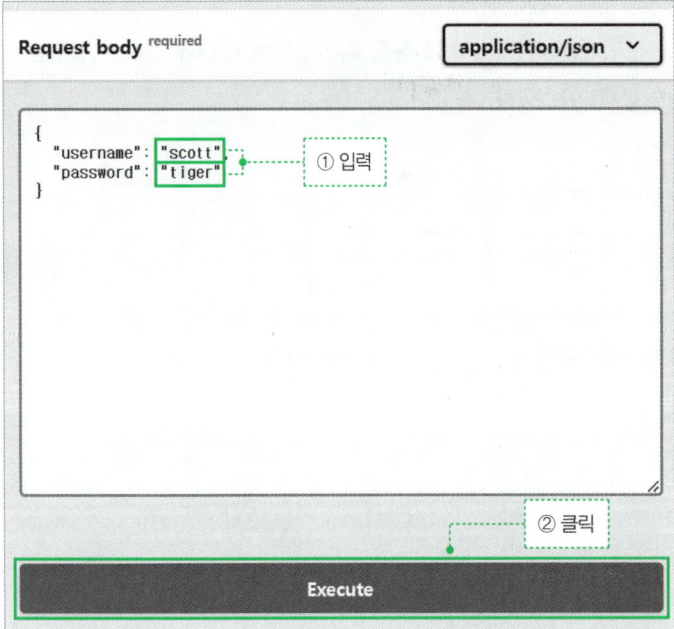

03 다음과 같이 200 응답 코드와 함께 Response Body가 반환되면 성공적으로 JWT가 생성된 것입니다. 여러분의 실행결과와 예시에 있는 Response Body의 jwt는 다를 수 있습니다.

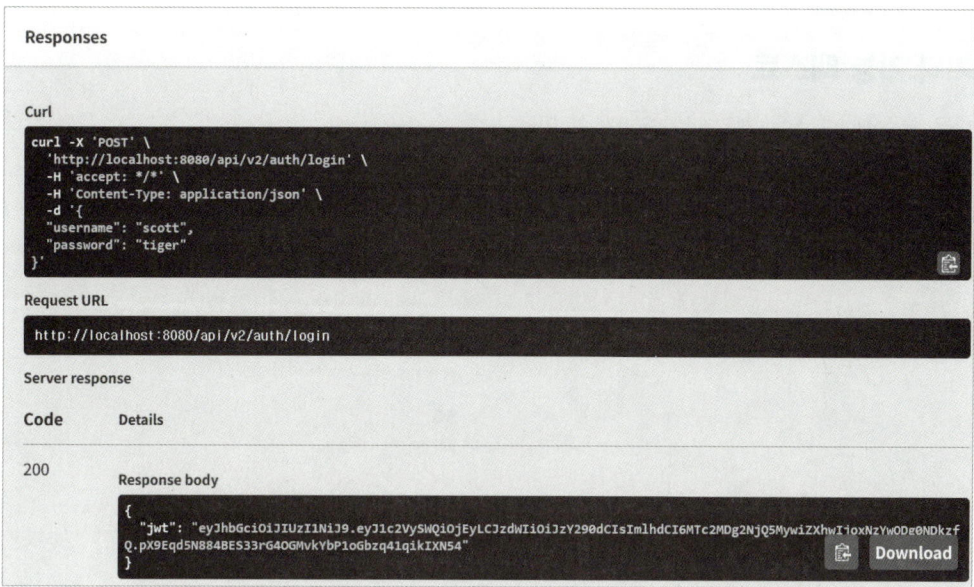

04 위의 응답 결과에서 jwt의 값을 복사합니다. 큰 따옴표는 제외하고, 큰 따옴표 사이의 값만 복사하세요.

05 Swagger UI의 상단으로 돌아가서 [Authorize] 버튼을 클릭하세요. 이때 다음 그림과 같이 [Available authorizations] 창이 나타나는데, 이 창의 bearerAuth 항목의 Value 값에 복사한 토큰을 붙여 넣습니다. 그리고 해당 창의 [Authorize] 버튼을 클릭하세요.

06 다음 그림과 같이 Value가 *****로 변경되면, [Close] 버튼을 클릭하세요. 이제 Swagger UI에 scott 계정의 JWT가 입력되었습니다.

기타 기능 테스트

다음 기능 테스트는 숙제로 남겨드리겠습니다.

- Article 작성/수정/삭제/조회
- Feed 조회
- Follow/Unfollow
- "admin" 사용자를 추가하여 다른 사용자 수정/삭제

요점 정리

- **JWT 인증 구조:** JwtUtil 클래스로 JWT의 생성 · 검증 · 정보 추출 로직을 캡슐화하고, JwtRequestFilter로 요청 헤더의 토큰을 추출 · 검증했습니다.

- **스프링 시큐리티 통합:** SecurityFilterChain을 통해 엔드포인트별 보안 정책을 적용하고, ADMIN · AUTHOR 권한에 따른 접근 제어를 설정했습니다.

- **인증 및 암호화 처리:** BCryptPasswordEncoder로 안전한 비밀번호 암호화를 구현하고, AuthenticationManager와 UserDetailsService로 사용자 인증을 처리했습니다.

- **컨트롤러 인증 활용:** @AuthenticationPrincipal로 인증된 사용자 정보를 받아 사용하고, @PreAuthorize로 메서드 단위 권한 제어를 적용했습니다.

- **Swagger UI 테스트:** Swagger UI에서 JWT를 설정해 인증된 상태로 API를 테스트하고, 인증 헤더 추가와 문서화를 통해 개발 · 테스트 효율을 높였습니다.

고민 상담소 스프링 시큐리티의 소셜 로그인

구글 계정으로 로그인(구글 OAuth2 로그인)하는 기능도 JWT와 스프링 시큐리티로 구현 가능한가요?

결론부터 말하자면, 구글 OAuth2 로그인 역시 JWT와 스프링 시큐리티를 이용해서 구현할 수 있습니다. 네이버와 카카오 같은 소셜 로그인도 마찬가지로 가능하고요.

스프링 시큐리티는 소셜 로그인을 위해 OAuth2 클라이언트[1] 기능을 제공합니다. OAuth2 클라이언트를 활용하면 사용자가 구글 계정으로 로그인할 수 있고, 로그인에 성공하면 스프링 시큐리티가 구글에서 받은 사용자 정보를 백엔드 애플리케이션에서 활용할 수 있게 해 줍니다.

이제 여기서 'OAuth2와 JWT와의 연결'이 궁금해지실 텐데요. 구글 로그인에 성공한 사용자가 우리 시스템에 처음 접속하면, 백엔드는 구글에서 받아온 사용자 정보(이메일 등)를 바탕으로 JWT를 새로 발급해서 프론트엔드에 전달할 수 있습니다. 이 JWT는 우리 서비스에서 인증이 필요한 API를 사용할 때마다 사용하게 되고, 프론트엔드는 이 토큰을 저장해두었다가 매번 API 요청의 헤더에 실어서 백엔드로 보냅니다.

다음은 구글 로그인 성공 후 백엔드에서 아래처럼 JWT를 발급해서 클라이언트(주로 프론트엔드)에 반환하는 예제 코드입니다.

```java
@Override
public void onAuthenticationSuccess(HttpServletRequest request, HttpServletResponse
response, Authentication authentication) throws IOException {
    OAuth2User user = (OAuth2User) authentication.getPrincipal();
    String email = user.getAttribute("email");
    String jwt = jwtProvider.createToken(email); // JWT 생성
```

---

1 https://docs.spring.io/spring-security/reference/servlet/oauth2

```
response.getWriter().write(jwt); // 프론트엔드등 클라이언트에 전달
}
```

이 과정을 거치면 처음 인증(로그인) 과정은 구글이 담당하고, 그 이후의 모든 인증(인증 유지, API 권한 체크 등)은 우리가 직접 발급한 JWT로 관리할 수 있습니다.

구글 소셜 로그인 뿐 아니라 네이버, 카카오, X 등이 제공하는 소셜 로그인 기능을 스프링 시큐리티와 JWT를 결합해 우리 서비스만의 인증 구조로 녹여낼 수 있습니다.

Chapter 07

GraphQL 기반 마이크로블로그 API 서버 개발

과제 소개

- **소요 시간:** 1시간
- **목표:** GraphQL 기반으로 Minilog API 재구현
- 기능 요구사항
  - GraphQL Query 기능
  - GraphQL Mutation 기능
- 구현 요구사항
  - 엔드포인트는 /graphql을 사용
  - 해당 엔드포인트를 통한 GraphQL 연산은 인증을 거친 요청에 한해 허용

7.1 GraphQL 이해하기

본 가이드는 독자가 GraphQL을 이해하고 있다고 전제하고 있습니다. 따라서 완전한 GraphQL 설명은 제공하지 않아요. GraphQL에 관한 이해가 없는 분들은 본 가이드에서 제공하는 개괄적인 설명을 참고로 하되, 다음 온라인 자료를 통해 지식을 보충하시기 바랍니다.

- 한글: https://graphql-kr.github.io/
- 영어: https://graphql.org/

GraphQL이란?

GraphQL은 API를 위한 쿼리 언어이자 런타임으로, 클라이언트가 필요한 데이터만 요청할 수 있도록 합니다. REST API와 달리, GraphQL은 클라이언트가 원하는 데이터 구조를 직접 정의할 수 있어 유연하고 효율적입니다.

메타가 2012년 자사의 방대한 소셜 그래프를 모델링하고 클라이언트가 원하는 데이터를 정확히 요청할 수 있도록 설계한 API라는 의미에서 GraphQL이라는 이름을 부여했습니다. GraphQL이라는 이름에서 'Graph'는 데이터가 서로 연결된 그래프 형태로 표현될 수 있음을 의미합니다. 그러나 GraphQL을 이해할 때 'Graph'라는 용어에 지나치게 집착하기보다는, QL$^{Query\ Language}$ 부분에 집중하는 것이 더 중요합니다. GraphQL은 클라이언트가 필요한 데이터의 형태를 선언적으로 정의하고 서버가 그 구조에 맞게 정확히 일치하는 데이터를 반환한다는 점이 핵심입니다.

GraphQL의 핵심 개념

GraphQL은 다음과 같은 특징을 가집니다.

- **선언적 데이터 요청:** 클라이언트가 필요한 데이터와 그 구조를 명시적으로 정의할 수 있습니다. 서버는 요청된 필드만 반환하므로, 불필요한 데이터 전송이 없습니다.

- **단일 엔드포인트:** 모든 요청이 단일 엔드포인트(예: /graphql)를 통해 처리되며, 필요한 데이터를 한 번에 가져올 수 있습니다.

- **타입 시스템:** GraphQL은 엄격한 타입 시스템을 제공하여 API의 데이터 구조를 명확하게 정의합니다.

GraphQL에서 Graph는 데이터를 노드와 엣지로 구성된 그래프로 보는 관점에서 유래했지만, 실제 사용에서는 클라이언트가 원하는 데이터를 선택적으로 요청하고 정확하게 반환받는 방식이 더 본질에 가깝습니다.

다음 테이블은 위 특징을 중심으로 GraphQL을 REST API와 비교합니다.

표 **7-1** GraphQL과 REST API

특징	GraphQL	REST API
엔드포인트	단일 엔드포인트	리소스별 엔드포인트
데이터 반환	요청한 필드만 반환	사전에 정의된 DTO 전체 반환
오버패칭	없음	종종 발생
언더패칭	단일 요청으로 해결 가능	여러 요청 필요

GraphQL의 주요 구성 요소

GraphQL은 다음과 같은 주요 구성 요소로 이루어져 있습니다.

- **스키마(Schema):** 클라이언트가 요청할 수 있는 데이터 구조를 정의합니다. 예를 들어, 사용자가 조회할 수 있는 사용자 정보^{User}와 게시글^{Post}에 대한 타입을 정의할 수 있습니다.

```
type User {
    id: ID!
    name: String
    email: String
}

type Post {
    id: ID!
    title: String
    content: String
```

```
}

type Query {
    users: [User]
    posts: [Post]
}
```

- **쿼리(Query)**: 데이터를 조회하는 요청입니다. 클라이언트는 필요한 데이터와 그 구조를 명시적으로 요청할 수 있습니다. 예를 들어, 모든 사용자와 게시글을 조회하는 쿼리는 다음과 같습니다.

```
{
    users {
        name
        email
    }
    posts {
        title
        content
    }
}
```

- **뮤테이션(Mutation)**: 데이터를 수정하거나 추가하는 요청입니다. 새로운 데이터를 생성하거나 기존 데이터를 업데이트할 때 사용됩니다. 예를 들어, 새로운 게시글을 추가하는 뮤테이션은 다음과 같습니다.

```
mutation {
    addPost(title: "New Post", content: "This is a new post.") {
        id
        title
    }
}
```

- **서브스크립션(Subscription)**: 실시간 데이터 업데이트를 위한 요청입니다. HTTP는 기본적으로 요청-응답 기반이지만, GraphQL에서 실시간 데이터 업데이트가 가능한 이유는 웹소켓(WebSocket)을

활용하기 때문입니다. 서브스크립션은 웹소켓 연결을 통해 서버와 클라이언트 간의 지속적인 연결을 유지하며, 서버에서 발생하는 이벤트를 실시간으로 클라이언트에 전달할 수 있습니다. 그 결과, 클라이언트는 데이터 변경 사항을 즉시 수신할 수 있습니다.

- **리졸버(Resolver):** 요청에 대한 실제 데이터를 제공하는 함수입니다. 리졸버는 데이터를 다양한 소스에서 가져올 수 있으며, 데이터베이스뿐만 아니라 다른 REST API 엔드포인트 또는 다른 GraphQL 서버에서도 데이터를 가져올 수 있습니다. 스프링 부트 3에서 GraphQL 리졸버는 일반적으로 @QueryMapping, @MutationMapping과 같은 애노테이션을 사용하여 정의됩니다. 다음은 스프링 부트 3에서 리졸버를 활용한 간단한 예시입니다.

- 데이터베이스에서 데이터 가져오기

```java
@RestController
@RequestMapping("/graphql")
public class UserResolver {

    @QueryMapping
    public User getUser(@Argument Long id) {
        return userRepository.findById(id).orElseThrow();
    }
}
```

- 다른 REST API 엔드포인트에서 데이터 가져오기

```java
@RestController
@RequestMapping("/graphql")
public class UserResolver {

    private final RestTemplate restTemplate;

    public UserResolver(RestTemplate restTemplate) {
        this.restTemplate = restTemplate;
    }

    @QueryMapping
    public User getUser(@Argument Long id) {
```

```
        String url = "https://api.example.com/users/" + id;
        return restTemplate.getForObject(url, User.class);
    }
}
```

- **다른 GraphQL 서버에서 데이터 가져오기**

```
@RestController
@RequestMapping("/graphql")
public class UserResolver {

    private final GraphQLClient graphQLClient;

    public UserResolver(GraphQLClient graphQLClient) {
        this.graphQLClient = graphQLClient;
    }

    @QueryMapping
    public User getUser(@Argument Long id) {
        String query = "{ user(id: " + id + ") { name email } }";
        return graphQLClient.execute(query, User.class);
    }
}
```

이처럼 리졸버는 다양한 데이터 소스로부터 데이터를 가져와 클라이언트 요청에 맞는 형태로 반환할 수 있습니다.

GraphQL 동작 구조

GraphQL 서버는 다음과 같은 단계를 거쳐 클라이언트 요청을 처리합니다.

1. **클라이언트 요청 수신:** 클라이언트는 단일 엔드포인트로 쿼리 또는 뮤테이션 요청을 보냅니다.
2. **스키마와 요청 매핑:** 서버는 요청 내용을 스키마에 정의된 타입 및 필드와 매핑합니다.

3. **리졸버 호출:** 매핑된 필드에 따라 리졸버를 호출하고, 필요한 데이터를 조회하거나 연산을 수행합니다.

4. **응답 생성 및 반환:** 리졸버의 결과를 기반으로 응답을 구성한 뒤, 클라이언트에게 반환합니다.

다음 그림은 위 GraphQL 동작 과정을 시퀀스 다이어그램으로 나타낸 것입니다.

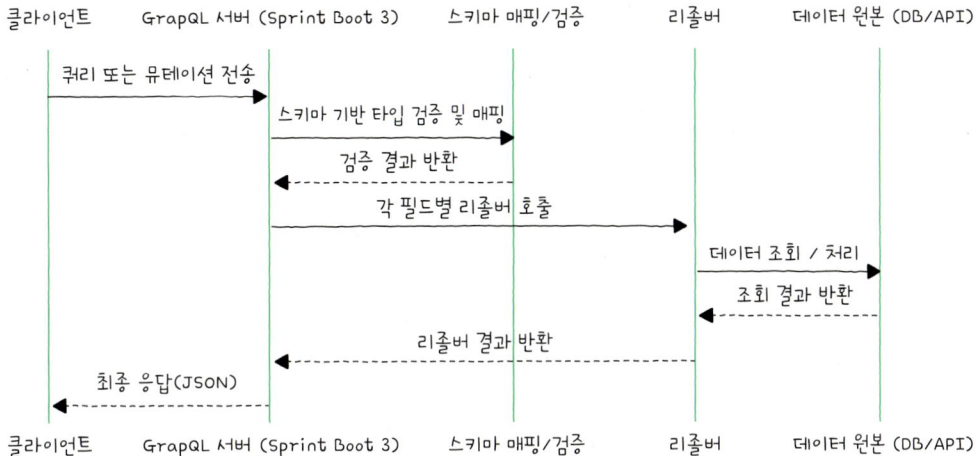

GraphQL 스키마

스키마는 클라이언트가 요청할 수 있는 데이터 타입과 구조를 정의합니다. 스키마의 주요 요소는 다음과 같습니다.

- **타입(Type):** 데이터를 나타내는 기본 단위로, String, Int, Boolean과 같은 기본 타입과 사용자 정의 타입이 있습니다.

표 7-2 타입의 종류

GraphQL 타입	Java 타입
Int	Integer
Float	Double
String	String
Boolean	Boolean
ID	String or Long

- **쿼리 타입(Query Type):** 클라이언트가 데이터를 조회할 때 사용할 수 있는 필드를 정의합니다.
- **뮤테이션 타입(Mutation Type):** 데이터를 추가, 수정, 삭제할 때 사용할 수 있는 필드를 정의합니다.
- **필드(Field):** 각 타입에 속하는 속성을 의미하며, 특정 데이터에 대한 접근 방법을 정의합니다.

쿼리

GraphQL에서 **쿼리**^{Query}는 데이터를 조회할 때 사용됩니다. GraphQL 쿼리는 요청할 필드를 명시적으로 정의할 수 있어, 불필요한 데이터를 제외하고 필요한 데이터만 가져올 수 있습니다.

예: 사용자의 이름과 나이를 요청하는 쿼리

```
{
    user {
        name
        age
    }
}
```

뮤테이션

뮤테이션^{Mutation}은 데이터를 추가, 수정, 삭제할 때 사용됩니다. REST의 POST, PUT, DELETE 요청에 해당한다고 생각하면 이해하기 쉽습니다.

예: 새로운 메시지를 추가하는 뮤테이션

```
mutation {
    addMessage(content: "Hello, GraphQL!") {
        id
        content
    }
}
```

에러 처리

GraphQL은 요청 처리 중 발생한 에러를 응답에 포함하여 클라이언트에 반환합니다. 일반적으로 에러가 발생하면 data 필드와 함께 errors 필드가 포함된 응답을 반환하는데요, 가령 잘못된 필드를 요청한 경우 다음과 같은 흐름으로 에러가 처리됩니다.

1. 클라이언트가 잘못된 쿼리를 서버에 전송합니다.
2. 서버가 스키마와 쿼리를 비교하여 유효성을 검사하는 과정에서 오류를 감지합니다.
3. 서버는 오류 메시지를 포함한 응답을 생성하여 클라이언트에 반환합니다. 응답은 data 필드와 함께 errors 필드를 포함할 수 있습니다.

예: 존재하지 않는 필드를 요청했을 때의 에러 응답

```
{
    "errors": [
        {
            "message": "Field 'unknownField' not found in type 'Query'",
            "locations": [ { "line": 1, "column": 2 } ]
        }
    ]
}
```

> 🔍 **여기서 잠깐** **GraphQL에서 고려해야 할 문제**
>
> GraphQL에는 장점만 있는 것이 아닙니다. 고려해야 할 문제도 적지 않습니다. 대표적인 문제로는 다음과 같은 것들이 있습니다.
>
> - **복잡한 서버 설정**
>   설정이 REST API보다 복잡하며, 데이터 로더와 같은 추가적인 최적화 도구가 필요할 수 있습니다.
>
> - **캐싱 문제**
>   REST의 HTTP 캐싱(headers, status code 등)을 활용하기 어렵고, 클라이언트에서 별도의 캐싱 전략을 구현해야 할 수도 있습니다.
>
> - **스키마 설계의 중요성**
>   스키마가 API의 중심이 되기 때문에 설계 단계에서 신중한 계획이 필요합니다.

7.2 프로젝트 초기화

우리는 6장에서 구현한 minilog-jpa-with-auth 프로젝트에 GraphQL기능을 추가할 것입니다. 이번 절에서는 minilog-jpa-with-auth 프로젝트를 복사하여 minilog-graphql 프로젝트를 만들고, build.gradle과 application.properties 파일을 수정하여 프로젝트를 초기화하겠습니다.

프로젝트 복사

다음 명령어를 이용하여 minilog-jpa프로젝트 디렉토리를 복사합니다. 새 디렉토리의 이름은 'minilog-graphql' 입니다.

```
cp -rf minilog-jpa-with-auth minilog-graphql
```

명령어를 실행한 후 다음과 같이 ls 명령어를 이용하여 minilog-graphql 디렉토리가 성공적으로 복제되었는지 확인합니다.

```
eog@hanbit:~/eog-springboot3$ cp -rf minilog-jpa-with-auth minilog-graphql
eog@hanbit:~/eog-springboot3$ ls
minilog-graphql  minilog-jpa  minilog-jpa-with-auth  todo-in-memory  todo-mysql
eog@hanbit:~/eog-springboot3$
```

build.gradle에 graphql 의존성 추가

minilog-graphql스프링 부트 애플리케이션이 GraphQL을 지원할 수 있도록 build.gradle에 새 의존성을 추가하겠습니다. 프로젝트 루트 디렉토리에 있는 build.gradle을 열고 dependencies 섹션에 다음과 같이 스프링 시큐리티 관련 의존성을 추가합니다.

변경이 필요한 부분은 배경색으로 강조했습니다.

```
minilog-graphql/build.gradle
01  // 프로젝트 빌드 과정에서 그래들이 사용할 플러그인을 설정합니다.
02  plugins {

    // 중략

36  dependencies {

    // 중략

82    // GraphQL 의존성 추가
83    implementation 'org.springframework.boot:spring-boot-starter-graphql'
84    implementation 'com.graphql-java-kickstart:graphql-java-tools:11.1.0'
85    implementation 'com.graphql-java-kickstart:graphiql-spring-boot-starter:11.1.0'
86    implementation 'com.graphql-java:graphql-java:22.0'
87    implementation 'com.graphql-java:graphql-java-extended-scalars:22.0'
88
89    testImplementation 'org.springframework.graphql:spring-graphql-test'
90  }
91
    // 후략
```

application.properties 수정

GraphiQL은 해당 애플리케이션의 GraphQL 스키마를 기반으로 GraphQL 쿼리와 뮤테이션을 실행할 수 있는 웹 기반 인터페이스입니다. GraphiQL(이름을 잘 보세요. GraphiQL입니다!)을 활용하면 편리하게 GraphQL API를 탐색하고 테스트할 수 있으며, 쿼리를 직접 작성하여 실행해볼 수도 있습니다.

앞서 REST API의 경우 Swagger를 이용하여 테스트했지만, GraphQL API는 GraphiQL을 사용하여 테스트할 것입니다.

다음 설정을 application.properties 파일에 추가하여 GraphiQL을 활성화하고, 접속 경로를 지정하세요.

```
minilog-graphql/src/main/resources/application.properties
01  # 로깅 및 관리 도구에서 애플리케이션을 식별할 수 있도록
02  # 애플리케이션 이름을 설정합니다.
03  spring.application.name=minilog-graphql

    // 생략

28  # GraphiQL의 엔드포인트를 설정합니다.
29  spring.graphql.graphiql.enabled=true
30  spring.graphql.graphiql.path=graphiql
```

> 상용 배포시에는 false로 지정해서 의도치 않게 GraphQL 오퍼레이션이 실행되는 것을 막는 것이 좋습니다.

7.3 Minilog에 GraphQL 지원 추가하기

이미 구현되어 있는 Minilog의 REST API와 인증 기능을 유지한 채로, GraphQL 지원을 추가하겠습니다. 그 시작은 Minilog 앱을 위한 GraphQL 스키마 정의입니다.

Minilog GraphQL 스키마 정의하기

GraphQL 스키마는 API의 데이터 구조를 정의하며 클라이언트가 요청할 수 있는 데이터 타입과 수행 가능한 연산$^{Query, Mutation}$을 명확하게 규정합니다.

Minilog 애플리케이션에서는 게시글^{Article}, 사용자^{User}, 팔로우^{Follow} 관계를 다루는 GraphQL 스키마를 정의합니다.

다음 경로에 스키마를 정의할 schema.graphqls 파일을 추가하고, 단계적으로 스키마를 완성해 나가겠습니다.

```
minilog-graphql/src/main/resources/graphql/schema.graphqls
```

Minilog GraphQL 스키마는 다음 네 가지 섹션으로 구성됩니다.

- **스칼라 타입 확장:** Long, DateTime을 정의하여 보다 다양한 데이터 유형 지원
- **Query & Mutation 오퍼레이션 정의:** 게시글, 사용자, 팔로우 관련 API를 분리
- **Input Type 활용:** Mutation 시 Input Type을 사용하여 코드의 확장성과 가독성 향상
- **응답 타입 정의:** GraphQL의 장점(필요한 데이터만 요청 가능)을 최대한 활용

스칼라 정의

GraphQL에서 **스칼라**Scalar는 가장 기본적인 데이터 유형으로, 쿼리 또는 뮤테이션의 입력 및 출력 값으로 사용됩니다. 기본적으로 GraphQL은 Int[32비트 정수], Float[부동소수점 숫자], String, Boolean, ID 등의 기본 스칼라 타입을 제공합니다. 그러나 Java의 Long[64비트 정수]과 DateTime(날짜/시간)은 기본 지원되지 않으므로, 확장된 스칼라를 직접 정의하여 사용해야 합니다.

다음과 같이 커스텀 스칼라를 정의하면 추가적인 데이터 타입을 사용할 수 있습니다.

```
01  scalar Long
02  scalar DateTime @specifiedBy(url:"https://tools.ietf.org/html/rfc3339")
```

- **Long**: 기본 GraphQL에서는 Int가 32비트 정수까지만 지원하므로, 64비트 정수를 처리할 수 있도록 Long을 별도로 정의합니다.
- **DateTime**: 날짜/시간을 다루기 위한 타입으로, RFC 3339 형식(ISO-8601)을 따릅니다.

> 🔍 **여기서 잠깐** | **스칼라 타입 매핑**
>
> GraphQL 스키마에서 정의한 스칼라 타입을 Java 코드에서 올바르게 매핑할 필요가 있습니다. 이러한 매핑은 이후 GraphQLConfig를 구현할 때 설정하겠습니다.

Query 정의 (데이터 조회)

Query는 데이터를 조회하는 역할을 수행하며, REST의 GET 요청과 유사합니다. Minilog에서는 게시글, 사용자, 팔로우 정보를 조회하는 기능을 제공합니다.

```
03
04  type Query {
05      getArticles(userId: Long!): [ArticleResponse]
06      getArticle(articleId: Long!): ArticleResponse
07      getFeedList(followerId: Long!): [ArticleResponse]
```

```
08      getFollowList(followerId: Long!): [FollowResponse]
09      getUsers: [UserResponse]
10      getUserById(userId: Long!): UserResponse
11    }
```

Query 오퍼레이션

- getArticles(userId: Long!) → 특정 사용자의 게시글 목록을 조회
- getArticle(articleId: Long!) → 특정 게시글의 상세 정보를 조회
- getFeedList(followerId: Long!) → 특정 사용자가 팔로우한 사람들의 게시글 피드를 조회
- getFollowList(followerId: Long!) → 특정 사용자가 팔로우한 목록을 조회
- getUsers → 전체 사용자 목록을 조회
- getUserById(userId: Long!) → 특정 사용자의 정보를 조회

모든 조회 함수는 ArticleResponse, UserResponse, FollowResponse 등의 응답 객체를 반환합니다(이 응답 객체들은 이후에 정의합니다).

Mutation 정의 (데이터 조작)

Mutation은 데이터 생성Create, 수정Update, 삭제Delete 연산을 수행하며, REST의 POST, PUT, DELETE 요청과 유사합니다.

Minilog에서는 게시글, 사용자, 팔로우 관리 기능을 제공합니다.

```
12
13    type Mutation {
14      createArticle(input: CreateArticleInput!): ArticleResponse
15      updateArticle(input: UpdateArticleInput!): ArticleResponse
16      deleteArticle(articleId: Long!): Boolean
17      follow(followeeId: Long!): FollowResponse
18      unfollow(followeeId: Long!): Boolean
19      createUser(input: CreateUserInput!): UserResponse
```

```
20      updateUser(input: UpdateUserInput!): UserResponse
21      deleteUser(userId: Long!): Boolean
22  }
```

게시글 관련 Mutation

- createArticle(input: CreateArticleInput!) → 게시글을 작성
- updateArticle(input: UpdateArticleInput!) → 게시글 내용 수정
- deleteArticle(articleId: Long!) → 특정 게시글 삭제

팔로우 관련 Mutation

- follow(followeeId: Long!) → 특정 사용자를 팔로우
- unfollow(followeeId: Long!) → 특정 사용자 팔로우 취소

사용자 관련 Mutation

- createUser(input: CreateUserInput!) → 새 사용자 등록
- updateUser(input: UpdateUserInput!) → 사용자 정보 수정
- deleteUser(userId: Long!) → 특정 사용자 삭제

복잡한 입력 데이터를 다룰 때는 Input Type을 활용하여 가독성과 확장성을 높일 수 있습니다. createUser에서 사용하는 input이 바로 Input Type의 예입니다. Input Type은 REST API에서 DTO$^{\text{Data Transfer Object}}$를 사용하는 것과 유사한 개념으로, 재사용성이 높고 가독성이 뛰어난 코드 작성이 가능합니다.

deleteUser 오퍼레이션과 같이 각 인자를 직접 입력하는 것도 가능하지만, 입력 매개변수가 복잡할 때는 Input Type을 사용하여 코드의 가독성과 확장성을 향상시킬 수 있습니다. 예를 들어, updateUser 오퍼레이션의 인수 username과 password는 선택적 필드이므로 Input Type을 사용하면 유연하게 처리 가능합니다.

Input Type 정의 (Mutation 입력)

GraphQL에서는 입력값을 구조화하기 위해 input 키워드를 사용합니다. 주로 Mutation에서 활용되지만, Query에서도 복잡한 검색 조건을 전달하는 용도로 사용할 수 있습니다.

```
23
24   input CreateArticleInput {
25       content: String!
26   }
27
28   input UpdateArticleInput {
29       articleId: Long!
30       content: String!
31   }
32
33   input CreateUserInput {
34       username: String!
35       password: String!
36   }
37
38   input UpdateUserInput {
39       userId: Long!
40       username: String
41       password: String
42   }
```

- CreateArticleInput → 게시글 작성 시 content 필드 필요
- UpdateArticleInput → 게시글 수정 시 articleId, content 필드 필요
- CreateUserInput → 사용자 생성 시 username, password 필드 필요
- pdateUserInput → 사용자 정보 수정 시 userId와 선택적 필드 username, password 사용

이렇게 Input Type을 정의하여 입력값을 구조화 해두면, 추가 필드가 필요할 경우 오퍼레이션의 변경 없이 Input Type만 수정하면 됩니다.

응답 타입 정의

Query와 Mutation의 반환 데이터 구조를 정의하는 GraphQL Object Type을 다음과 같이 정의합니다.

```
43
44   type ArticleResponse {
45       articleId: Long
46       content: String
47       authorId: Long
48       authorName: String
49       createdAt: DateTime
50   }
51
52   type FollowResponse {
53       followerId: Long
54       followeeId: Long
55   }
56
57   type UserResponse {
58       id: Long
59       username: String
60   }
```

- **ArticleResponse:** 게시글 정보를 담는 응답 타입으로, articleId, content, authorId, authorName, createdAt 등의 필드를 포함합니다.
- **FollowResponse:** 팔로우 관계를 나타내는 응답 타입으로, followerId와 followeeId를 포함합니다.
- **UserResponse:** 사용자 정보를 나타내는 응답 타입으로, id와 username을 포함합니다.

GraphQL의 장점은 클라이언트가 필요한 데이터만 선택적으로 요청할 수 있다는 것입니다.

예를 들어, ArticleResponse를 반환하는 오퍼레이션에서 클라이언트가 articleId만 조회하거나, 전체 필드를 가져오는 등의 선택이 가능합니다. GraphQL의 유연성을 극대화할 수 있습니다.

GraphQLConfig에서 GraphQL 스칼라 타입 매핑하기

Minilog 앱에서는 userId, articleId 등의 필드에 자바의 long 타입을 사용하고 있고, createdAt 필드에는 자바의 LocalDateTime 타입을 사용하고 있습니다. 그런데 GraphQL에서는 기본적으로 Int, Float, String, Boolean, ID 등의 기본 스칼라 타입만 제공하죠.

이러한 불일치를 해결하기 위해 Spring for GraphQL의 ExtendedScalars를 활용하여 스칼라 타입을 매핑할 수 있습니다.

Minilog 애플리케이션에서는 Long과 DateTime 타입을 확장된 GraphQL 스칼라로 매핑하여 사용할 것이며, 따라서 RuntimeWiringConfigurer를 정의하여 GraphQL 실행 환경에 해당 스칼라 타입을 추가하겠습니다. 다음과 같이 GraphQLConfig.java를 추가하세요.

src/main/java/com/asdf/minilog/config/GraphQLConfig.java

```
01  package com.asdf.minilog.config;
02
03  import graphql.scalars.ExtendedScalars;
04  import org.springframework.context.annotation.Bean;
05  import org.springframework.context.annotation.Configuration;
06  import org.springframework.graphql.execution.RuntimeWiringConfigurer;
07
08  @Configuration
09  public class GraphQLConfig {
10
11      @Bean
12      public RuntimeWiringConfigurer runtimeWiringConfigurer() {
13          return wiringBuilder ->
14              wiringBuilder.scalar(ExtendedScalars.DateTime).scalar(
                      ExtendedScalars.GraphQLLong);
```

```
15      }
16  }
```

위 코드에 대해 다시 한번 살펴볼까요?

1. GraphQL 스칼라 타입 확장

- ExtendedScalars.DateTime 은 DateTime 값을 RFC 3339(ISO 8601) 표준 형식(예: 2025-10-19T10:30:00Z)으로 처리할 수 있도록 지원합니다. 즉, 날짜와 시간을 단순한 문자열이 아닌 표준화된 시간 포맷으로 인식하게 합니다.

- ExtendedScalars.GraphQLLong은 64비트 정수를 처리할 수 있도록 하도록 하여 GraphQL의 기본 Int 타입이 32비트 정수까지만 지원한다는 한계를 보완합니다.

2. Spring for GraphQL에서 RuntimeWiringConfigurer 사용

- RuntimeWiringConfigurer는 GraphQL 실행 환경$^{Runtime\ Wiring}$을 구성할 때 사용하는 인터페이스입니다. 이 구성 과정에서 커스텀 스칼라 타입을 비롯해 리졸버나 데이터 페처 등을 GraphQL 엔진에 등록할 수 있습니다.

- wiringBuilder.scalar(...) 메서드를 사용하면, 앞서 정의한 확장 스칼라 타입(ExtendedScalars.DateTime, ExtendedScalars.GraphQLLong 등)을 GraphQL 스키마에 매핑할 수 있습니다.

3. Spring Boot 환경에서 자동 적용

- @Configuration 애노테이션을 사용하면, Spring Boot가 애플리케이션 실행 시 이 설정 클래스를 자동으로 인식합니다. 따라서 GraphQLConfig에 정의된 RuntimeWiringConfigurer 빈이 자동으로 등록되고, GraphQL 실행 시점에 해당 설정이 자동으로 적용됩니다.

전역 GraphQL 예외 처리

GraphQL API에서 발생하는 예외를 효과적으로 처리하려면, 전역 예외 처리를 구현하여 클라이언트가 일관된 에러 응답을 받을 수 있도록 해야 합니다.

GraphQL에서는 REST API의 @ExceptionHandler와 비슷한 개념으로, GraphQL 전용 예외 처리 클래스를 구현하여 다양한 예외 유형을 적절하게 매핑할 수 있습니다.

Spring for GraphQL에서는 DataFetcherExceptionResolverAdapter를 확장하여 예외를 처리하며, 이 클래스는 resolveToSingleError 메서드를 오버라이드하여 예외 유형을 GraphQL 표준 에러 형식으로 변환합니다.

이제 Minilog 애플리케이션에서 GraphQL 예외 처리를 위한 MinilogGraphQLExceptionResolver를 구현하겠습니다.

minilog-graphql/src/main/java/com/asdf/minilog/exception/MinilogGraphQLExceptionResolver.java

```java
package com.asdf.minilog.exception;

import graphql.GraphQLError;
import graphql.GraphqlErrorBuilder;
import graphql.schema.DataFetchingEnvironment;

import org.slf4j.Logger;
import org.slf4j.LoggerFactory;
import org.springframework.graphql.execution.DataFetcherExceptionResolverAdapter;
import org.springframework.graphql.execution.ErrorType;
import org.springframework.stereotype.Component;

@Component
public class MinilogGraphQLExceptionResolver extends
        DataFetcherExceptionResolverAdapter {
    private static final Logger logger = LoggerFactory.getLogger(
            MinilogGraphQLExceptionResolver.class);

    @Override
    protected GraphQLError resolveToSingleError(Throwable exception,
            DataFetchingEnvironment env) {
        logger.error("GraphQL Exception at {}: {}",
                env.getExecutionStepInfo().getPath(), exception.getMessage(),
                exception);

        GraphQLError error;
        var handlerParameterPath = env.getExecutionStepInfo().getPath();
```

```
24
25          if (exception instanceof ArticleNotFoundException
26              || exception instanceof UserNotFoundException) {
27              error = GraphqlErrorBuilder.newError()
28                  .message(exception.getMessage())
29                  .errorType(ErrorType.NOT_FOUND)
30                  .path(handlerParameterPath)
31                  .build();
32          } else if (exception instanceof NotAuthorizedException) {
33              error = GraphqlErrorBuilder.newError()
34                  .message(exception.getMessage())
35                  .errorType(ErrorType.UNAUTHORIZED)
36                  .path(handlerParameterPath)
37                  .build();
38          } else if (exception instanceof IllegalArgumentException) {
39              error = GraphqlErrorBuilder.newError()
40                  .message(exception.getMessage())
41                  .errorType(ErrorType.BAD_REQUEST)
42                  .path(handlerParameterPath)
43                  .build();
44          } else {
45              error = GraphqlErrorBuilder.newError()
46                  .message("Internal Server Error")
47                  .errorType(ErrorType.INTERNAL_ERROR)
48                  .path(handlerParameterPath)
49                  .build();
50          }
51
52          return error;
53      }
54  }
```

위 코드에서 MinilogGraphQLExceptionResolver는 DataFetcherExceptionResolverAdapter를 확장하여, GraphQL에서 발생하는 다양한 예외를 GraphQLError로 변환합니다. MinilogGraphQLExceptionResolver의 주요 기능은 다음과 같습니다.

1. 예외 로깅

- 발생한 예외 정보를 로그에 기록합니다(logger.error(...) 사용).

2. 예외 유형에 따른 GraphQL 에러 변환

- 서비스 레이어에서 발생하는 예외를 GraphQL 에러 형식으로 변환합니다.
- 각 예외는 적절한 ErrorType을 할당받아 일관된 응답을 제공합니다.
- 예외 변환 규칙은 다음과 같습니다.
    - ArticleNotFoundException, UserNotFoundException → ErrorType.NOT_FOUND
    - NotAuthorizedException → ErrorType.UNAUTHORIZED
    - IllegalArgumentException → ErrorType.BAD_REQUEST
    - 기타 모든 예외 → ErrorType.INTERNAL_ERROR

3. GraphQL 에러 메시지 구성

- GraphqlErrorBuilder.newError()를 사용하여 GraphQL 표준 에러 객체를 생성하며, 예외 메시지^{message}, 오류 유형^{errorType}, 예외 발생 경로^{path}와 같은 정보를 제공합니다.

GraphQL 예외 처리가 적용된 Minilog 애플리케이션에서는 특정 조건에서 일관된 에러 메시지를 반환할 수 있습니다. 예를 들어, 존재하지 않는 userId=9999를 조회하려는 요청을 보냈다고 가정해 보겠습니다.

이 경우, 클라이언트는 다음과 같은 JSON 형식의 응답을 받게 됩니다.

```
{
    "errors": [
        {
            "message": "해당 아이디(9999)를 가진 사용자를 찾을 수 없습니다",
            "path": ["getUserById"],
            "extensions": {
                "classification": "NOT_FOUND"
            }
        }
    ],
    "data": null
}
```

위 응답에서 'message' 필드는 UserNotFoundException 예외가 발생했을 때 반환되는 메시지를 포함합니다. 'path' 필드는 요청된 GraphQL 필드를 나타내며, 여기서는 'getUserById'가 호출되었음을 의미합니다. 마지막으로, 'extensions' 필드의 'classification' 값이 'NOT_FOUND'로 설정된 것은, 이 오류가 ErrorType.NOT_FOUND로 변환되었음을 보여줍니다.

SecurityConfig 수정

Spring for GraphQL은 **자동 설정**auto-configuration을 통해 /graphql 엔드포인트를 등록합니다. 이 과정에서 기본적으로 별도의 보안 필터가 적용되지 않기 때문에, SecurityConfig에서 /graphql 경로를 명시적으로 제한하지 않으면 해당 엔드포인트는 기본 설정상 외부 접근이 가능한 상태로 남게 됩니다.

그러나 우리는 이미 앞서 JWT 기반 인증을 Minilog 애플리케이션에 도입했기 때문에, 실제로는 외부 사용자가 인증 없이 /graphql에 접근할 수 없습니다. 즉, auto-configuration이 경로를 등록하더라도, JWT 인증 필터가 동작하면서 인증되지 않은 요청은 자동으로 차단됩니다.

이 가이드에서는 /graphql 엔드포인트에 대한 별도의 추가 보안 설정은 하지 않고, 기본 JWT 인증 흐름을 그대로 유지하겠습니다. 대신 GraphQL 테스트 도구인 GraphiQL(철자에 주의: QL 앞에 i)만 인증 없이 접근 가능하도록 허용합니다. 다음과 같이 SecurityConfig.java를 수정하세요. 수정이 필요한 부분은 배경색으로 강조해 두었습니다.

```
src/main/java/com/asdf/minilog/config/SecurityConfig.java

       // 생략

06     import org.springframework.beans.factory.annotation.Value;

       // 생략

25     public class SecurityConfig {

       // 생략

48     @Value("${spring.graphql.graphiql.path}")
```

```
49        private String graphiqlPath;
50
51        @Bean
52        public SecurityFilterChain filterChain(HttpSecurity httpSecurity)
              throws Exception {
53            httpSecurity
54                .csrf(AbstractHttpConfigurer::disable)
55                .authorizeHttpRequests(
56                    (requests) ->
57                        requests
58                            .requestMatchers("/api/v2/auth/login", "/swagger-ui/**",
                                "/v3/api-docs/**")
59                            .permitAll()
60                            // 사용자 생성, 조회는 인증 없이 가능
61                            .requestMatchers(HttpMethod.POST, "/api/v2/user")
62                            .permitAll()
63                            .requestMatchers(HttpMethod.GET, "/api/v2/user/{userId}")
64                            .permitAll()
65                            // 사용자 삭제는 ADMIN 권한이 필요
66                            .requestMatchers(HttpMethod.DELETE, "/api/v2/user/{userId}")
67                            .hasRole("ADMIN")
68                            // GraphiQL 엔드포인트 인증 설정
69                            .requestMatchers("/" + graphiqlPath)
70                            .permitAll()
71                            .anyRequest()
72                            .authenticated())

// 생략
```

응답 타입

GraphQL에서 응답 타입Response Type은 클라이언트 요청에 대해 서버가 반환하는 데이터 구조를 정의합니다. Minilog에서는 ArticleResponse, FollowResponse, UserResponse를 사용하여 게시글, 팔로우 관계, 사용자 정보를 응답합니다.

ArticleResponse 작성하기

ArticleResponse는 GraphQL에서 게시글 정보를 반환하는 DTO입니다.

REST API에서 ArticleResponseDto와 유사한 역할을 하며, 게시글 ID^{articleId}, 내용^{content}, 작성자 정보$^{authorId,\ authorName}$, 생성 시각^{createdAt}을 포함합니다.

```
src/main/java/com/asdf/minilog/graphql/response/ArticleResponse.java
01  package com.asdf.minilog.graphql.response;
02
03  import java.time.OffsetDateTime;
04  import lombok.Builder;
05  import lombok.Data;
06  import lombok.NonNull;
07
08  @Data
09  @Builder
10  public class ArticleResponse {
11      @NonNull private Long articleId;
12
13      @NonNull private String content;
14
15      @NonNull private Long authorId;
16
17      @NonNull private String authorName;
18
19      @NonNull private OffsetDateTime createdAt;
20  }
```

FollowResponse 작성하기

FollowResponse는 팔로우 관계 정보를 반환하는 GraphQL 응답 DTO입니다.

이 객체에는 팔로우한 사용자와 팔로우 대상 사용자 정보가 포함됩니다.

```
src/main/java/com/asdf/minilog/graphql/response/FollowResponse.java
01  package com.asdf.minilog.graphql.response;
02
03  import lombok.Builder;
04  import lombok.Data;
05  import lombok.NonNull;
06
07  @Data
08  @Builder
09  public class FollowResponse {
10      @NonNull Long followerId;
11
12      @NonNull private Long followeeId;
13  }
```

UserResponse 작성하기

UserResponse는 GraphQL에서 사용자 정보를 반환하는 응답 DTO입니다. 이 객체는 사용자 ID^{id}와 이름^{username}을 포함하여 클라이언트에 전달됩니다.

```
src/main/java/com/asdf/minilog/graphql/response/UserResponse.java
01  package com.asdf.minilog.graphql.response;
02
03  import lombok.Builder;
04  import lombok.Data;
05  import lombok.NonNull;
06
07  @Data
08  @Builder
09  public class UserResponse {
10      @NonNull private Long id;
11
```

```
12      @NonNull private String username;
13  }
```

입력 타입

GraphQL에서 **입력 타입**^{Input Type}은 클라이언트가 Mutation 요청을 보낼 때, 데이터를 구조화하여 전달할 수 있도록 합니다. Minilog 애플리케이션에서는 CreateArticleInput, CreateUserInput, UpdateArticleInput, UpdateUserInput을 사용하여 게시글 및 사용자 데이터를 생성/수정할 수 있습니다.

CreateArticleInput 작성하기

CreateArticleInput은 게시글을 생성할 때 사용되는 입력 타입으로, 게시글 내용을 포함하여 클라이언트에서 서버로 데이터를 전달합니다.

```
src/main/java/com/asdf/minilog/graphql/input/CreateArticleInput.java
01  package com.asdf.minilog.graphql.input;
02
03  import lombok.AllArgsConstructor;
04  import lombok.Builder;
05  import lombok.Data;
06  import lombok.NoArgsConstructor;
07
08  @Data
09  @Builder
10  @NoArgsConstructor
11  @AllArgsConstructor
12  public class CreateArticleInput {
13      private String content;
14  }
```

CreateUserInput 작성하기

CreateUserInput은 사용자를 생성할 때 사용되는 입력 타입으로, 사용자 이름[username]과 비밀번호[password]를 포함하여 클라이언트가 요청을 보낼 수 있도록 합니다.

src/main/java/com/asdf/minilog/graphql/input/CreateUserInput.java

```java
01  package com.asdf.minilog.graphql.input;
02
03  import lombok.AllArgsConstructor;
04  import lombok.Builder;
05  import lombok.Data;
06  import lombok.NoArgsConstructor;
07
08  @Data
09  @Builder
10  @NoArgsConstructor
11  @AllArgsConstructor
12  public class CreateUserInput {
13      private String username;
14      private String password;
15  }
```

UpdateArticleInput 작성하기

UpdateArticleInput은 게시글을 수정할 때 사용되는 입력 타입으로, 수정할 게시글 ID[articleId]와 변경할 내용[content]을 포함하여 클라이언트가 요청을 보낼 수 있도록 합니다.

src/main/java/com/asdf/minilog/graphql/input/UpdateArticleInput.java

```java
01  package com.asdf.minilog.graphql.input;
02
03  import lombok.AllArgsConstructor;
04  import lombok.Builder;
```

```
05  import lombok.Data;
06  import lombok.NoArgsConstructor;
07
08  @Data
09  @Builder
10  @NoArgsConstructor
11  @AllArgsConstructor
12  public class UpdateArticleInput {
13      private Long articleId;
14      private String content;
15  }
```

UpdateUserInput 작성하기

UpdateUserInput은 사용자 정보를 수정할 때 사용되는 입력 타입으로, 수정할 사용자 ID, 새로운 사용자 이름, 새로운 비밀번호를 포함하여 클라이언트가 요청을 보낼 수 있도록 합니다.

src/main/java/com/asdf/minilog/graphql/input/UpdateUserInput.java

```
01  package com.asdf.minilog.graphql.input;
02
03  import lombok.AllArgsConstructor;
04  import lombok.Builder;
05  import lombok.Data;
06  import lombok.NoArgsConstructor;
07
08  @Data
09  @Builder
10  @NoArgsConstructor
11  @AllArgsConstructor
12  public class UpdateUserInput {
13      private Long userId;
14      private String username;
```

```
15        private String password;
16  }
```

엔티티와 DTO 간의 매퍼 작성하기

기존 Minilog의 일부 서비스 레이어는 REST API용 DTO를 반환하도록 구현되어 있습니다. 이 때문에 GraphQL을 지원하려면 서비스 로직을 직접 수정해야 하는 구조적 제약이 발생합니다. 이러한 제약을 극복하기 위해 우리는 REST API용 DTO를 GraphQL 응답 타입으로 변환하는 유틸리티 클래스를 작성해 서비스 로직 수정 없이 GraphQL을 지원할 수 있도록 할 예정입니다.

다음과 같이 DtoGraphqlMapper를 구현하여 REST API의 DTO를 GraphQL 응답 타입으로 변환하는 기능을 추가하겠습니다.

src/main/java/com/asdf/minilog/util/DtoGraphqlMapper.java

```
01  package com.asdf.minilog.util;
02
03  import com.asdf.minilog.dto.ArticleResponseDto;
04  import com.asdf.minilog.dto.FollowResponseDto;
05  import com.asdf.minilog.dto.UserResponseDto;
06  import com.asdf.minilog.graphql.response.ArticleResponse;
07  import com.asdf.minilog.graphql.response.FollowResponse;
08  import com.asdf.minilog.graphql.response.UserResponse;
09  import java.time.OffsetDateTime;
10  import java.time.ZoneOffset;
11
12  public class DtoGraphqlMapper {
13      public static ArticleResponse toGraphql(ArticleResponseDto article) {
14          OffsetDateTime createdAt = article.getCreatedAt().atOffset(ZoneOffset.UTC);
15
16          return ArticleResponse.builder()
17              .articleId(article.getArticleId())
18              .content(article.getContent())
19              .authorId(article.getAuthorId())
```

```
20              .authorName(article.getAuthorName())
21              .createdAt(createdAt)
22              .build();
23      }
24
25      public static FollowResponse toGraphql(FollowResponseDto follow) {
26          return FollowResponse.builder()
27              .followerId(follow.getFollowerId())
28              .followeeId(follow.getFolloweeId())
29              .build();
30      }
31
32      public static UserResponse toGraphql(UserResponseDto user) {
33          return UserResponse.builder().id(user.getId()).username(
                    user.getUsername()).build();
34      }
35  }
```

GraphQL 컨트롤러 추가하기

GraphQL을 도입한다고 해서 기존의 Controller-Service 구조가 완전히 사라지는 것은 아닙니다.

GraphQL에서는 REST API의 컨트롤러(@RestController) 대신 GraphQL Resolver가 유사한 역할을 수행하며, 기존 REST 컨트롤러 대신 @QueryMapping, @MutationMapping을 사용하여 데이터 요청을 처리하지만, Service 및 Repository 계층은 기존과 동일하게 유지됩니다.

[기존 REST API 구조]

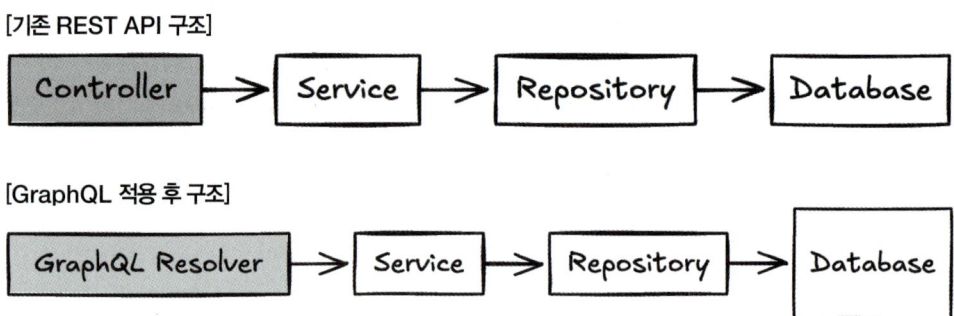

[GraphQL 적용 후 구조]

이러한 구조를 통해 기존 REST API에서 사용하던 비즈니스 로직을 수정하지 않고도 GraphQL을 적용할 수 있으며, 코드의 재사용성과 유지보수성을 높일 수 있습니다.

GraphQL 컨트롤러를 구성하는 방법에는 여러 가지가 있지만, 기존 REST 컨트롤러처럼 도메인별로 컨트롤러를 분리하는 대신, 이 예제에서는 쿼리^{Query}와 뮤테이션^{Mutation} 연산을 기준으로 컨트롤러를 나누겠습니다.

따라서, 조회^{Query}와 관련된 연산은 GraphQLQueryController, 데이터 변경^{Mutation} 연산은 GraphQLMutationController에서 처리하도록 하겠습니다.

GraphQLQueryController 컨트롤러

GraphQL에서는 데이터를 조회할 때 Query를 사용합니다. 다음은 게시글, 팔로우 관계, 사용자 정보를 조회하는 GraphQLQueryController 컨트롤러입니다.

```
src/main/java/com/asdf/minilog/graphql/GraphQLQueryController.java
01  package com.asdf.minilog.graphql;
02
03  import com.asdf.minilog.dto.UserResponseDto;
04  import com.asdf.minilog.graphql.response.ArticleResponse;
05  import com.asdf.minilog.graphql.response.FollowResponse;
06  import com.asdf.minilog.graphql.response.UserResponse;
07  import com.asdf.minilog.service.ArticleService;
08  import com.asdf.minilog.service.FollowService;
09  import com.asdf.minilog.service.UserService;
10  import com.asdf.minilog.util.DtoGraphqlMapper;
11  import java.util.List;
12  import java.util.stream.Collectors;
13  import org.springframework.beans.factory.annotation.Autowired;
14  import org.springframework.graphql.data.method.annotation.Argument;
15  import org.springframework.graphql.data.method.annotation.QueryMapping;
16  import org.springframework.stereotype.Controller;
17
18  @Controller
```

```java
19  public class GraphQLQueryController {
20
21      private final ArticleService articleService;
22      private final FollowService followService;
23      private final UserService userService;
24
25      @Autowired
26      public GraphQLQueryController(
27          ArticleService articleService, FollowService followService,
              UserService userService) {
28          this.articleService = articleService;
29          this.followService = followService;
30          this.userService = userService;
31      }
32
33      @QueryMapping
34      public List<ArticleResponse> getArticles(@Argument Long userId) {
35          return articleService.getArticleListByUserId(userId).stream()
36              .map(DtoGraphqlMapper::toGraphql)
37              .collect(Collectors.toList());
38      }
39
40      @QueryMapping
41      public ArticleResponse getArticle(@Argument Long articleId) {
42          return DtoGraphqlMapper.toGraphql(
                  articleService.getArticleById(articleId));
43      }
44
45      @QueryMapping
46      public List<ArticleResponse> getFeedList(@Argument Long followerId) {
47          return articleService.getFeedListByFollowerId(followerId).stream()
48              .map(DtoGraphqlMapper::toGraphql)
49              .collect(Collectors.toList());
50      }
51
```

```
52      @QueryMapping
53      public List<FollowResponse> getFollowList(@Argument Long followerId) {
54          return followService.getFollowList(followerId).stream()
55              .map(DtoGraphqlMapper::toGraphql)
56              .collect(Collectors.toList());
57      }
58
59      @QueryMapping
60      public List<UserResponse> getUsers() {
61          return userService.getUsers().stream()
62              .map(DtoGraphqlMapper::toGraphql)
63              .collect(Collectors.toList());
64      }
65
66      @QueryMapping
67      public UserResponseDto getUserById(@Argument Long userId) {
68          return userService.getUserById(userId).orElse(null);
69      }
70  }
```

GraphQLMutationController 작성하기

앞서 Minilog GraphQL 스키마를 정의하면서 Mutation 연산을 정의했던 부분을 되짚어볼까요? GraphQL에서는 데이터 변경 작업(Create, Update, Delete)을 Mutation을 통해 처리합니다.

다음의 GraphQLMutationController는 사용자, 게시글, 팔로우 관리와 관련된 GraphQL Mutation을 처리하는 처리하는 GraphQL Resolver입니다.

src/main/java/com/asdf/minilog/graphql/GraphQLMutationController.java

```
001  package com.asdf.minilog.graphql;
002
003  import com.asdf.minilog.dto.UserRequestDto;
004  import com.asdf.minilog.graphql.input.CreateArticleInput;
```

```
005 import com.asdf.minilog.graphql.input.CreateUserInput;
006 import com.asdf.minilog.graphql.input.UpdateArticleInput;
007 import com.asdf.minilog.graphql.input.UpdateUserInput;
008 import com.asdf.minilog.graphql.response.ArticleResponse;
009 import com.asdf.minilog.graphql.response.FollowResponse;
010 import com.asdf.minilog.graphql.response.UserResponse;
011 import com.asdf.minilog.security.MinilogUserDetails;
012 import com.asdf.minilog.service.ArticleService;
013 import com.asdf.minilog.service.FollowService;
014 import com.asdf.minilog.service.UserService;
015 import com.asdf.minilog.util.DtoGraphqlMapper;
016 import org.springframework.beans.factory.annotation.Autowired;
017 import org.springframework.graphql.data.method.annotation.Argument;
018 import org.springframework.graphql.data.method.annotation.MutationMapping;
019 import org.springframework.security.core.context.SecurityContextHolder;
020 import org.springframework.stereotype.Controller;
021
022 @Controller
023 public class GraphQLMutationController {
024
025     private final ArticleService articleService;
026     private final FollowService followService;
027     private final UserService userService;
028
029     @Autowired
030     public GraphQLMutationController(
031         ArticleService articleService, FollowService followService,
                UserService userService) {
032         this.articleService = articleService;
033         this.followService = followService;
034         this.userService = userService;
035     }
036
037     private MinilogUserDetails getCurrentUser() {
038         return (MinilogUserDetails)
```

```
039                SecurityContextHolder.getContext().getAuthentication().getPrincipal();
040        }
041
042    @MutationMapping
043    public ArticleResponse createArticle(@Argument CreateArticleInput input) {
044        MinilogUserDetails userDetails = getCurrentUser();
045        return DtoGraphqlMapper.toGraphql(
046            articleService.createArticle(input.getContent(), userDetails.getId()));
047    }
048
049    @MutationMapping
050    public ArticleResponse updateArticle(@Argument UpdateArticleInput input) {
051        MinilogUserDetails userDetails = getCurrentUser();
052        return DtoGraphqlMapper.toGraphql(
053            articleService.updateArticle(
054                userDetails.getId(), input.getArticleId(), input.getContent()));
055    }
056
057    @MutationMapping
058    public Boolean deleteArticle(@Argument Long articleId) {
059        MinilogUserDetails userDetails = getCurrentUser();
060        articleService.deleteArticle(userDetails.getId(), articleId);
061        return true;
062    }
063
064    @MutationMapping
065    public FollowResponse follow(@Argument Long followeeId) {
066        MinilogUserDetails userDetails = getCurrentUser();
067        return DtoGraphqlMapper.toGraphql(followService.follow(userDetails.getId(),
                followeeId));
068    }
069
070    @MutationMapping
071    public Boolean unfollow(@Argument Long followeeId) {
072        MinilogUserDetails userDetails = getCurrentUser();
```

```
073            followService.unfollow(userDetails.getId(), followeeId);
074            return true;
075        }
076
077        @MutationMapping
078        public UserResponse createUser(@Argument CreateUserInput input) {
079            return DtoGraphqlMapper.toGraphql(
080                userService.createUser(
081                    UserRequestDto.builder()
082                        .username(input.getUsername())
083                        .password(input.getPassword())
084                        .build()));
085        }
086
087        @MutationMapping
088        public UserResponse updateUser(@Argument UpdateUserInput input) {
089            MinilogUserDetails userDetails = getCurrentUser();
090            return DtoGraphqlMapper.toGraphql(
091                userService.updateUser(
092                    userDetails,
093                    input.getUserId(),
094                    UserRequestDto.builder()
095                        .username(input.getUsername())
096                        .password(input.getPassword())
097                        .build()));
098        }
099
100        @MutationMapping
101        public Boolean deleteUser(@Argument Long userId) {
102            userService.deleteUser(userId);
103            return true;
104        }
105    }
```

빌드

WSL2 터미널을 열고 프로젝트 루트 디렉토리로 이동하여 다음 명령을 수행합니다.

```
gradle build
```

빌드가 성공한 뒤 모든 유닛 테스트 케이스의 결과가 다음과 같이 PASSED로 나타나야 합니다.

7.4 실행 및 GraphiQL/Swagger-UI를 이용한 API 테스트

마지막으로 프로젝트를 실행해서 테스트를 진행해 보겠습니다.

minlog-graphql 실행

WSL2 터미널을 열고 프로젝트 루트 디렉토리로 이동하여 다음 명령을 수행합니다(도커 데스크탑을 이용해서 mysql-minilog가 실행 중인지 반드시 확인하세요).

```
gradle bootRun
```

다음은 정상적인 실행 예시입니다.

이제 브라우저를 실행하고 다음 주소에 접속하세요.

- http://localhost:8080/swagger-ui/index.html

다음과 같이 Swagger UI가 열렸나요? 그럼 테스트를 진행하겠습니다.

신규 사용자 추가

6장에서 scott 사용자를 추가했다면 신규 사용자 신규 사용자 추가 섹션은 건너 뛰어도 됩니다.

01 user-controller 항목의 POST /api/v2/user 섹션에서 [Try it out] 버튼을 클릭하세요.

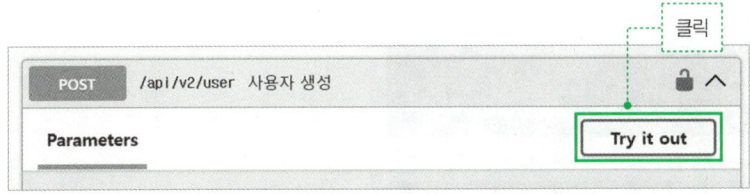

02 [Request Body] 섹션에서 username에는 "scott", password에는 "tiger"를 입력한 후, [Execute] 버튼을 클릭하세요.

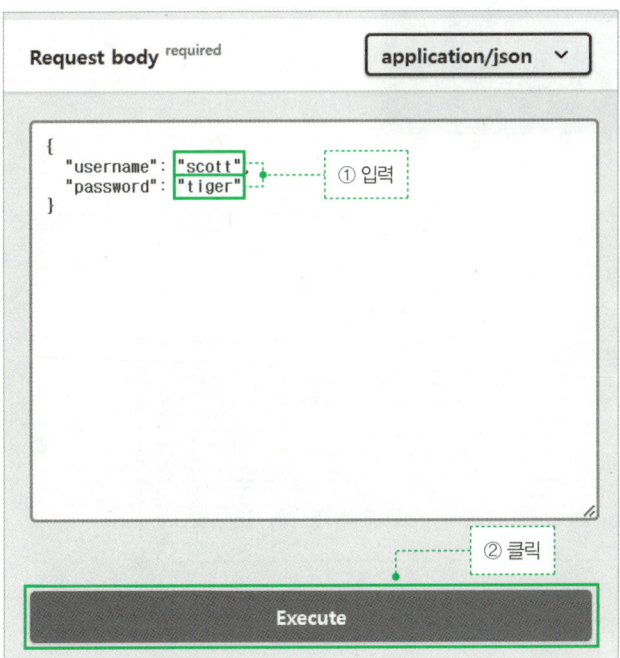

03 다음과 같이 200 응답 코드와 함께 Response Body가 반환되면 성공적으로 사용자가 생성된 것입니다. 여러분의 실행결과와 예시에 있는 Response Body의 Id는 다를 수 있습니다.

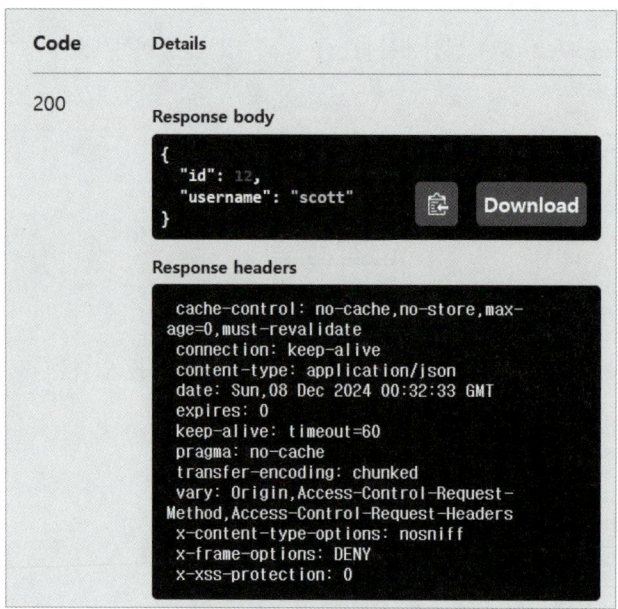

04 minilog_jpa 데이터베이스에 접속해서 users 테이블을 확인해보면 다음과 같이 비밀번호가 암호화되어 저장되어 있음을 확인할 수 있습니다.

```
mysql> select username, password from users;
+----------+--------------------------------------------------------------+
| username | password                                                     |
+----------+--------------------------------------------------------------+
| scott    | $2a$10$pBfn2iuQlw4hrnULaIpzluFy6Gvjp2LDxfWWVxkI7Wy7ibpQcZjL6 |
+----------+--------------------------------------------------------------+
1 row in set (0.00 sec)
```

Minilog 로그인 및 Swagger UI 인증

앞서 생성한 scott 계정으로 로그인을 하여 JWT를 생성하고, 이 값을 Swagger UI에 입력하도록 하겠습니다. 다음 순서를 따라하세요.

01 authentication-controller 항목의 POST /api/v2/auth/login 섹션에서 [Try it out] 버튼을 클릭하세요.

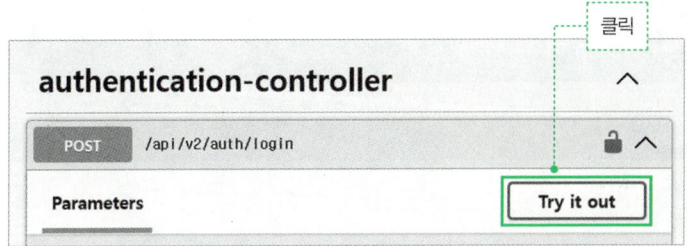

02 [Request Body] 섹션에서 username에는 "scott", password에는 "tiger"를 입력한 후, [Execute] 버튼을 클릭하세요.

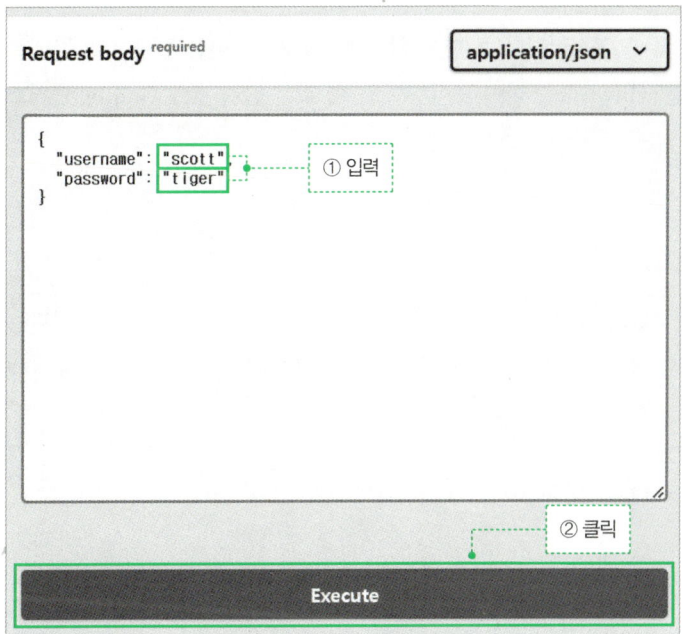

03 다음과 같이 200 응답 코드와 함께 Response Body가 반환되면 성공적으로 JWT가 생성된 것입니다. 여러분의 실행결과와 예시에 있는 Response Body의 jwt는 다를 수 있습니다.

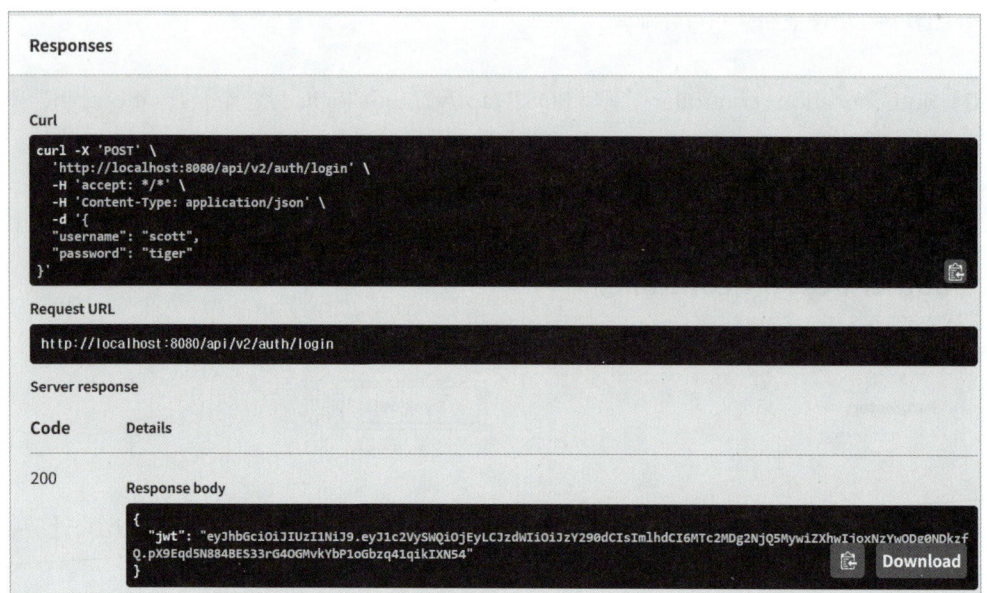

04 위의 응답 결과에서 jwt의 값을 복사합니다(큰 따옴표는 제외하고, 큰 따옴표 사이의 값만 복사하세요). 윈도우 메모장을 열어서 jwt 값을 붙여 넣어두세요. 이 값은 잠시 후에 GraphQL 테스트에 사용할 예정입니다.

GraphQL 테스트

실제 GraphQL 엔드포인트는 /graphql이지만, 우리는 이 엔드포인트를 직접 호출하기보다는 GraphiQL을 활용하여 테스트할 예정입니다. 우선, 앞서 획득한 JWT를 GraphiQL에 등록하는 것부터 시작합니다.

GraphiQL 인증 헤더 입력하기

01 웹 브라우저를 열고 다음 GraphiQL 테스트 주소를 입력하세요(여기서 'graph'와 'ql' 사이에 소문자 'i'가 있다는 점에 주의하세요).

- GraphiQL 테스트 주소: http://localhost:8080/graphiql

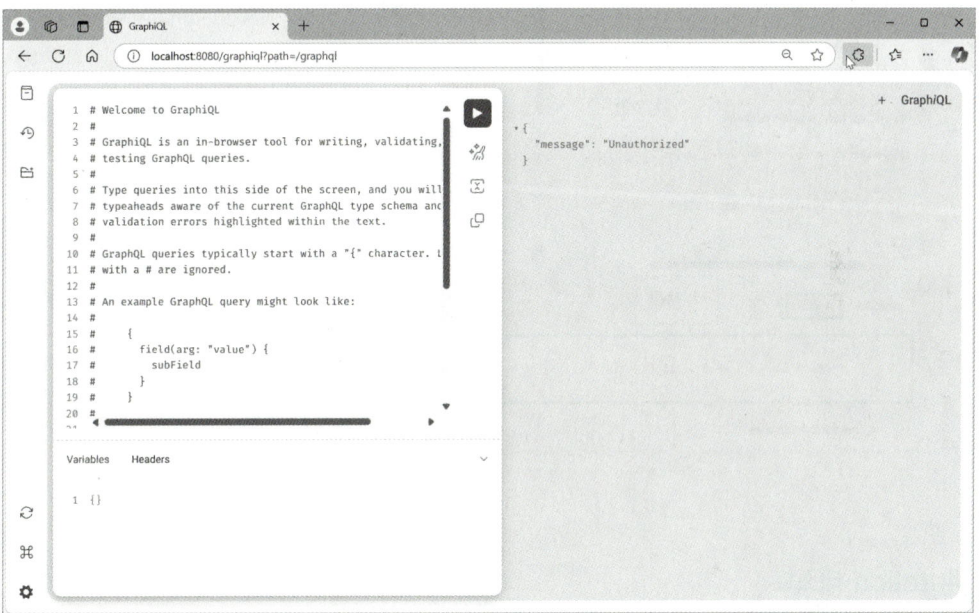

02 /api/v2/auth/login을 통해 발급받은 JWT를 GraphiQL에 등록합니다. GraphiQL UI 하단의 [Headers] 탭을 클릭한 후, 아래와 같이 입력합니다(여기서 '복사한_JWT' 자리에는 실제 토큰 값을 붙여 넣으세요).

```
{
    "Authorization": "Bearer 복사한_JWT"
}
```

03 입력 예시는 다음과 같습니다.

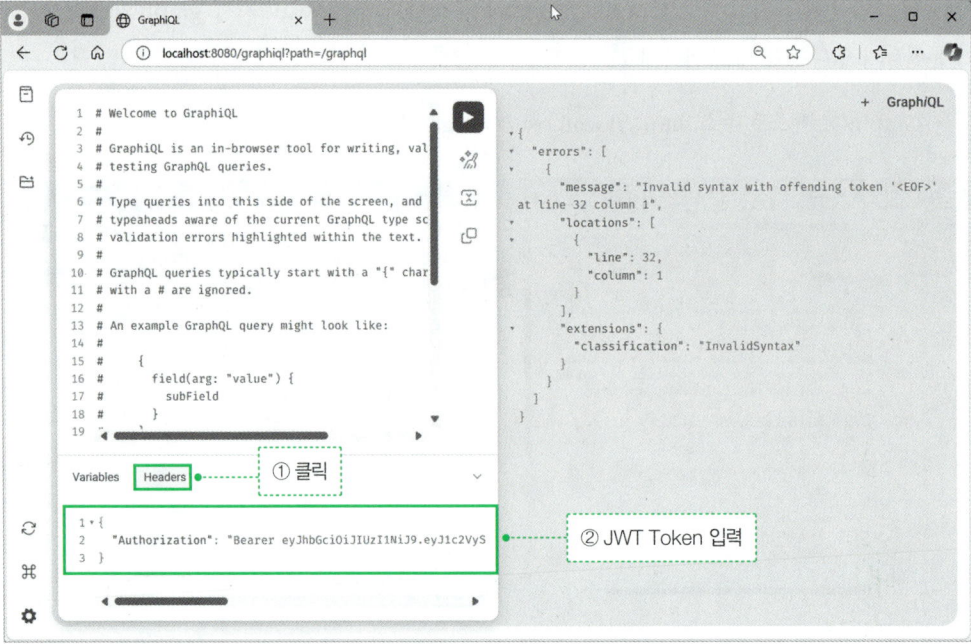

Mutation 테스트

GraphiQL을 이용하여 게시글Article을 생성하는 Mutation을 테스트해보겠습니다. 앞서 정의한 GraphQL 스키마에는 게시글을 생성하는 createArticle Mutation이 포함되어 있습니다.

01 GraphiQL 화면의 왼쪽에서 [Show GraphQL Explorer] 버튼을 클릭하여 GraphQL Explorer를 표시합니다.

02 Explorer 하단의 드롭다운 메뉴에서 "Mutation"을 선택한 후, 오른쪽에 있는 [+] 버튼을 클릭합니다.

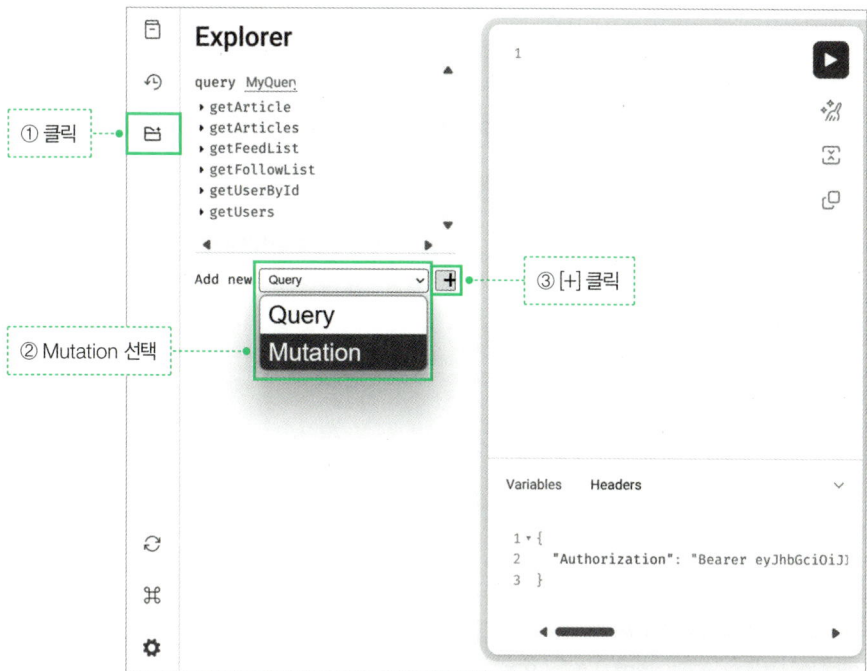

03 다음과 같이 사용 가능한 Mutation 연산이 표시되는지 확인합니다.

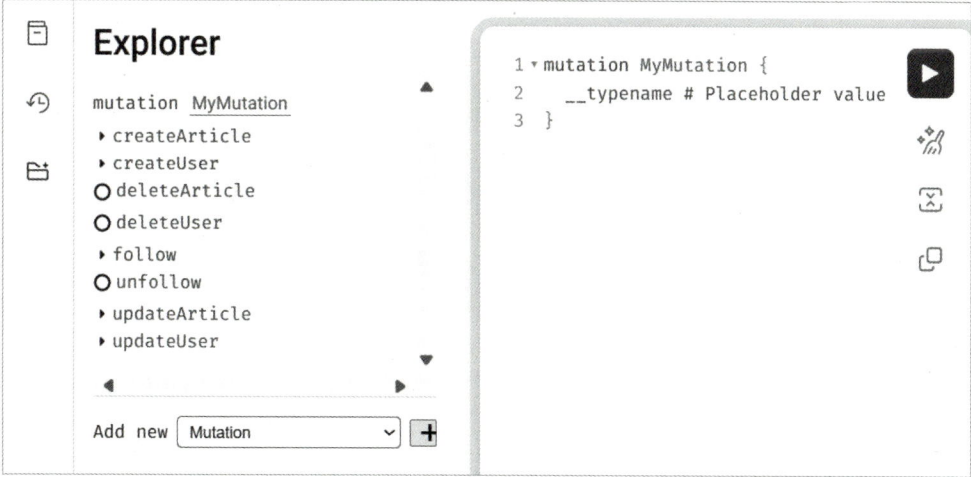

04 표시된 사용 가능한 Mutation 연산 목록에서 createArticle 항목을 확장합니다.

- 여기서 input의 content 필드와 응답 타입의 articleId, authorId, authorName, content, createdAt 필드를 선택합니다.
- content 필드에는 "GraphQL을 이용한 컨텐츠 생성"이라는 값을 입력합니다.

05 최종적으로 완성된 Mutation 연산은 다음과 같습니다.

```
mutation {
    createArticle(input: { content: "GraphQL을 이용한 컨텐츠 생성" }) {
        articleId
        content
        authorId
        authorName
        createdAt
    }
}
```

06 편집기 오른쪽의 재생 버튼(또는 [Execute Query] 버튼)을 클릭하여 Mutation 연산을 실행합니다.

```
1  mutation MyMutation {
2    createArticle(input: {content: "GraphQL을 이용한 컨텐츠 생성"}) {
3      articleId
4      authorId
5      authorName
6      content
7      createdAt
8    }
9  }
```
← 클릭

07 GraphiQL 화면의 결과 창에서 createArticle Mutation의 결과를 확인합니다. 성공적인 예시는 다음과 같이 표시됩니다.

```
{
  "data": {
    "createArticle": {
      "articleId": 10,
      "authorId": 12,
      "authorName": "scott",
      "content": "GraphQL을 이용한 컨텐츠 생성",
      "createdAt": "2025-02-22T07:17:12.524Z"
    }
  }
}
```

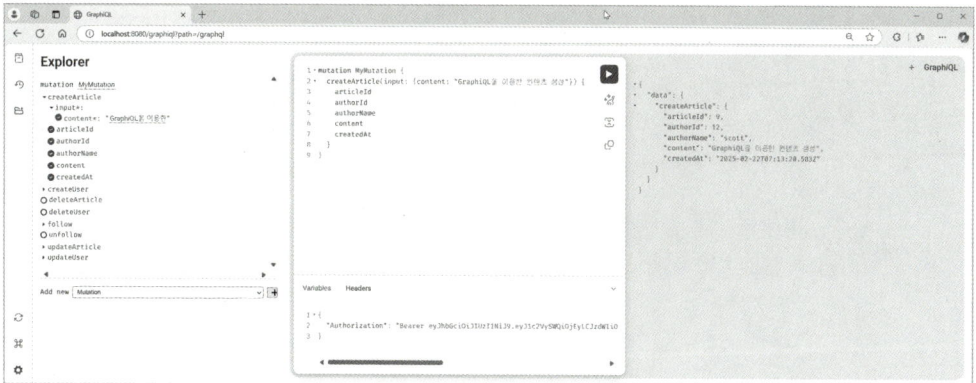

Query 테스트

GraphiQL을 이용하여 게시글(Article)을 조회하는 Query를 테스트해 보겠습니다. 앞서 정의한 GraphQL 스키마에는 게시글을 생성하는 getArticles Query가 포함되어 있습니다.

01 GraphiQL 화면의 왼쪽에서 [Show GraphQL Explorer] 버튼을 클릭하여 GraphQL Explorer를 표시합니다.

02 Explorer 하단의 드롭다운 메뉴에서 'Query'를 선택한 후, 오른쪽에 있는 [+] 버튼을 클릭합니다.

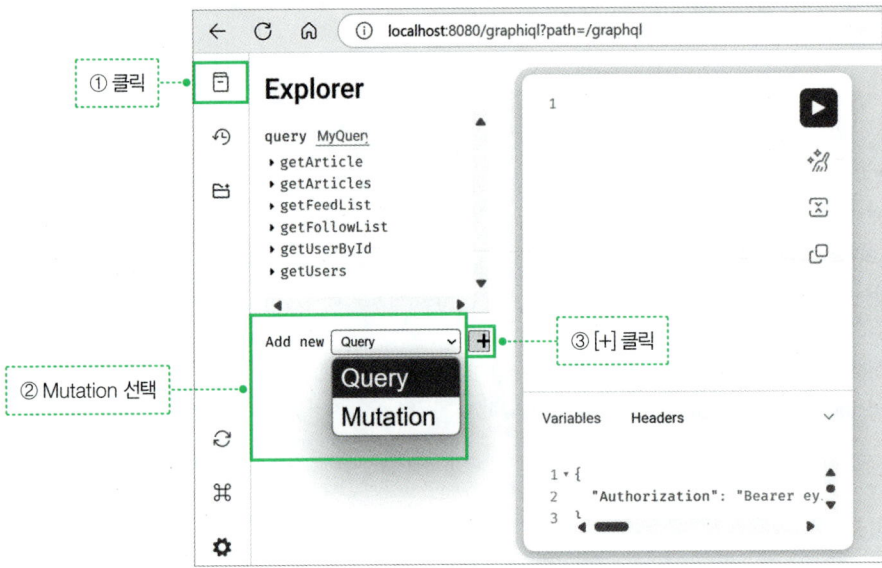

03 다음과 같이 사용 가능한 Query 연산이 표시되는지 확인합니다.

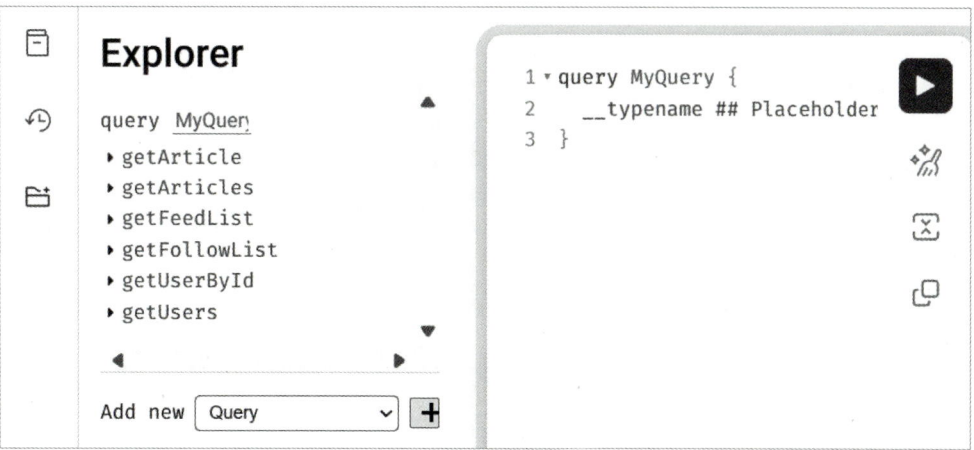

04 표시된 사용 가능한 Query 연산 목록에서 getArticles 항목을 확장합니다.

- getArticles의 매개 변수인 userId와 응답 타입의 필드인 articleId, authorId, authorId, authorName, content, createdAt을 선택합니다.
- userId 인수에는 여러분이 로그인 해 있는 계정의 userId를 입력하면 됩니다.

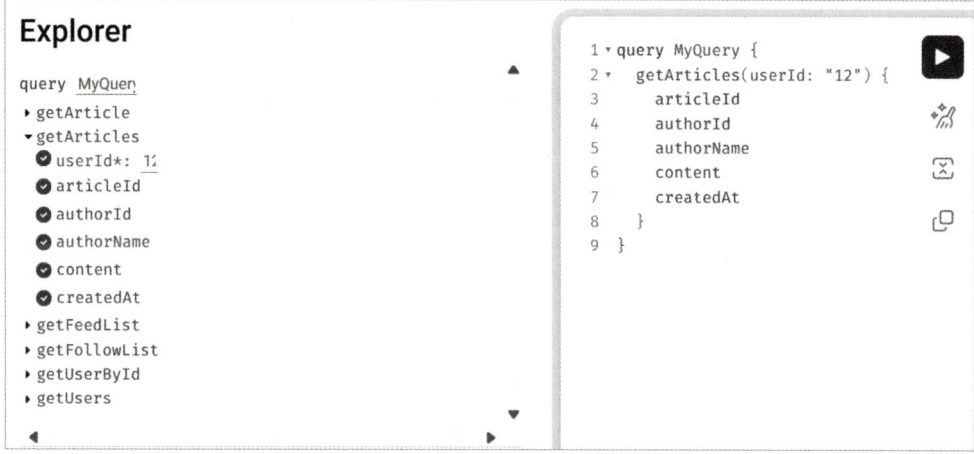

05 최종적으로 완성된 쿼리는 다음과 같습니다. userId에는 여러분이 로그인 해 있는 계정의 userId를 입력하셔야 합니다. 그 값이 '12'가 아닐 공산이 큽니다.

```
query MyQuery {
  getArticles(userId: "12") {
  articleId
    authorId
    authorName
    content
    createdAt
  }
}
```

06 편집기 오른쪽의 재생 버튼(또는 [Execute Query] 버튼)을 클릭하여 getArticles 연산을 실행합니다.

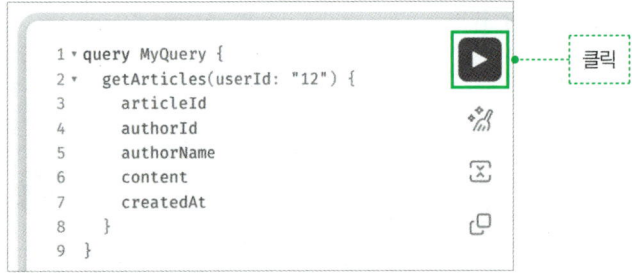

07 GraphiQL 화면의 결과 창에서 createArticle Mutation의 결과를 확인합니다. 성공적인 예시는 다음과 같이 표시됩니다.

```
{
  "data": {
    "getArticles": [
      {
        "articleId": 6,
        "authorId": 12,
        "authorName": "scott",
```

```
        "content": "안녕하세요 반갑습니다.",
        "createdAt": "2024-12-08T10:20:25.000Z"
      },
      {
        "articleId": 7,
        "authorId": 12,
        "authorName": "scott",
        "content": "인증 기능 구현을 마치겠습니다.",
        "createdAt": "2024-12-08T12:02:19.000Z"
      },
      {
        "articleId": 9,
        "authorId": 12,
        "authorName": "scott",
        "content": "GraphiQL을 이용한 컨텐츠 생성",
        "createdAt": "2025-02-22T07:13:21.000Z"
      }
    ]
  }
}
```

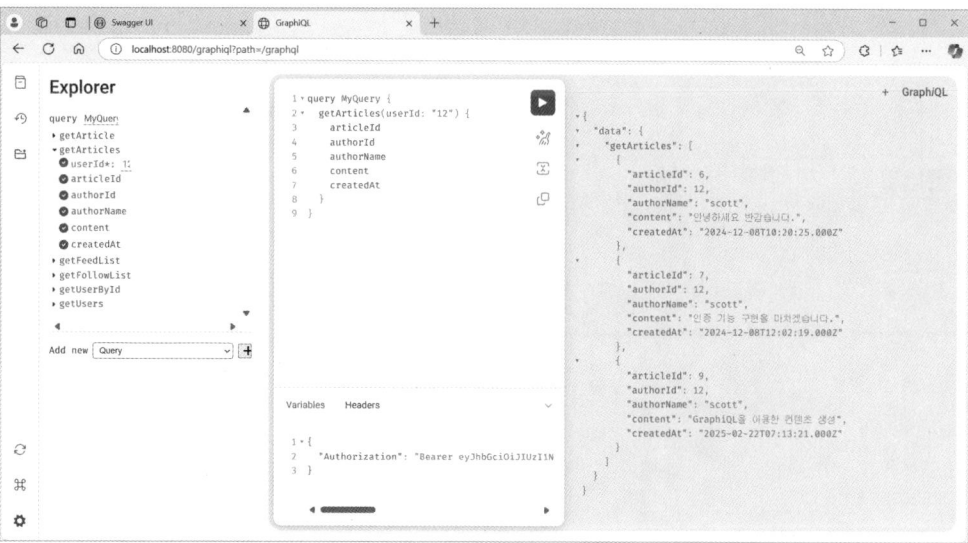

추가 테스트

이제 나머지 Mutation 연산과 Query 연산에 대한 테스트는 여러분의 과제로 남겨두겠습니다.

요점 정리

- **GraphQL 전환:** Minilog API를 REST 방식에서 GraphQL 기반으로 전환하며, 스프링부트3 환경에서 GraphQL 서버 구축 과정을 다뤘습니다.
- **핵심 구현 내용:** 스키마 정의, Query · Mutation 구현, 입력 · 응답 타입 설계, DTO를 GraphQL 응답 객체로 변환하는 유틸리티 클래스를 구현했습니다.
- **특징 및 효과:** 단일 엔드포인트에서 필요한 데이터만 요청할 수 있어 효율성이 높아지고, 기존 서비스 · 리포지토리 계층을 재활용해 유지보수성이 향상되었습니다.
- **테스트 및 검증:** GraphiQL을 통해 JWT 인증 등록 및 Query · Mutation 테스트를 수행하며 GraphQL API의 안정성을 검증했습니다.

고민 상담소 GrapQL 도입 시점

GraphQL을 언제 도입해야 할지 판단이 어렵습니다.

GraphQL이 특히 빛을 발하는 순간은 클라이언트(웹, 앱, 외부 서비스 등)에서 각각 다른 화면이나 컴포넌트가 다양한 데이터 조합을 필요로 할 때입니다. 예를 들어 모바일 앱, 웹, 외부 오픈 API 등 여러 소비자가 서로 다른 데이터를 요청하고, 프론트엔드가 화면에 맞춰 API 응답을 빠르게 바꾸고 싶을 때(예: 어떤 UI에서는 Article의 title만 보여주고 어떤 UI에서는 title과 author의 정보를 함께 보여주고 싶을 때) , 또 여러 서비스(마이크로서비스, 여러 DB 등)에서 데이터를 조합해 한 번에 내려줘야 할 때 GraphQL의 유연성과 생산성이 REST보다 훨씬 더 크게 다가옵니다.

반대로, API 구조가 단순하고, 각 화면에 필요한 데이터가 거의 정해져 있거나, 프론트엔드와 백엔드의 협업이 원활하며 팀에 아직 GraphQL 경험자가 많지 않다면 굳이 GraphQL을 서둘러 도입할 필요는 없습니다.

REST는 오버 페칭(Over-fetching: 불필요한 데이터까지 가져오는 문제)이나 언더 페칭(Under-fetching: 원하는 데이터를 한 번에 못 받아 여러 번 호출해야 하는 문제) 같은 한계를 갖지만, GraphQL은 이런 문제를 해결하는 대신 설계와 운영의 복잡성, N+1 쿼리 문제, 권한/인증 체크의 어려움(예: 해당 사용자가 User 테이블에 접근할 권한이 있는가?), 단일 엔드포인트 구조에서 기인하는 요청 패턴과 데이터 조합의 다양성으로 인한 모니터링과 트러블슈팅의 어려움, 그리고 스키마의 작은 변화도 전체 서비스에 영향을 줄 수 있기 때문에 높아지는 배포 및 운영 관리의 복잡성 같은 문제를 가져온다는 점을 반드시 고려해야 합니다.

실제로 많은 기업들은 서비스 초기에는 REST로 시작하고, 서비스와 데이터 구조가 복잡해질 때 일부 API를 GraphQL로 점진적으로 전환하는 방식을 택하고 있습니다.

Chapter 08

도커를 이용한 애플리케이션 패키징 및 배포

과제 소개

- **소요 시간:** 30분
- **목표:** 도커 기반의 Minilog-GraphQL 애플리케이션 패키징 및 배포
- 기능 요구사항
  - 애플리케이션 빌드 시 Docker 이미지 자동 생성
  - 명령어를 사용하여 AWS ECS에 애플리케이션 배포
- 구현 요구사항
  - 데이터베이스는 AWS RDS의 MySQL을 사용
  - Docker 패키징 시 AWS RDS 환경에 적합한 데이터베이스 연결 정보 및 계정 설정 사용

8.1 Docker의 기본 개념과 설치

이번 절에서는 Docker의 핵심 개념과 컨테이너 기술을 명확히 이해하고, Docker를 실제 환경에서 효과적으로 사용하는 방법을 학습합니다. 1.3절에서 Docker Desktop 설치 방법을 이미 안내했으며, 이전 과제에서 Docker 기반의 MySQL 컨테이너를 활용한 경험이 있습니다. 여기서는 Docker에 대한 핵심 개념과 특징을 다시 한번 정리합니다.

Docker란 무엇인가?

Docker는 **컨테이너**Container 기술을 기반으로 애플리케이션의 패키징, 배포, 실행을 효율적으로 관리할 수 있게 도와주는 오픈소스 플랫폼입니다. 컨테이너는 애플리케이션은 물론, 애플리케이션을 실행하기 위해 필요한 모든 라이브러리, 의존성, 환경 설정을 하나로 묶어 운영체제^{OS}나 인프라 환경에 상관없이 일관된 방식으로 실행할 수 있도록 합니다.

기존의 **가상머신**Virtual Machine, VM은 **하이퍼바이저**Hypervisor를 사용해 호스트 운영체제 위에서 별도의 게스트 운영체제를 구동하는 방식으로 작동합니다. 따라서 VM은 높은 수준의 격리성을 제공하지만, 각 VM마다 독립된 운영체제를 설치 및 관리해야 하므로 시스템 자원을 많이 소모하고, 실행 및 배포 시간이 상대적으로 오래 걸립니다.

반면 Docker 컨테이너는 호스트 운영체제의 커널^{kernel}을 공유하여 애플리케이션 실행에 필요한 최소 환경만 갖추므로 다음과 같은 장점이 있습니다.

- 가볍고 빠른 컨테이너 실행
- 리소스 사용량의 현저한 감소
- 간편한 배포와 관리

그럼 Docker와 가상머신은 어떤 점이 다른 걸까요? 주요 차이점을 표로 정리하면 다음과 같습니다.

표 8-1 Docker와 가상머신의 차이점

기술	설명	장점	단점
Docker	컨테이너 기술 기반 애플리케이션 패키징, 배포 플랫폼	가볍고 빠른 실행, 적은 리소스 소모, 관리의 편리성 향상	상대적으로 낮은 수준의 커널 격리성 제공
가상머신(VM)	하이퍼바이저로 운영체제를 독립적으로 구동	높은 격리성, 완전 독립된 환경 제공	높은 리소스 소모, 긴 부팅 및 배포 시간

Docker의 주요 구성 요소

Docker는 여러 가지 구성 요소로 이루어져 있으며, 이들 구성 요소가 상호작용하여 컨테이너 환경을 관리합니다. 이번 절에서는 Docker의 주요 구성 요소와 각 역할을 설명합니다.

Docker 이미지(Image)

- Docker 컨테이너를 실행하기 위한 읽기 전용의 템플릿으로, 애플리케이션 코드, 의존성, 환경설정 등 실행에 필요한 모든 정보를 포함합니다.
- Docker 이미지는 Dockerfile이라는 설정 파일을 기반으로 생성됩니다.
- Minilog-GraphQL 애플리케이션 빌드 결과물(JAR 파일)과 MySQL 관련 의존성 및 설정 (application.properties)이 이미지에 포함됩니다.

Docker 컨테이너(Container)

- Docker 이미지를 기반으로 실제 애플리케이션이 동작하는 실행 환경으로, 가볍고 빠르게 구동되며 독립적이고 일관된 실행 환경을 제공합니다.

Dockerfile

- Docker 이미지를 생성하기 위한 일종의 스크립트 파일로, 애플리케이션의 소스 코드, 라이브러리, 의존성, 실행 명령 등을 정의합니다.

Docker 데몬(Docker Daemon)

- Docker 명령을 처리하고 컨테이너 및 이미지를 관리하는 프로세스로 Docker Desktop에는 Docker 데몬이 포함되어 있으며, AWS ECS도 Docker 데몬을 기반으로 컨테이너를 관리합니다.

Docker Registry
- Docker 이미지를 저장하고 공유할 수 있는 공간으로, 대표적으로 Docker Hub나 AWS ECR 등이 있습니다.

Docker 클라이언트(Client)
- Docker 명령어를 실행하여 Docker 데몬과 통신하고, 컨테이너 및 이미지를 관리하는 사용자 인터페이스입니다.

이제 Minilog-GraphQL 애플리케이션을 위한 Dockerfile을 작성하여 Docker 이미지를 생성하는 방법을 알아보겠습니다.

8.2 Dockerfile 작성 및 이미지 실행 테스트

이번에는 Minilog-GraphQL 스프링 부트 애플리케이션을 Dockerfile을 통해 도커 이미지로 생성하고, 이 이미지를 로컬 환경에서 실행하여 테스트합니다. 나아가 AWS ECS를 비롯한 다양한 도커 컨테이너 환경에서 사용할 수 있도록 준비합니다.

application.properties의 분리

지금까지 스프링 부트 애플리케이션은 모든 환경 설정을 하나의 application.properties 파일에 정의했습니다. 로컬에서만 개발과 테스트를 수행할 때는 하나의 설정 파일로 충분했지만, 앞으로는 운영 환경 배포를 고려하여 환경별 설정을 분리해야 합니다.

우리는 스프링 부트가 제공하는 표준 프로파일 규칙(application-〈프로파일이름〉.properties)을 활용하여 환경별로 설정 파일을 분리하겠습니다.

> **여기서 잠깐** 　**스프링 부트의 표준 프로파일 규칙 활용법**
>
> 스프링 부트는 다양한 환경(예: 개발, 테스트, 운영)을 손쉽게 관리할 수 있도록 프로파일^{Profile}이라는 기능을 제공합니다. 특정 프로파일을 활성화하면 스프링 부트는 자동으로 해당 프로파일에 맞는 설정 파일을 로드합니다.
>
> - 프로파일 이름에 따라 application-{profile}.properties라는 파일이 자동으로 로드됩니다.
> - 예를 들어, dev 프로파일을 활성화하면 application-dev.properties가 로드되고, prod 프로파일을 활성화하면 application-prod.properties가 로드됩니다.
> - 프로파일을 dev 환경으로 활성화하는 방법은 다음과 같습니다.
>   - 실행 시 JVM 옵션으로 설정: -Dspring.profiles.active=dev
>   - 환경변수로 설정: SPRING_PROFILES_ACTIVE=dev
>   - 애플리케이션 내에서 설정: SpringApplication.setAdditionalProfiles("dev")

build.gradle 파일 수정

minilog-graphql-with-docker/build.gradle 파일에 다음 내용을 추가하여, 빌드 시 자동으로 코드 스타일을 맞추고, 프로파일 설정을 지원하도록 합니다. 추가할 내용은 배경색으로 강조해두었습니다.

```
minilog-graphql-with-docker/build.gradle

....
116  (생략)
117
118  // build 할 때 spotlessApply를 실행하여 자동으로 코드의 양식을 맞춥니다.
119  build.dependsOn 'spotlessApply'
120
121  bootRun {
122      String activeProfile = System.properties['spring.profiles.active']
123      systemProperty "spring.profiles.active", activeProfile
124  }
```

application.properties에서 환경별 설정 분리

기존의 데이터베이스 연결 정보(4~17 라인)는 **개발 환경 설정 파일**application-dev.properties로 이동해야 하므로 해당 항목들을 기존의 application.properties에서 제거하고 보관합니다. 변경된 application.properties는 다음과 같습니다.

```
minilog-graphql-with-docker/src/main/resources/application.properties

01  # 로깅 및 관리 도구에서 애플리케이션을 식별할 수 있도록
02  # 애플리케이션 이름을 설정합니다.
03  spring.application.name=minilog-graphql
04
05  # Hibernate가 데이터베이스 스키마를 자동으로 업데이트하도록 설정합니다.
06  # 이 옵션을 통해 개발 중에 테이블 및 컬럼 구조가 자동으로 업데이트됩니다.
07  spring.jpa.hibernate.ddl-auto=update
```

```
08
09   # SQL 쿼리를 출력하도록 설정합니다.
10   spring.jpa.show-sql=true
11
12   jwt.secret=HX/ENcm+Rm847Y6sVh/eEEOPwnCmloCKe3Yrimoatbc=
13
14   # GraphiQL의 엔드포인트를 설정합니다.
15   spring.graphql.graphiql.enabled=true
16   spring.graphql.graphiql.path=graphiql
```

개발 환경 설정 파일(application-dev.properties) 추가

application.properties에서 제거한 내용을 이용하여 다음과 같이 application-dev.properties 파일을 추가하세요. 내용을 간소화하기 위해 주석은 제거했습니다.

minilog-graphql-with-docker/src/main/resources/application-dev.properties

```
01   spring.datasource.url=jdbc:mysql://localhost:3307/minilog_db
02   spring.datasource.username=minilog_user
03   spring.datasource.password=dev_password
04   spring.datasource.driver-class-name=com.mysql.cj.jdbc.Driver
```

운영 환경 설정 파일 추가

application-dev.properties 파일을 복사하여 운영 환경 설정 파일도 미리 만들어 둡니다. 운영 환경을 위한 AWS 설정이 완료된 이후, 실제 운영 환경에 맞게 내용을 수정할 예정입니다.

현재 시점에서는 다음과 같이 설정합니다.

```
minilog-graphql-with-docker/src/main/resources/application-prod.properties
01  spring.datasource.url=jdbc:mysql://localhost:3307/minilog_db
02  spring.datasource.username=minilog_user
03  spring.datasource.password=dev_password
04  spring.datasource.driver-class-name=com.mysql.cj.jdbc.Driver
```

Dockerfile 작성

Minilog-GraphQL은 Java 21로 작성되었기 때문에, 도커 이미지 또한 Java 21을 기반으로 생성합니다.

다음과 같이 Dockerfile을 프로젝트 최상위 폴더에 작성하세요.

```
minilog-graphql-docker/Dockerfile
# Docker 이미지 빌드를 위한 베이스 이미지 설정
FROM openjdk:21-jdk-slim

# /tmp 디렉터리를 볼륨으로 설정
VOLUME /tmp

# jar 파일 경로를 지정하는 인자 (기본값 build/libs/*.jar)
ARG JAR_FILE=build/libs/*.jar

# 지정된 jar 파일을 이미지 내부의 app.jar로 복사
COPY ${JAR_FILE} app.jar

# prod 프로파일을 사용해 production 설정을 적용  ● ─── 로컬 환경에서 테스트할 때는 이
ENV SPRING_PROFILES_ACTIVE=prod                    부분을 오버라이드 해야 합니다.
                                                   잠시 후 그 방법을 설명합니다.
# 컨테이너 시작 시 실행할 명령어 정의
ENTRYPOINT ["java","-jar","/app.jar"]
```

Dockerfile작성을 마쳤다면 다음과 같이 docker build 명령어를 사용하여 minilog-graphql 이미지를 생성하세요.

```
docker build -t minilog-graphql:latest .
```

정상적으로 docker build 명령어가 실행되면 다음과 같은 결과가 나타납니다.

빌드가 정상적으로 완료되었나요? 그럼 docker images 명령어를 통해 정상적으로 생성되었는지 확인합니다.

```
docker images | grep minilog-graphql
```

다음은 WSL2 터미널에서 docker images 명령어를 실행한 예시입니다.

개발(로컬) 환경에서 컨테이너 실행 및 테스트

이제 개발 환경에서 앞에서 빌드한 minilog-graphql 도커 이미지를 실행해보겠습니다. 도커 이미지를 실행할 때는 다음과 같이 docker run 〈Docker 이미지 이름〉 명령어를 실행합니다.

```
docker run -e SPRING_PROFILES_ACTIVE=dev --network="host" minilog-graphql
```

인수	설명
docker run	Docker 이미지를 기반으로 새로운 컨테이너를 생성하여 실행합니다.
-e SPRING_PROFILES_ACTIVE=dev	환경변수를 통해 스프링 부트에서 사용할 프로파일을 dev로 활성화합니다. 스프링 부트는 이를 바탕으로 설정 파일 이름에 지정된 프로파일을 적용해줍니다. 예를 들어, 프로파일이 dev이면 application-dev.properties를 읽어 설정합니다.
--network="host"	Docker 컨테이너가 호스트 머신의 네트워크를 직접 공유하게 합니다. 기본적으로 컨테이너는 호스트와 분리된 네트워크를 사용하지만, 이 옵션을 주면 localhost가 컨테이너가 아닌 호스트 머신의 localhost를 의미하게 됩니다. 이 옵션을 사용하면 별도의 포트 매핑(-p) 없이도 동일한 포트를 공유하여 사용할 수 있습니다.
minilog-graphql	실행할 Docker 이미지의 이름입니다.

다음은 docker run 명령어를 이용하여 minilog-graphql 이미지를 실행한 결과입니다. 스프링부트 애플리케이션이 정상적으로 시작되어 Tomcat이 초기화되고 포트(8080)를 리스닝하는 것을 확인할 수 있습니다.

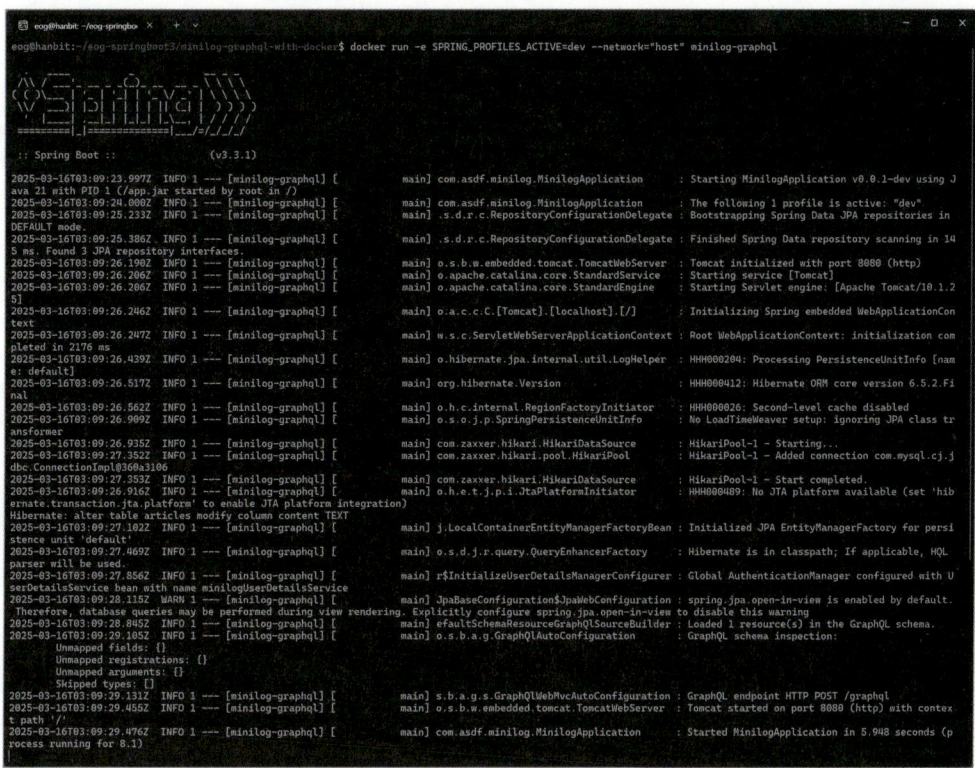

도커 데스크탑에서도 다음과 같이 실행중인 minilog-graphql 이미지를 확인할 수 있습니다.

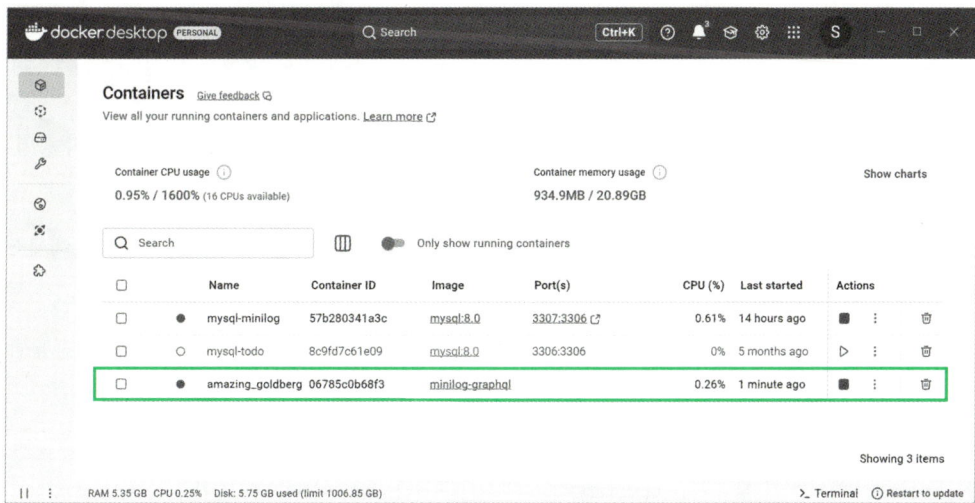

8.3 AWS에 Minilog-GraphQL 배포하기

이번 절에서는 Minilog-GraphQL 애플리케이션을 AWS ECS 환경에서 배포하는 과정을 학습합니다. AWS 환경 설정 및 필요한 개념에 대해 간략히 설명한 후, 단계별로 상세한 설정 방법을 안내합니다.

AWS 액세스 키 및 비밀 액세스 키 생성 방법

AWS에 가입했나요? 이후의 작업을 진행하려면 AWS 액세스 키 ID와 비밀 액세스 키를 생성하고 메모를 해 두어야 합니다. 다음 절차를 따라 액세스 키 ID와 비밀 액세스를 확보하세요.

> **여기서 잠깐** AWS 계정이 필요합니다.
>
> 이후의 실습을 진행하려면 여러분의 AWS 계정이 필요합니다. 집필 시점 기준으로 AWS 가입 페이지 주소는 다음과 같습니다.
>
> - AWS 가입 페이지: https://signin.aws.amazon.com/signup?request_type=register

1. AWS 관리 콘솔에 로그인하신 후, 오른쪽 상단에 있는 사용자 이름을 클릭하고 [보안 자격 증명] 메뉴를 선택합니다.

2. 페이지에서 [액세스 키] 항목을 찾아 [액세스 키 만들기] 버튼을 클릭합니다. 그러면 새로운 액세스 키와 비밀 액세스 키가 생성됩니다.

3. 액세스 키가 생성되면 즉시 화면에 나타나는 다음 두 가지 정보를 별도의 안전한 곳에 복사해 보관하세요.
   - 액세스 키 ID (Access Key ID)
   - 비밀 액세스 키 (Secret Access Key)

NOTE 비밀 액세스 키는 이 단계에서만 확인 가능하며, 이후 다시 조회할 수 없으니 반드시 잘 보관하셔야 합니다.

WSL2에 AWS CLI 설치하기

로컬 환경(WSL2+Ubuntu 24.04)에서 빌드한 이미지를 AWS로 배포하려면 AWS CLI를 설치해야 합니다.

01 WSL2 터미널을 열고 다음 명령어를 실행하여 AWS CLI를 설치하세요.

```
curl "https://awscli.amazonaws.com/awscli-exe-linux-x86_64.zip" -o "awscliv2.zip"
unzip awscliv2.zip
sudo ./aws/install
```

02 설치가 잘 되었는지 확인해 봐야겠죠? 다음 명령어를 실행해서 설치가 정상적으로 되었는지 확인하세요.

```
aws --version
```

03 다음은 aws --version 명령어 실행 예시입니다.

```
eog@hanbit:~$ aws --version
aws-cli/2.24.24 Python/3.12.9 Linux/5.15.167.4-microsoft-standard-WSL2 exe/x86_64.ubuntu.24
eog@hanbit:~$
```

04 AWS CLI를 설치가 마무리됐다면 여러분의 AWS 계정을 연결해야 합니다. 다음 명령어를 터미널에서 실행하세요. 이 명령어는 AWS 액세스 키 ID와 비밀 액세스 키 등을 요구합니다. 이제 앞 단계에서 메모해둔 정보를 입력해주세요.

```
aws configure
```

05 aws configure 명령어 실행 예시는 다음과 같습니다.

```
eog@hanbit:~$ aws configure
AWS Access Key ID [None]: ████████████████
AWS Secret Access Key [None]: ████████████████
Default region name [None]: ap-northeast-2
Default output format [None]:
eog@hanbit:~$
```

Amazon RDS, ECR, ECS 이해하기

AWS는 클라우드 기반 애플리케이션 개발과 운용의 편의를 위해 수많은 서비스를 제공합니다. 이 중에서 우리가 사용할 서비스는 RDS, ECR, ECS인데요, 여기에 대해 간단히 알아보겠습니다.

Amazon RDS

Amazon RDS^{Relational Database Service}는 클라우드 상에서 쉽게 관리할 수 있는 데이터베이스 서비스로 MySQL, PostgreSQL, Oracle 등 다양한 DBMS를 지원하며, 데이터베이스의 설치, 운영, 백업, 복구 등 번거로운 작업을 자동화해줍니다.

Amazon ECR

Amazon ECR^{Elastic Container Registry}은 컨테이너 이미지를 안전하게 저장, 관리 및 배포할 수 있는 관리형 컨테이너 이미지 레지스트리 서비스입니다. 우리의 Minilog 앱 이미지는 바로 이곳에 업로드됩니다.

Amazon ECS

Amazon ECS^{Elastic Container Service}는 Docker 컨테이너를 손쉽게 관리하고 배포할 수 있도록 지원하는 완전 관리형 컨테이너 오케스트레이션 서비스입니다. ECS는 자동으로 컨테이너 배포, 확장, 관리를 처리하여 운영의 복잡성을 줄입니다. Minilog 앱을 실행할 환경이 바로 이 Amazon ECS입니다.

Amazon RDS MySQL 인스턴스 설정

AWS 관리 콘솔을 통해 RDS에서 MySQL 인스턴스를 설정합니다.

01 AWS 콘솔에서 메뉴 확장 버튼을 클릭하고, [데이터베이스] → [Aurora and RDS] 메뉴를 클릭하여 Aurora and RDS 관리 콘솔에 접속합니다.

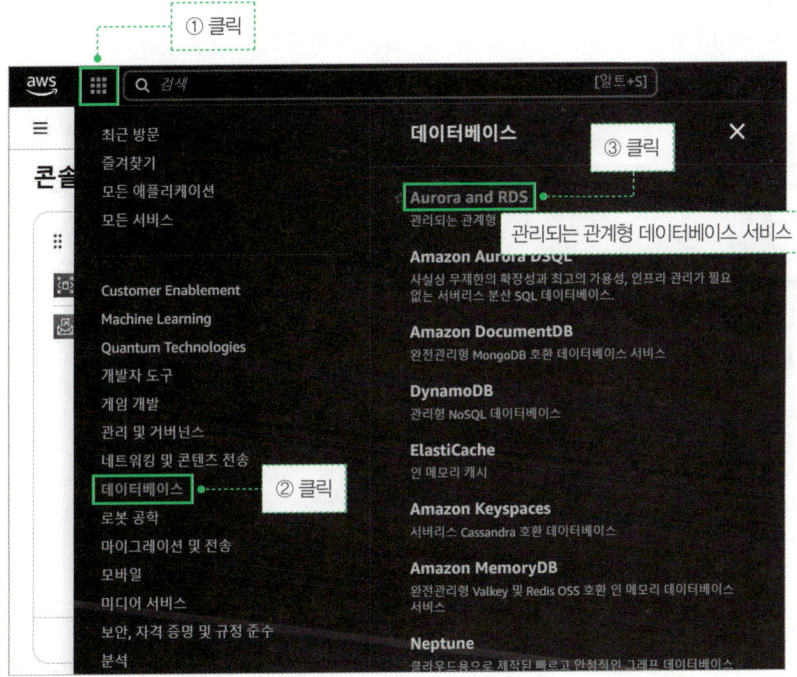

02 Amazon RDS 관리 콘솔 상단의 [데이터베이스 생성] 버튼을 클릭합니다.

03 데이터베이스 생성 방식은 [표준 생성]으로 지정합니다.

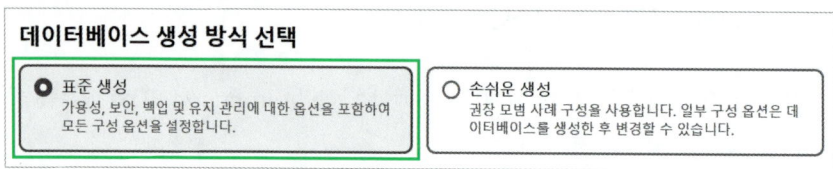

04 엔진 유형에서 [MySQL]을 선택하고, 버전은 8.x 이상을 선택하세요.

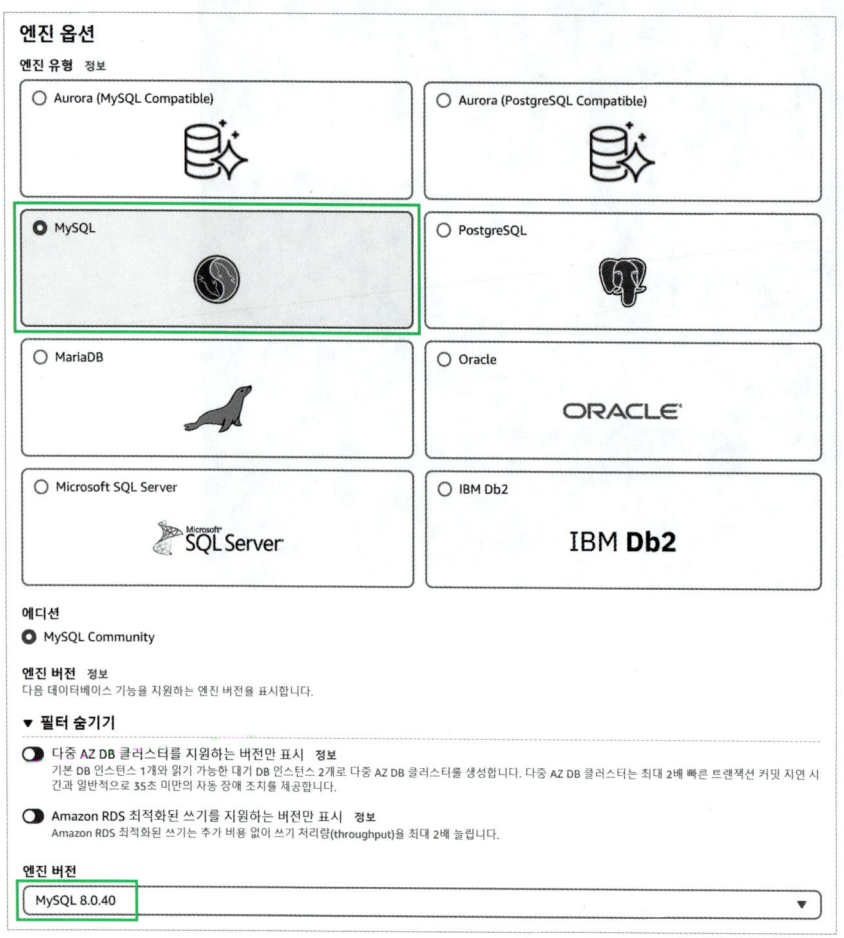

05 [템플릿] 옵션에서 [프리 티어]로 지정합니다.

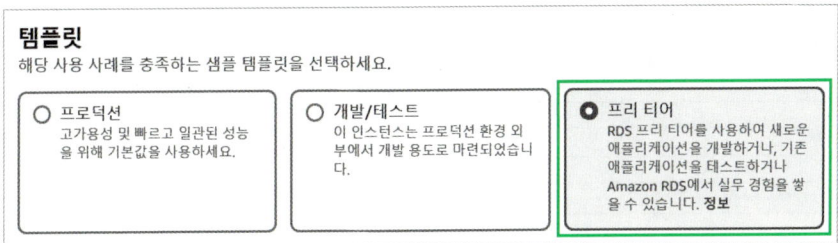

06 [설정] 옵션에서 DB 인스턴스 식별자, 마스터 사용자 이름, 마스터 암호를 설정합니다.

- DB 인스턴스 식별자: mysql-minilog
- 자격 증명 설정
    - 마스터 사용자 이름: admin
    - 자격 증명 관리: [자체 관리]
    - 마스터 암호: (여러분만의 암호를 입력하세요)

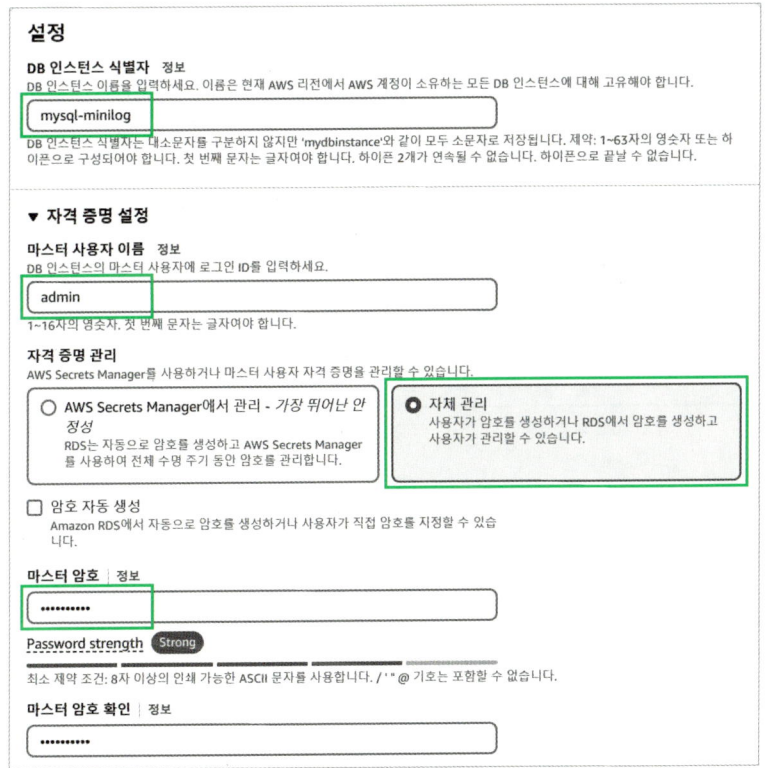

Chapter 08 • 도커를 이용한 애플리케이션 패키징 및 배포   363

07 [연결] 옵션의 [퍼블릭 액세스]를 '예'로 지정하세요.

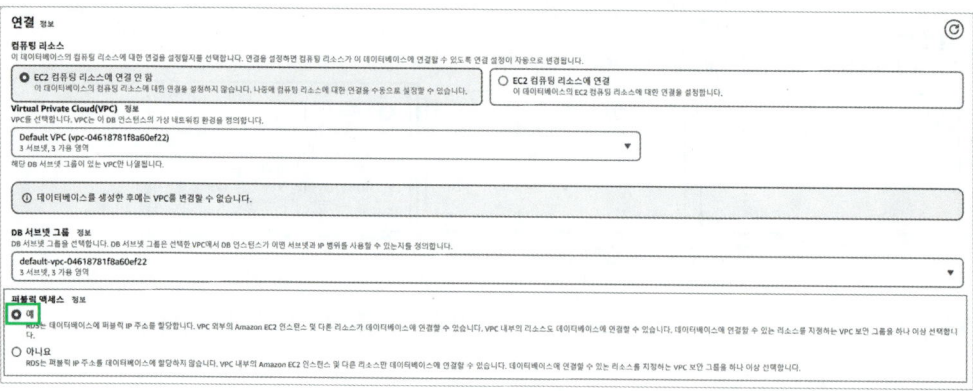

08 추가 구성 옵션에서는 다음과 같이 구성하세요. 지금까지 언급하지 않은 항목은 기본 값을 유지하면 됩니다. 이제 [데이터베이스 생성] 버튼을 클릭하여 인스턴스 생성을 완료합니다.

- 초기 데이터베이스 이름: minilog_db

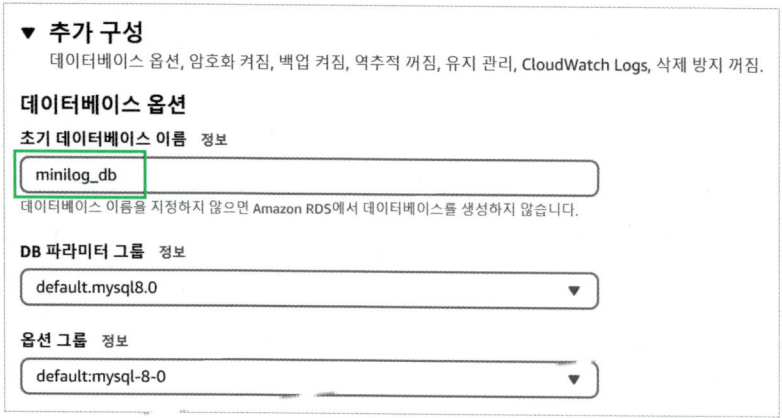

09 위 절차를 성공적으로 마무리하면 다음과 같이 데이터베이스가 생성된 것을 콘솔에서 확인할 수 있습니다.

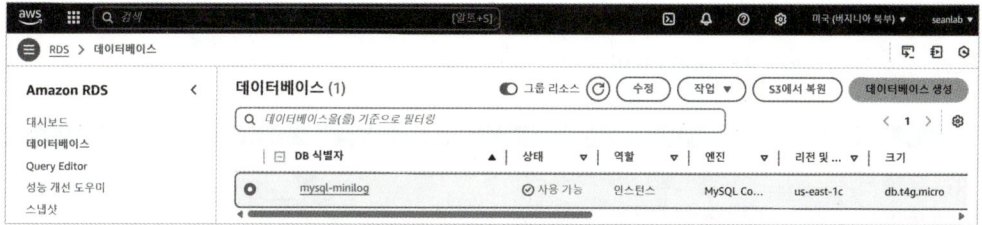

> **NOTE** 데이터베이스 목록에서 방금 생성한 'mysql-minilog' 인스턴스를 클릭하면 해당 데이터베이스 인스턴스의 상세 정보가 나타납니다. [연결 및 보안] 탭에 있는 엔드포인트 정보(예: mysql-minilog.xxxxxx.region.rds.amazonaws.com)를 확인하여 기록해 두세요.

기본 보안 그룹 인바운드 속성 편집

우리는 RDS를 통해 MySQL 인스턴스를 생성하면서 VPC 보안 그룹(방화벽)을 별도로 설정하지 않았기 때문에 기본 VPC 보안 그룹을 사용하고 있습니다. 이 기본 VPC 보안 그룹의 설정을 앞서 생성한 MySQL 인스턴스에 Minilog 앱과 외부 데이터베이스 관리 도구에서 접근이 가능하도록 변경하겠습니다.

01 먼저 다음과 같이 AWS 콘솔에서 메뉴 확장 버튼을 클릭하고, [네트워크 및 콘텐츠 전송] → [VPC] 메뉴를 클릭하여 VPC 관리 콘솔에 접속합니다.

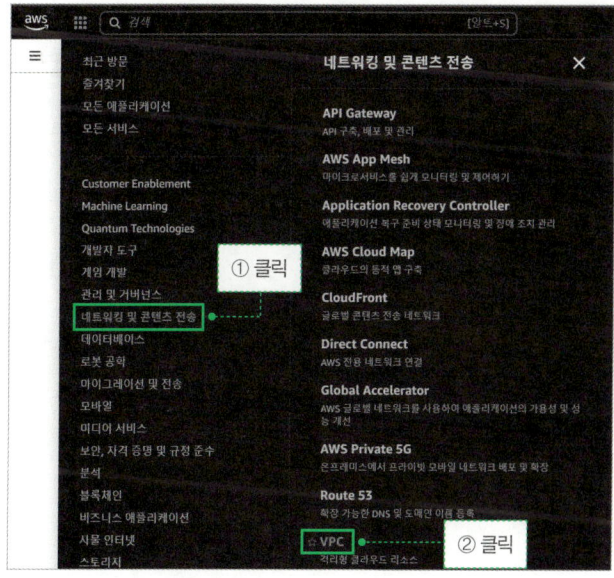

02 좌측 내비게이션 바에서 [보안] 그룹의 [보안 그룹] 메뉴를 클릭하여 보안 그룹 목록을 엽니다. 그리고 [보안 그룹 이름]이 'default'인 항목을 클릭하세요.

03 default 보안 그룹의 상세 정보 화면이 나타나면 [인바운드 규칙 편집] 버튼을 클릭하세요.

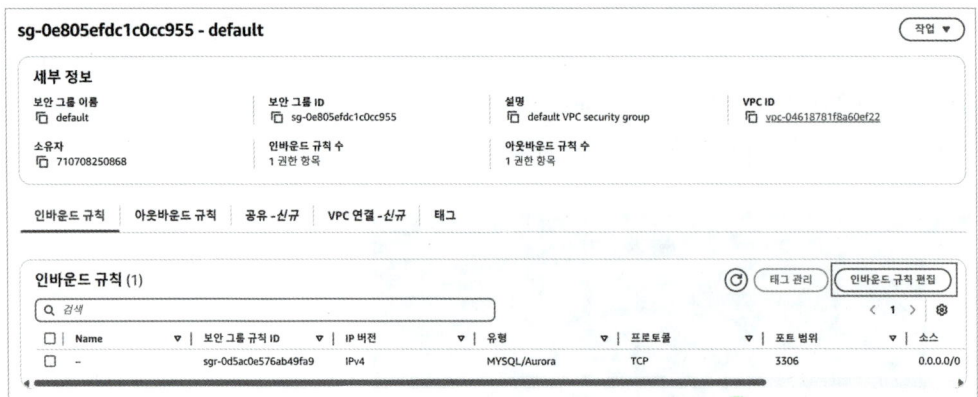

04 기존의 규칙은 모두 삭제하고, [규칙 추가] 버튼을 클릭하고 다음 항목을 입력한 후, [규칙 저장] 버튼을 클릭하세요.

- 유형: MYSQL/Aurora
- 소스: Anywhere-IPV4

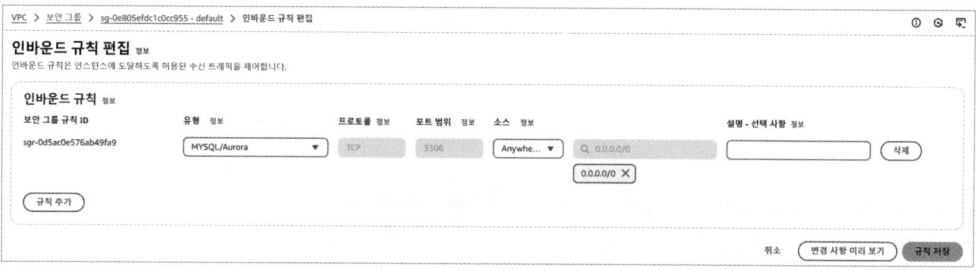

application-prod.properties 수정

앞서 준비한 application-prod.properties 파일을 다음과 같이 수정하여 Amazon RDS 환경을 반영합니다. 수정이 필요한 부분은 배경색으로 강조했습니다.

```
minilog-graphql-with-docker/src/main/resources/application-prod.properties
01  spring.datasource.url=jdbc:mysql://<RDS-엔드포인트>:3306/minilog_db
02  spring.datasource.username=<RDS에서 설정한 사용자 이름>
03  spring.datasource.password=<RDS에서 설정한 비밀번호>
04    spring.datasource.driver-class-name=com.mysql.cj.jdbc.Driver
```

Amazon ECR에 Docker 이미지 등록

Amazon ECS에서 Docker 이미지를 실행하려면 먼저 Amazon ECR에 이미지를 업로드해야 합니다. 다음 절차를 따라해 보세요.

01 AWS 콘솔에서 메뉴 확장 버튼을 클릭하고, [컨테이너] → [Elastic Container Registry] 메뉴를 클릭합니다.

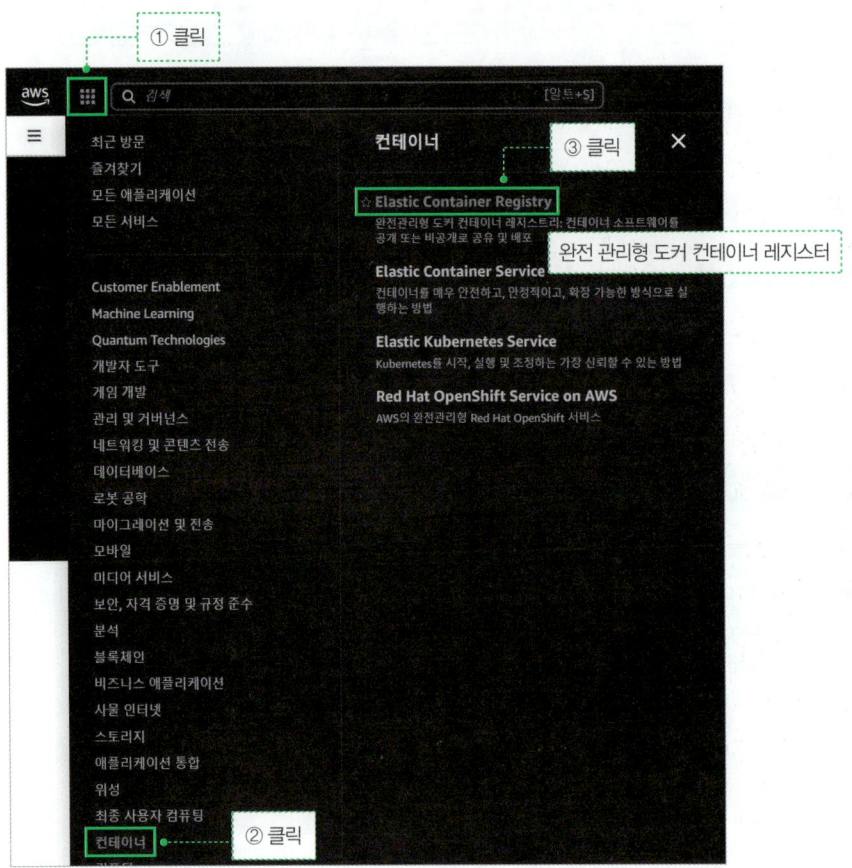

02 Amazon ECR 페이지가 열리면 [생성] 버튼을 클릭합니다.

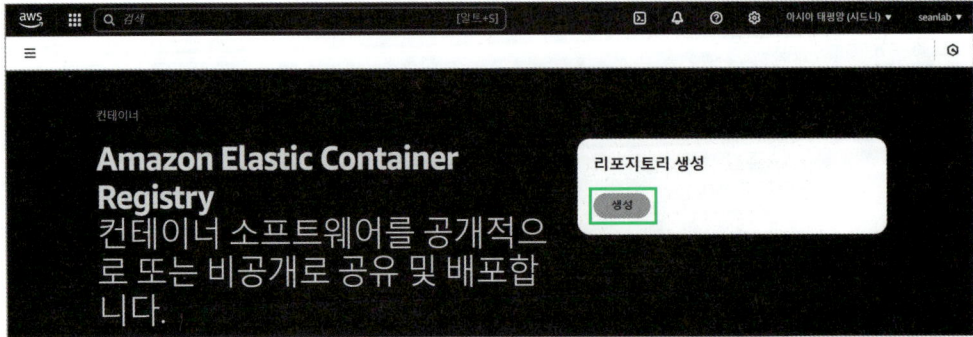

03 프라이빗 리포지토리 생성 페이지에서 리포지토리 이름을 지정하고 [생성] 버튼을 클릭합니다. 본 가이드에서는 리포지토리 이름을 'minilog-graphql'로 지정했습니다.

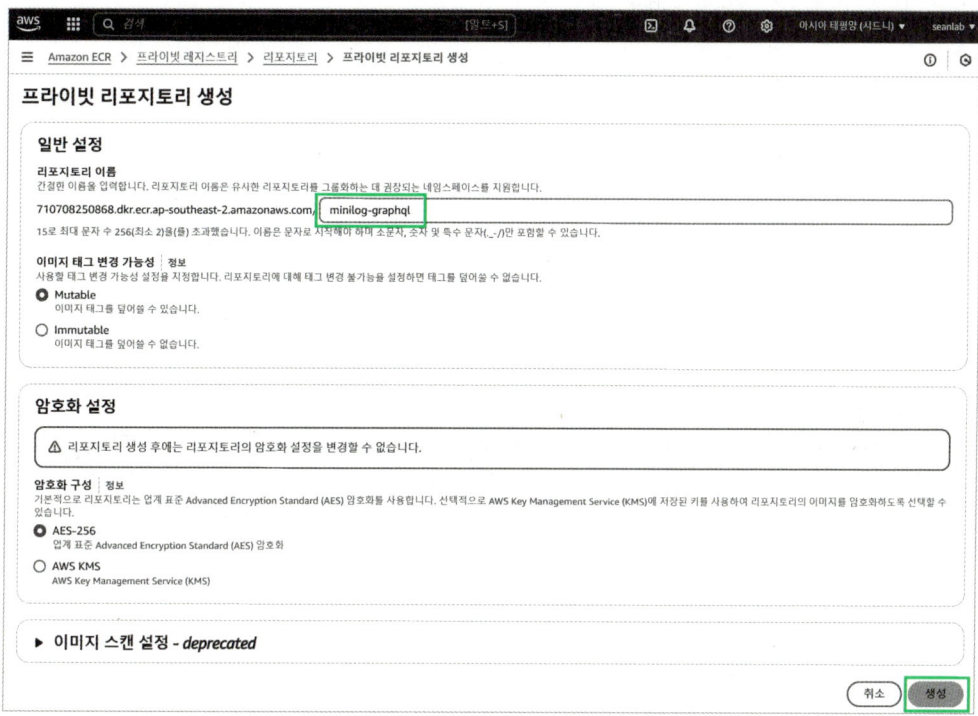

04 리포지토리가 생성되면 다음과 같이 프라이빗 리포지토리 목록에 표시됩니다.

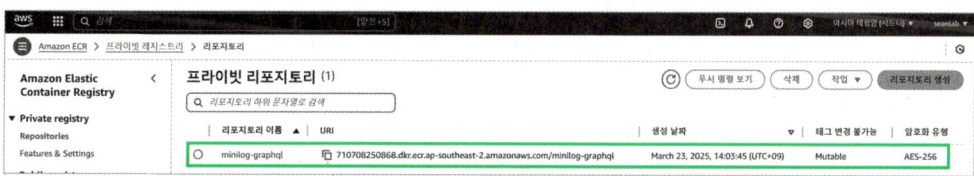

05 생성된 리포지토리 목록에서 [minilog-graphql] 리포지토리 항목을 클릭하고, 해당 리포지토리의 상세 화면에서 [푸시 명령 보기]를 선택하여 이미지 푸시에 필요한 명령어를 확인하세요.

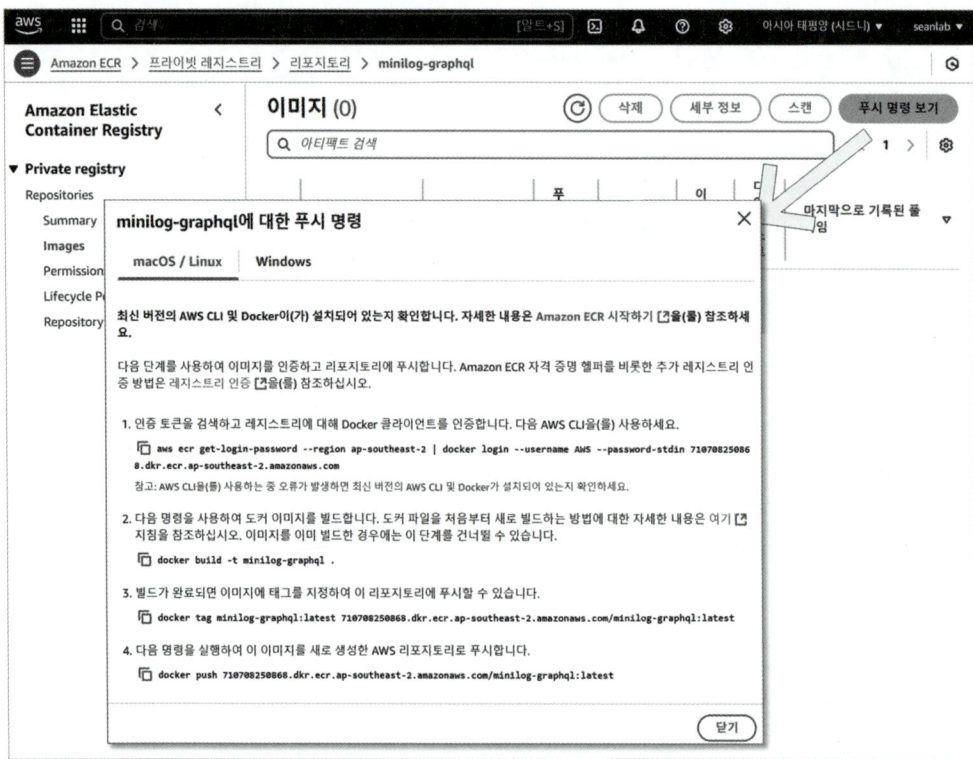

06 이전 단계에서 확인한 푸시 명령 4개를 차례대로 실행하여 이미지를 업로드해 보겠습니다. minilog-graphql-with-docker 디렉터리에서 이미지를 푸시하기 위한 4가지 명령(aws ecr, docker build, docker tag, docker push)을 차례대로 실행하세요. 실행 예시는 다음과 같습니다.

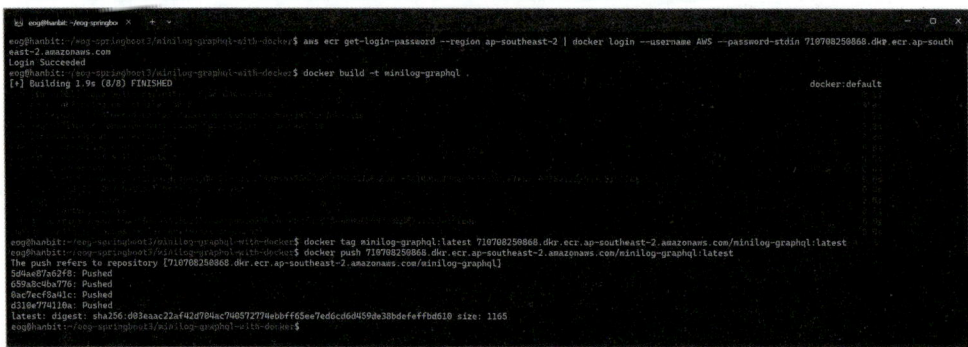

07 이제 Amazon ECR의 minilog-graphql 리포지토리를 다시 열어 보면 방금 푸시한 도커 이미지가 업로드 되어 있음을 확인할 수 있습니다.

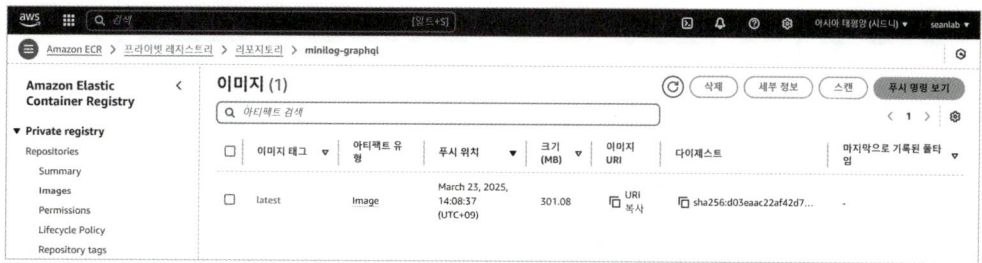

Amazon ECS 클러스터에 Minilog-GraphQL 앱 배포하기

1단계: ECS 클러스터 생성하기

01 AWS 콘솔에서 메뉴 확장 버튼을 클릭하고, [컨테이너] → [Elastic Container Service] 메뉴를 클릭합니다.

02 좌측 내비게이션 바에서 [클러스터]를 클릭하여 클러스터 페이지를 연 후, [클러스터 생성] 버튼을 클릭합니다.

03 클러스터 생성 페이지에서 다음과 같이 정보를 입력하고, [AWS Fargate(서버리스)]를 선택하세요.

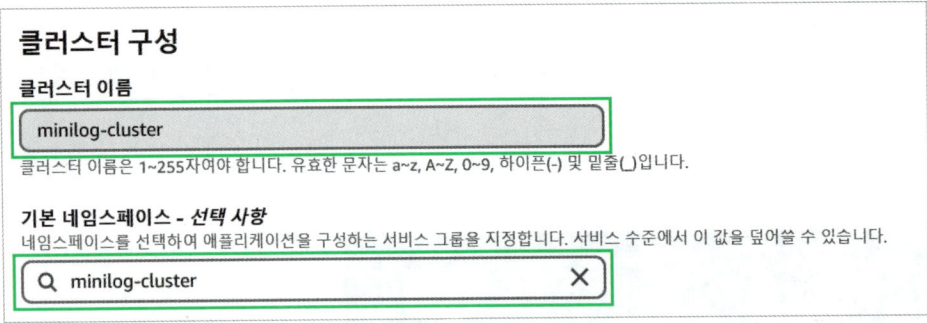

04 나머지 옵션은 그대로 둔 채로 [생성] 버튼을 클릭하여 클러스터 생성을 완료합니다. 생성이 완료되면 다음과 같이 클러스터 목록에 나타납니다.

2단계: Task Definition(작업 정의) 생성하기

Amazon ECS 콘솔에서 작업을 계속 진행하겠습니다. 이번에는 태스크를 만들 차례입니다. 작업 정의는 ECS에서 실행할 Docker 컨테이너를 정의를 말합니다.

01 Amazon ECS 콘솔의 좌측 내비게이션 바에서 [태스크 정의]를 클릭합니다.

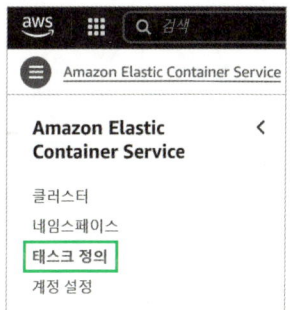

02 [새 태스크 정의 생성] 드롭다운 버튼을 클릭한 후, [새 태스크 정의 생성] 항목을 클릭합니다.

03 이제 [새 태스크 정의 생성] 페이지에서 다음 정보를 입력하고, 그림과 같이 설정합니다.

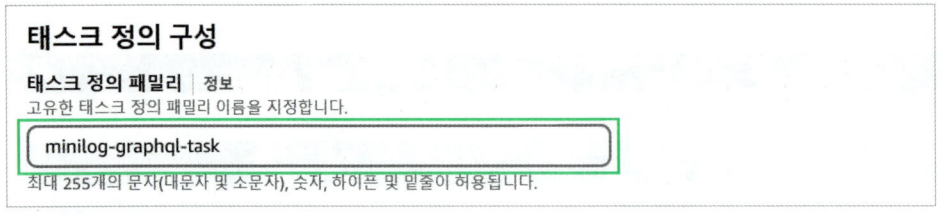

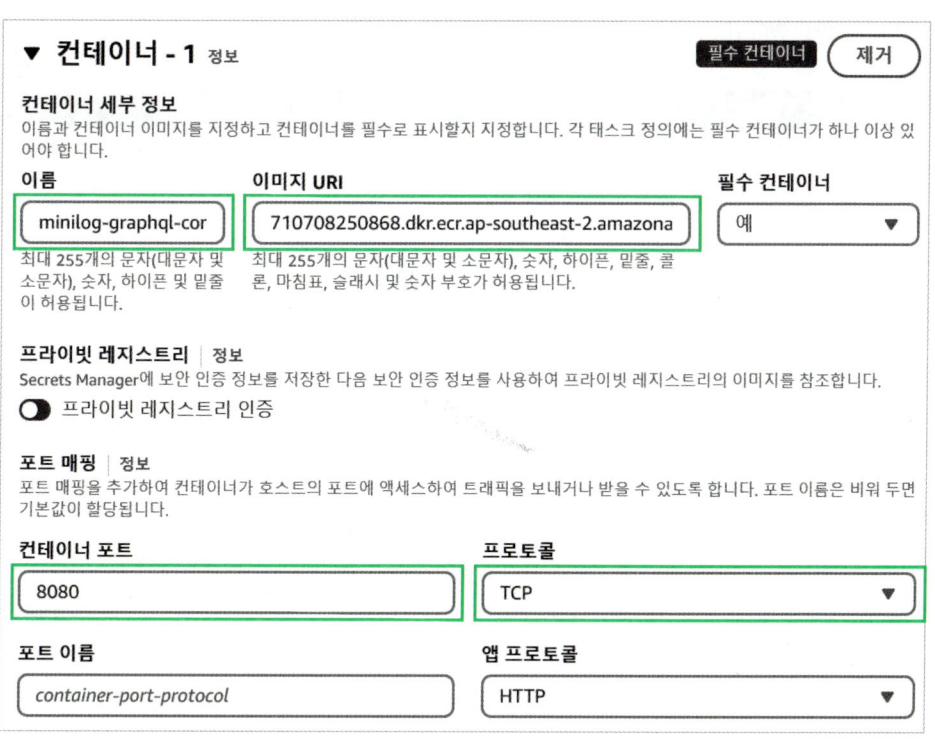

04 여기까지 완료했다면 [생성] 버튼을 클릭하여 태스크 정의를 생성합니다.

3단계: ECS 서비스 생성하기

이제 ECS 서비스를 생성하겠습니다. 이 단계가 실질적인 배포 단계입니다.

01 AWS 콘솔에서 메뉴 확장 버튼을 클릭하고, [컨테이너] → [Elastic Container Service] 메뉴를 클릭합니다.

02 좌측 내비게이션 바에서 [클러스터] 항목을 선택한 후 클러스터 목록을 엽니다.

03 앞서 생성한 클러스터(minilog-cluster)를 클릭한 후, [서비스] 탭 → [생성] 버튼을 클릭합니다.

04 서비스 생성 페이지에서 다음 항목을 입력합니다.

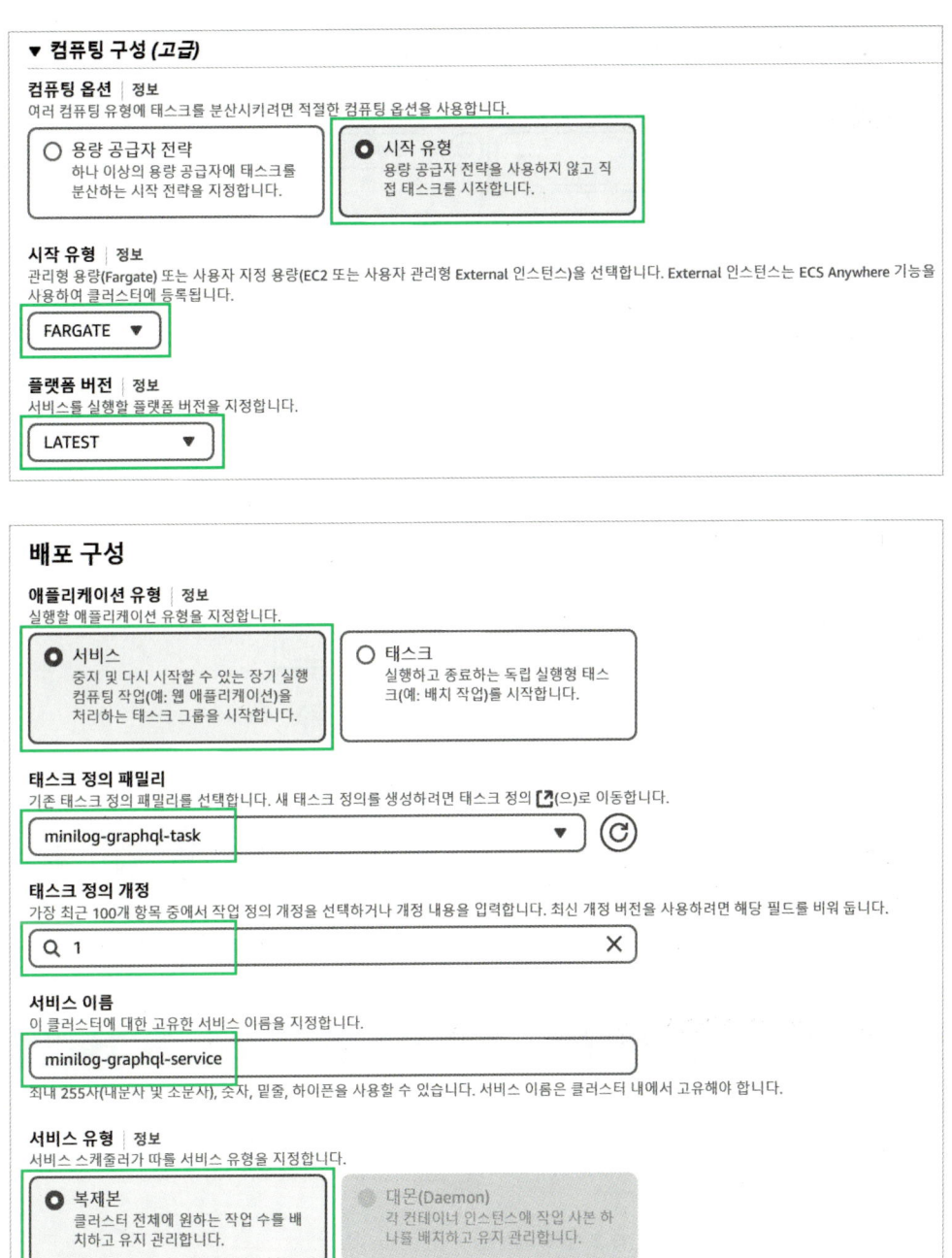

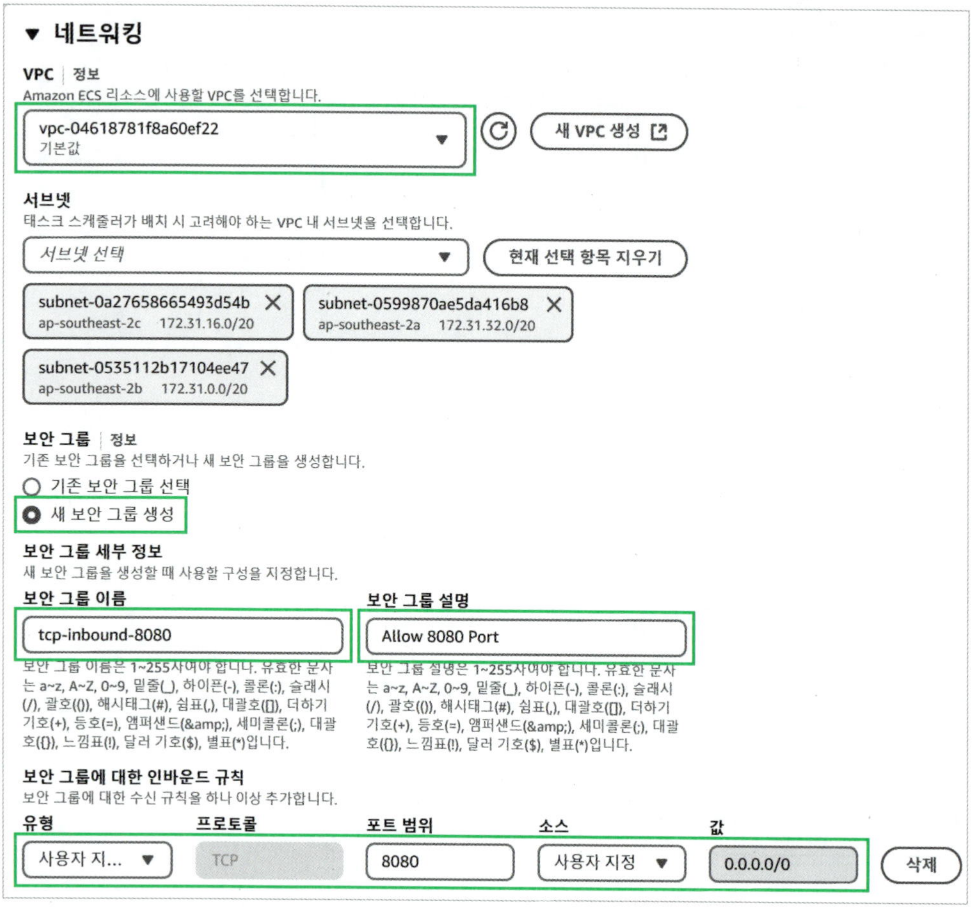

05 이제 [생성] 버튼을 클릭합니다.

06 정상적으로 서비스가 생성되면 다음과 같이 서비스 목록에 나타나게 됩니다.

4단계: 배포 결과 확인하기

01 이 배포가 완료되면 ECS 서비스 화면에서 서비스가 정상적으로 실행 중인지 확인합니다. 다음과 같이 [Status]는 '활성', [Deployment and tasks]는 '태스크 실행 중', [Last deployment]는 '완료됨'이 표시되면 정상적으로 배포와 실행이 마무리된 것입니다.

02 이제 우리가 배포한 서비스의 퍼블릭 IP를 확인하겠습니다. 위 서비스 목록에서 [minilog-graphql-service] 항목을 선택해서 상세 페이지를 여세요.

Chapter 08 • 도커를 이용한 애플리케이션 패키징 및 배포   **379**

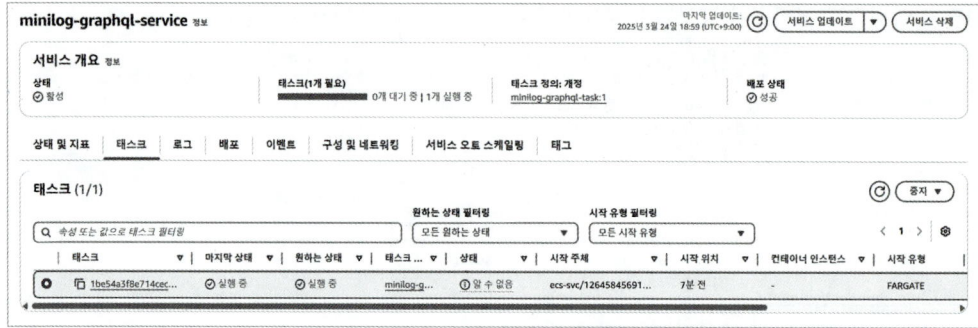

03 minilog-graphql-service의 정보 중 [태스크] 탭을 클릭하고, 현재 실행 중인 태스크를 클릭하여 태스크의 상세 페이지를 엽니다. 그럼 다음과 같이 해당 태스크의 퍼블릭 IP를 확인할 수 있을 것입니다.

> **NOTE** 이 IP를 잘 기록해 두세요. 다음 절에서 테스트할 때 사용하게 됩니다.

8.4 Swagger-UI/GraphiQL를 이용한 API 테스트

이제 AWS ECS에 배포한 앱의 REST API와 GraphQL API가 잘 동작하는지 테스트합니다. Swagger와 GraphiQL을 이용해서 배포한 서버에 접근이 잘 이뤄지는지, 기능은 정상적으로 동작하는지 확인하세요.

Swagger-UI를 이용한 API 테스트

이제 브라우저를 실행하고 다음 주소에 접속하세요. {퍼블릭 IP}에는 앞서 여러분이 기록해둔 IP를 입력하면 됩니다.

- http://{퍼블릭 IP}:8080/swagger-ui/index.html

다음과 같이 Swagger UI가 표시되었나요? 그럼 7.6절에서 수행했던 것처럼 사용자, 게시글, 팔로우, 인증 관련 테스트를 수행해 보세요.

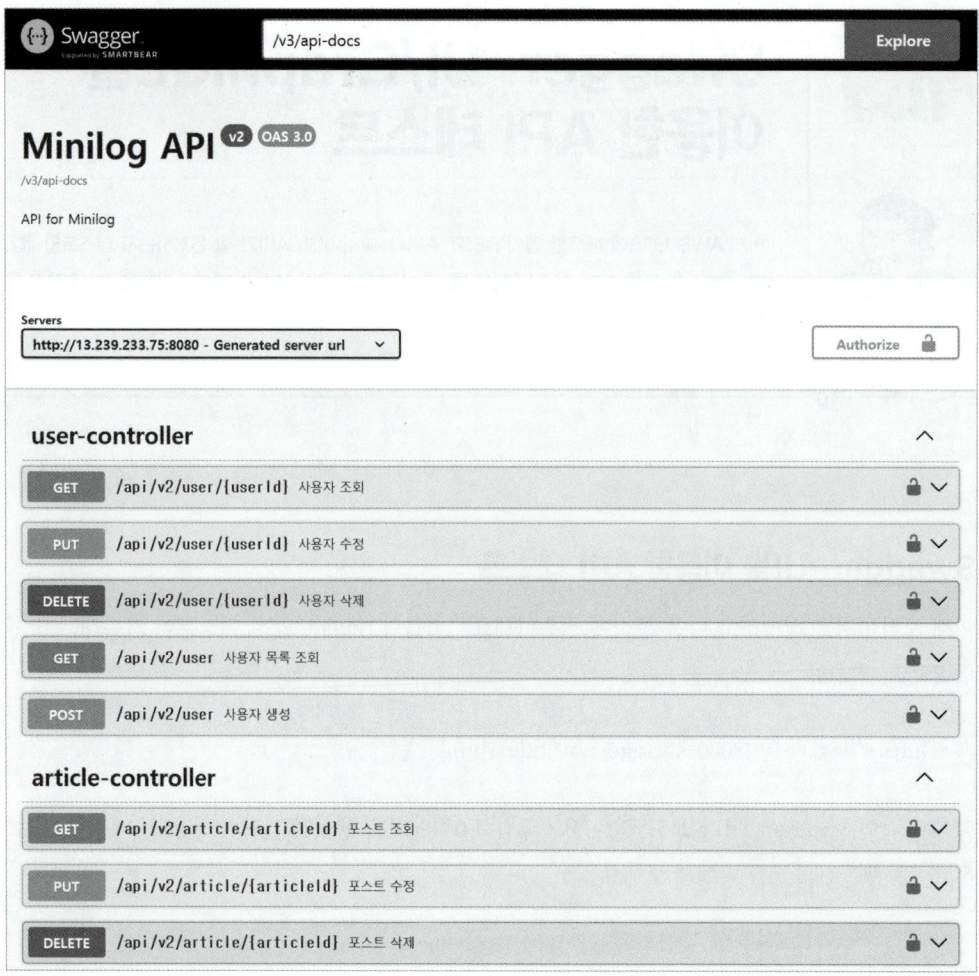

GraphiQL를 이용한 GraphQL테스트

브라우저 탭을 추가하고, 다음 주소에 접속하세요. {퍼블릭 IP}에는 앞서 여러분이 기록해둔 IP를 입력하면 됩니다.

- http://{퍼블릭 IP}:8080/graphiql

다음과 같이 GraphiQL UI가 표시되었나요? 앞 절에서 획득한 인증토큰을 입력하여 7.6절에서 했던 것처럼 GraphQL 테스트를 해보세요.

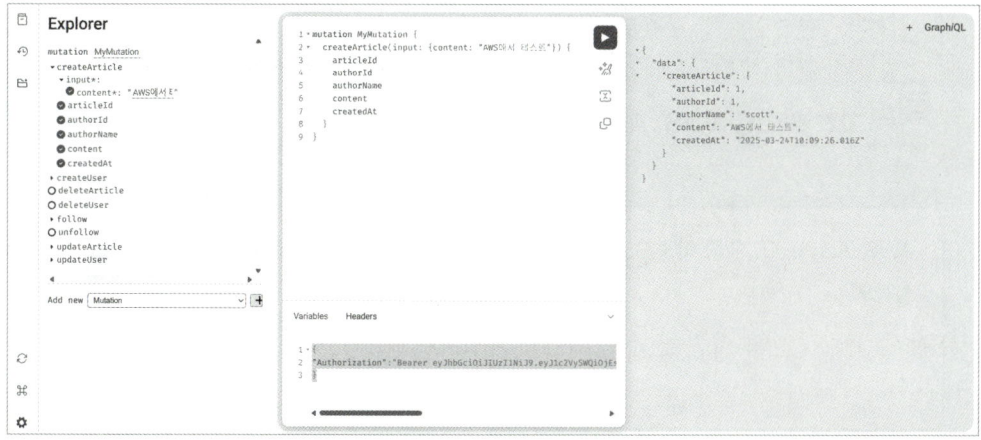

요점 정리

- **Docker 이해:** Docker 이미지, 컨테이너, Dockerfile, 데몬, 레지스트리 등 주요 구성 요소의 개념과 상호작용 방식을 학습했습니다.
- **Spring Boot 컨테이너화:** Dockerfile을 작성하고 환경별 설정 파일을 분리해 실제 배포 환경에 맞게 구성했습니다.
- **AWS 연동 및 배포:** AWS RDS, ECR, ECS를 연계해 클라우드 환경에서 애플리케이션을 배포했으며, 이미지 업로드부터 ECS 클러스터 생성, 태스크 정의, 서비스 배포까지의 전 과정을 실습했습니다.
- **서비스 테스트:** Swagger-UI와 GraphiQL을 활용해 배포된 Minilog API를 테스트하고 정상 동작을 검증했습니다.

이로써 여러분은 스프링부트 3 기반 백엔드 애플리케이션을 구현하고, 이를 패키징 및 컨테이너화하여 클라우드에 배포할 수 있는 역량을 갖추게 되었습니다. 이제 백엔드 개발자로서 최소한의 엔드 투 엔드(End to End) 업무 과정을 스스로 완성할 수 있게 된 것이죠. 하지만 이 가이드는 끝이 아니라 출발점입니다. 앞으로 더 많은 문제를 해결해 나가며, 더 깊이 있는 자료와 경험을 통해 스프링부트 3 개발자로서의 여정을 꾸준히 이어가시기를 바랍니다.

 **AWS, Azure, GCP**

AWS, Azure, GCP 중 어떤 CSP(Cloud Service Provider)를 선택해야 할까요?

결론부터 말씀드리면, 이 세 가지 CSP는 비용과 기본적인 기능 면에서 실제로 큰 차이가 없습니다. 각 서비스마다 세부적인 요금 정책이나 일부 특화 기능의 차이는 있지만, 일반적인 백엔드/프론트엔드 개발이나 웹 서비스 배포, 데이터베이스, 스토리지, 컨테이너, 모니터링 등 핵심 인프라를 구축하는 데 있어 어느 한쪽이 결정적으로 뒤처지거나, 반대로 월등히 뛰어난 경우는 거의 없습니다.

실제로 AWS, GCP, Azure 모두 가상 서버, 데이터베이스, 오브젝트 스토리지, 컨테이너 오케스트레이션, 배포 자동화, 모니터링과 로깅 등 필수적인 클라우드 서비스 기능을 모두 제공합니다. 가격 또한 비슷한 수준이고, 특히 초심자나 학습·프로토타입 단계, 소규모 서비스에서는 체감할 수 있는 요금 차이가 거의 없습니다. 게다가 각 클라우드는 무료 크레딧이나 체험용 포인트, 교육 지원 프로그램도 제공하기 때문에, '비용 때문에 반드시 어느 한 쪽을 골라야 한다'고 부담을 가질 필요도 없습니다.

따라서 CSP를 선택할 때는 비용이나 기능보다는 본인 또는 팀이 더 익숙한 서비스, 한글 자료나 예제, 온라인 강의 등 접근성이 좋은 서비스, 혹은 이미 회사에서 사용하고 있는 플랫폼을 기준으로 선택하는 것이 가장 현명한 방법입니다.